MÉMOIRES

SUR LA VIE PRIVÉE

DE MARIE-ANTOINETTE,

REINE DE FRANCE ET DE NAVARRE;

SUIVIS

DE SOUVENIRS ET ANECDOTES HISTORIQUES SUR LES RÈGNES
DE LOUIS XIV, DE LOUIS XV ET DE LOUIS XVI.

PAR Mme CAMPAN,

LECTRICE DE MESDAMES,

ET PREMIÈRE FEMME DE CHAMBRE DE LA REINE.

TOME SECOND.

Deuxième Edition.

PARIS.

BAUDOUIN FRÈRES, LIBRAIRES,

RUE DE VAUGIRARD, N° 36.

1823.

COLLECTION
DES MÉMOIRES

RELATIFS

A LA RÉVOLUTION FRANÇAISE.

MÉMOIRES

(INÉDITS)

DE MADAME CAMPAN.

DE L'IMPRIMERIE DE J. TASTU,
RUE DE VAUGIRARD, N° 36.

MÉMOIRES
DE
MADAME CAMPAN.

CHAPITRE XII.

Affaire du collier. — Détails sur le joaillier Bœhmer. — Parure de diamans qu'il avait réunie à grands frais. — Le roi veut en faire présent à la reine qui la refuse. — Bœhmer se jette aux pieds de la reine qui le renvoie sans vouloir acheter le collier. — Il annonce qu'il a placé cette parure à Constantinople. — Billet énigmatique qu'il écrit à la reine. — Entretien de Bœhmer avec madame Campan : il est dupe d'une intrigue. — Madame Campan l'apprend à la reine. — Surprise, indignation de cette princesse. — Conseils du baron de Breteuil et de l'abbé de Vermond. — Le cardinal de Rohan interrogé dans le cabinet du roi. — On l'arrête. — Détails sur madame de Lamotte et sa famille. — Démarches que font les parens du cardinal. — La reine, ni personne de son service n'avaient jamais eu de relations avec la femme de Lamotte. — Détails relatifs au procès. — Le clergé fait des représentations. — Arrêt du parlement. — Douleur de la reine. — Paroles de Louis XVI.

Peu de temps après le mouvement donné à l'esprit public, par la représentation du Mariage de Figaro, une intrigue sourde, combinée par des escrocs, et qui se préparait dans l'ombre d'une société corrompue, devait essentiellement attaquer le caractère de la reine, et porter l'atteinte la plus directe à la majesté du trône et au respect qui lui est dû.

Je vais parler de cette fameuse intrigue du collier acheté, disait-on, pour la reine par le cardinal de Rohan. Je n'omettrai pas une seule des circonstances qui ont été à ma connaissance : les moindres détails prouveront à quel point la reine devait être éloignée de craindre le coup qui la menaçait, et qu'on doit attribuer à une fatalité que la prudence humaine ne pouvait prévoir, mais dont, à la vérité, elle pouvait se dégager avec plus d'habileté.(1).

J'ai dit qu'en 1774, la reine avait acheté du joaillier Bœhmer des girandoles de trois cent soixante mille francs, les avait payées sur les propres fonds de sa cassette, et avait mis plusieurs années à effectuer ce paiement. Depuis ce temps, le roi lui avait fait présent d'une parure de rubis

---

(1) Pour bien comprendre le récit que va tracer l'auteur de ces Mémoires, pour sentir de quelle importance est son témoignage historique dans cette malheureuse intrigue, il faut en savoir les principaux faits. Il existe un grand nombre de circonstances remarquables qui se lient au récit de madame Campan, sans en faire partie, parce qu'elle n'a parlé que de ce qu'elle savait bien. Une foule de personnages ont joué un rôle vil ou coupable dans cette scène honteuse : on a besoin d'en connaître les acteurs. Nul n'a été mieux instruit que l'abbé Georgel ; mais en même temps nul ne fut plus dévoué au cardinal de Rohan, ne se montra plus ingénieux à lui trouver des moyens de défense, plus habile, quoi-

et de diamans blancs, puis d'une paire de bracelets de deux cent mille francs. La reine, après avoir fait changer la forme de ses parures de diamans blancs, avait dit à Bœhmer qu'elle trouvait son écrin assez riche, et ne voulait plus y rien ajouter; cependant, ce joaillier s'occupait depuis plusieurs années de réunir un assortiment des plus beaux diamans en circulation dans le commerce, pour en composer un collier à plusieurs rangs, qu'il se proposait de faire acheter à Sa Majesté; il l'apporta chez M. Campan, le priant d'en parler à la reine pour lui donner le désir de le voir et d'en faire l'acquisition. M. Campan refusa de lui rendre ce service, et lui dit qu'il sortirait des bornes de son devoir, s'il se permettait de proposer à la reine une dépense de seize cent mille francs, et qu'il ne croyait même pas que la dame d'honneur

---

qu'avec des ménagemens affectés, à présenter sous un faux jour la conduite irréprochable d'une princesse que l'aveugle crédulité, ou la corruption d'un prince de l'Église livrait à des soupçons outrageans. L'abbé Georgel laisse percer, dans cette partie de ses Mémoires, si l'on peut s'exprimer ainsi, une haine respectueuse contre Marie-Antoinette. Il suppose la reine instruite, quand elle est encore dans la sécurité d'une femme dont l'imagination ne pourrait même concevoir l'idée d'une pareille intrigue. On trouvera sous la lettre A, un extrait étendu de ces Mémoires. Le lecteur qui veut s'éclairer et juger, fera bien de jeter d'abord un coup-d'œil sur cet extrait, pour voir en quoi les assertions qu'il contient sont affaiblies ou tout-à-fait détruites par le témoignage de madame Campan. (*Note de l'édit.*)

ni la dame d'atours voulussent se charger d'une semblable commission. Bœhmer obtint du premier gentilhomme d'année de service chez le roi, de présenter cette superbe parure à Sa Majesté, qui en fut si satisfaite qu'elle désira en voir la reine ornée, et fit porter l'écrin chez elle : mais la reine l'assura qu'elle serait très-affligée que l'on fît une dépense aussi considérable pour un pareil objet; qu'elle avait de beaux diamans, qu'on n'en portait plus à la cour que quatre ou cinq fois par an, qu'il fallait renvoyer ce collier, et que la construction d'un navire était une dépense bien préférable à celle que l'on proposait (1). Bœhmer désolé de voir son espérance trompée, s'occupa, dit-on, pendant quelque temps, de faire vendre son collier dans diverses cours de l'Europe, et n'en trouva pas qui fût disposée à faire l'acquisition d'un objet aussi cher. Un an après cette tentative infructueuse, Bœhmer fit encore proposer au roi d'acheter son collier de diamans, partie en paiement à diverses échéances et partie en rentes viagères : on fit envisager ses

---

(1) « Les sieurs Bœhmer et Bassange, joailliers de la couronne, étaient possesseurs d'un superbe collier de diamans qui avait été destiné, dit-on, à la comtesse du Barry. Pressés de le vendre, ils l'avaient présenté, lors de la dernière guerre, au roi et à la reine, pour en faire l'acquisition : mais Leurs Majestés avaient fait aux joailliers cette réponse sage : *Nous avons plus besoin d'un vaisseau que d'un bijou.* » (*Correspondance secrète de la cour de Louis XVI.*) (*Note de l'édit.*)

propositions comme très-avantageuses, et le roi en parla de nouveau à la reine; ce fut en ma présence. Je me souviens que la reine lui dit que si réellement le marché n'était pas onéreux, le roi pouvait faire cette acquisition, et conserver ce collier pour les époques des mariages de ses enfans, mais qu'elle ne s'en parerait jamais, ne voulant pas qu'on pût lui reprocher dans le monde d'avoir désiré un objet d'un prix aussi excessif; le roi lui répondit que ses enfans étaient trop jeunes pour faire une dépense qui serait augmentée par le nombre d'années où elle resterait sans utilité, et qu'il refuserait définitivement cette proposition. Bœhmer se plaignit à tout le monde de son malheur; et des gens raisonnables lui reprochaient d'avoir pensé à réunir des diamans pour une somme si considérable, sans avoir eu le moindre ordre à ce sujet. Cet homme avait acheté la charge de joaillier de la couronne, ce qui lui donnait quelques entrées à la cour. Après plusieurs mois de démarches inutiles et de vaines plaintes, il obtint une audience de la reine qui avait près d'elle la jeune princesse sa fille; Sa Majesté ignorait pour quel sujet Bœhmer avait demandé cette audience, et ne croyait pas que ce fût pour lui reparler d'un bijou deux fois refusé par elle et par le roi.

Bœhmer se jette à genoux, joint les mains, pleure et s'écrie : « Madame, je suis ruiné, déshonoré, si » vous n'achetez mon collier. Je ne veux pas survivre à tant de malheurs. D'ici, Madame, je pars » pour aller me précipiter dans la rivière. — Le-

» vez-vous, Bœhmer, lui dit la reine, avec un ton
» assez sévère pour le faire rentrer en lui-même;
» je n'aime point de pareilles exclamations; et les
» gens honnêtes n'ont pas besoin de supplier à
» genoux. Je vous regretterais, si vous vous don-
» niez la mort, comme un insensé auquel je prenais
» intérêt, mais je ne serais nullement responsable
» de ce malheur. Non-seulement je ne vous ai point
» commandé l'objet qui, dans ce moment, cause
» votre désespoir; mais toutes les fois que vous
» m'avez entretenue de beaux assortimens, je
» vous ai dit que je n'ajouterais pas quatre diamans
» à ceux que je possédais. Je vous ai refusé votre
» collier; le roi a voulu me le donner; je l'ai refusé
» de même : ne m'en parlez donc jamais. Tâchez
» de le diviser et de le vendre, et ne vous noyez
» pas. Je vous sais très-mauvais gré de vous être
» permis cette scène de désespoir en ma présence
» et devant cette enfant. Qu'il ne vous arrive jamais
» de choses semblables. Sortez. » Bœhmer se retira
désolé, et l'on n'entendit plus parler de lui.

Pendant que la reine était en couches de madame Sophie, elle me dit que M. de Sainte-James (1) l'avait fait prévenir que Bœhmer s'occupait encore de la vente de son collier, et que Sa Majesté devait, pour sa propre tranquillité, chercher à savoir ce que cet homme en avait fait; elle me recommanda

---

(1) Très-riche financier. (*Note de madame Campan.*)

de ne point oublier, la première fois que je le rencontrerais, de lui en parler sous prétexte d'intérêt pour lui; je le vis peu de jours après, et lui ayant parlé de son collier, il me dit qu'il était bien heureux, qu'il avait vendu cet objet à Constantinople pour la sultane favorite. Je rendis cette réponse à la reine qui en fut charmée, mais qui ne concevait pas qu'on achetât à Paris des diamans pour le grand-seigneur.

Depuis long-temps la reine évitait de voir Bœhmer dont elle craignait la tête exaltée, et son valet de chambre joaillier était seul chargé des réparations à faire à ses parures. A l'époque du baptême de monseigneur le duc d'Angoulême, le roi lui fit présent d'une épaulette et de boucles de diamans, et fit donner à Bœhmer l'ordre de remettre ces objets à la reine; il les lui présenta à l'heure où Sa Majesté revenait de la messe, et lui remit en même temps une lettre en forme de placet. Il disait à la reine, dans cet écrit, « qu'il était heureux de la voir » en possession des plus beaux diamans connus en » Europe, et qu'il la priait de ne point l'oublier. » La reine lut tout haut ce que lui avait écrit Bœhmer, et n'y vit qu'une preuve d'aliénation d'esprit, ne concevant pas comment il lui faisait compliment sur la beauté de ses diamans et lui écrivait pour la prier de ne pas l'oublier; elle brûla ce papier à une bougie qui se trouvait allumée, ayant quelques lettres à cacheter, et dit: « Cela ne vaut pas la peine d'être gardé. » Elle a depuis beaucoup regretté ce placet énigmatique (1). Après avoir brûlé ce papier, Sa Majesté me dit : « Cet homme existe pour mon supplice ; il a toujours quelque folie en tête ; songez bien, la première fois que vous le verrez, à lui dire que je n'aime plus les diamans, que je n'en achèterai plus de ma vie ; que si j'avais à dépenser de l'argent, j'aimerais bien mieux augmenter mes propriétés de Saint-Cloud, par l'acquisition des terres qui les environnent ; entrez dans tous ces détails avec lui pour l'en convaincre, et les bien graver dans sa tête. » Je lui demandai si elle désirait que je le fisse venir chez moi ; elle me dit que non, qu'il suffirait de saisir la première occasion où je le rencontrerais ; que la moindre démarche auprès d'un pareil homme serait déplacée.

Le 1er août je quittai Versailles pour aller à ma maison de campagne ; dès le 3, je vis arriver Bœhmer qui, fort inquiet de n'avoir eu aucune réponse de la reine, venait me demander si elle m'avait chargée de quelque commission pour lui ; je lui répondis qu'elle ne m'en avait donné aucune, qu'elle n'avait rien à lui commander, et je répétai

---

(1) Le lecteur rapprochera ces détails pleins de franchise et de simplicité, du passage des Mémoires où l'abbé Georgel suppose la reine instruite depuis long-temps de l'acquisition du collier. Est-ce dans les mots obscurs écrits par Bœhmer qu'elle pouvait puiser la connaissance d'une intrigue si compliquée, si honteuse, et qui était si loin de sa pensée, quand elle touchait de si près à sa dignité et à sa personne ? *(Note de l'édit.)*

fidelement tout ce qu'elle m'avait ordonné de lui dire. « Mais, me dit Bœhmer, la réponse à la lettre que je lui ai présentée, à qui dois-je m'adresser pour l'obtenir? — A personne, lui dis-je; Sa Majesté a brûlé votre placet sans même avoir compris ce que vous vouliez lui dire. — Ah! Madame, s'écriat-il, cela n'est pas possible, la reine sait qu'elle a de l'argent à me donner! — De l'argent, M. Bœhmer? Il y a long-temps que nous avons soldé vos derniers comptes pour la reine. — Madame, vous n'êtes pas dans la confidence? On n'a pas soldé un homme que l'on ruine en ne le payant pas, lorsqu'on lui doit plus de quinze cent mille francs. — Avez-vous perdu l'esprit, lui dis-je; pour quel objet la reine peut-elle vous devoir une somme si exorbitante? — Pour mon collier, Madame, me répondit froidement Bœhmer. — Quoi! repris-je, encore ce collier pour lequel vous avez inutilement tourmenté la reine pendant plusieurs années! Mais vous m'aviez dit que vous l'aviez vendu pour Constantinople? — C'est la reine qui m'avait fait ordonner de faire cette réponse à tous ceux qui m'en parleraient, reprit ce fatal imbécille. Alors il me dit que la reine avait voulu avoir le collier et le lui avait fait acheter par monseigneur le cardinal de Rohan. « Vous êtes trompé! m'écriai-je; la reine n'a pas adressé la parole une seule fois au cardinal depuis son retour de Vienne; il n'y a pas d'homme plus en défaveur à sa cour. — Vous êtes trompée vous-même, Madame, me dit Bœhmer; elle le voit si bien en particulier, que c'est à son éminence qu'elle a remis trente mille francs qui m'ont été donnés pour premier à compte, et elle les a pris, en sa présence, dans le petit secrétaire de porcelaine de Sèvres qui est auprès de la cheminée de son boudoir. — Et c'est le cardinal qui vous a dit cela? — Oui, Madame, lui-même. — Ah! quelle odieuse intrigue! m'écriai-je. — Mais à la vérité, Madame, je commence à être bien effrayé, car son éminence m'avait assuré que la reine porterait son collier le jour de la Pentecôte, et je ne le lui ai pas vu; c'est ce qui m'a décidé à écrire à Sa Majesté. » Ensuite il me demanda ce qu'il devait faire. Je lui conseillai d'aller à Versailles, au lieu de retourner à Paris d'où il venait en ce moment; d'obtenir de suite une audience du baron de Breteuil qui était son ministre comme chef de la maison du roi; de prendre garde à lui : qu'il me paraissait fort coupable, non comme marchand de diamans, mais parce qu'ayant une charge qui lui avait fait prêter serment de fidélité, il était impardonnable d'avoir agi sans des ordres précis du roi, de la reine ou du ministre. Il me répondit qu'il n'avait pas agi sans des ordres précis, qu'il avait tous les billets signés par la reine, et que même il avait été forcé de les montrer à plusieurs banquiers pour obtenir une prolongation des époques de ses paiemens. Je pressai son départ pour Versailles; il m'assura qu'il s'y rendrait de suite : au lieu de suivre mon conseil, il alla chez le cardinal, et c'est de cette visite de Bœhmer, que son éminence avait fait un mémento qui fut retrouvé dans le tiroir d'un bureau que M. l'abbé Georgel n'avait pas visité, lorsqu'il brûla, par l'ordre de son éminence, tous les papiers qu'elle avait à Paris. Ce mémento portait ces mots : « Aujourd'hui, 3 août, Bœhmer a été à la maison » de campagne de madame Campan qui lui a dit » que la reine n'avait jamais eu son collier et qu'il » était trompé. »

Lorsque Bœhmer fut parti, je voulus le suivre et me rendre chez la reine, à Trianon; mon beau-père m'en empêcha, et m'ordonna de laisser le ministre débrouiller une pareille affaire; que c'était une intrigue infernale; que j'avais donné à Bœhmer l'avis le plus convenable, et n'avais rien de mieux à faire.

Bœhmer, après avoir vu le cardinal, ne fut pas chez M. le baron de Breteuil, mais il se présenta à Trianon, et fit dire à la reine que je lui avais conseillé de venir lui parler; on répéta ses propres paroles à Sa Majesté, qui dit : « Il est fou, je n'ai rien à lui dire, et ne veux pas le voir. » Deux ou trois jours après, elle me fit écrire de venir à Trianon; je la trouvai seule dans son boudoir; elle me parla de différens petits objets, et tout en lui répondant, je songeais au collier, et cherchais l'occasion de lui apprendre ce qui m'en avait été dit en dernier lieu, lorsqu'elle me dit : « Savez-vous que cet imbécille » de Bœhmer est venu demander à me parler, en » disant que vous le lui aviez conseillé? J'ai refusé » de le recevoir, continua la reine; que me veut-il? » Le savez-vous? » Alors je lui communiquai ce que cet homme m'avait dit, et que je croyais ne pas devoir lui faire, quelque peine que j'éprouvasse à l'entretenir de semblables infamies. Elle me fit répéter plusieurs fois la totalité de l'entretien que j'avais eu avec Bœhmer, se récria vivement sur la peine infinie que lui faisait la circulation de faux billets signés de son nom ; mais ne concevait pas comment le cardinal se trouvait mêlé dans cette affaire ; c'était un dédale pour elle ; son esprit s'y perdait. Elle envoya à l'instant chercher l'abbé de Vermond et le baron de Breteuil. Bœhmer ne m'avait pas dit un mot de la femme de Lamotte, et son nom fut prononcé, pour la première fois, par M. le cardinal, à l'interrogatoire qu'il subit chez le roi.

Pendant plusieurs jours la reine concerta, avec le baron et l'abbé, ce qu'il convenait de faire dans cette circonstance. Malheureusement, une ancienne et implacable haine contre le cardinal, faisait de ces deux conseillers les hommes les plus propres à égarer Sa Majesté dans le parti qu'elle avait à prendre. Ils virent uniquement leur ennemi perdu à la cour, et flétri aux yeux de l'Europe entière, et ne jugèrent pas avec quels ménagemens il fallait traiter une affaire aussi délicate. Si M. le comte de Vergennes eût été appelé par la reine, pour lui donner ses avis, son expérience des choses et des hommes lui eût fait juger, dès le premier moment, qu'il fallait étouffer une intrigue d'escroquerie dans laquelle l'auguste nom de Marie-Antoinette se trouvait compromis.

CHAPITRE XII.

Le 15 août, le cardinal étant déjà revêtu de ses habits pontificaux, fut appelé à midi, dans le cabinet du roi, où se trouvait la reine. Le roi lui dit : « Vous avez acheté des diamans à Bœhmer? — Oui, » Sire. — Qu'en avez-vous fait? — Je croyais qu'ils » avaient été remis à la reine. — Qui vous avait » chargé de cette commission? — Une dame ap- » pelée madame la comtesse de Lamotte-Valois, » qui m'avait présenté une lettre de la reine, et » j'ai cru faire ma cour à Sa Majesté en me char- » geant de cette commission. » Alors la reine l'interrompit et lui dit : « Comment, Monsieur, avez- » vous pu croire, vous à qui je n'ai pas adressé la » parole depuis huit ans, que je vous choisissais » pour conduire cette négociation, et par l'entre- » mise d'une pareille femme? — Je vois bien, » répondit le cardinal, que j'ai été cruellement » trompé; je paierai le collier; l'envie que j'avais » de plaire à Votre Majesté m'a fasciné les yeux; » je n'ai vu nulle supercherie, et j'en suis fâché. » Alors il sortit de sa poche un porte-feuille, dans lequel était la lettre de la reine à madame Lamotte, pour lui donner cette commission. Le roi la prit, et la montrant au cardinal, lui dit : « Ce n'est ni » l'écriture de la reine, ni sa signature : comment » un prince de la maison de Rohan, et un grand- » aumônier de France, a-t-il pu croire que la reine » signait *Marie-Antoinette de France?* Personne » n'ignore que les reines ne signent que leur nom

» de baptême (1). Mais, Monsieur » (continua le roi, en lui présentant une copie de sa lettre à Bœhmer), « avez-vous écrit une lettre pareille à
» celle-ci? » Le cardinal après l'avoir parcourue des yeux : « Je ne me souviens pas, dit-il, de
» l'avoir écrite. — Et si l'on vous montrait l'origi-
» nal, signé de vous? — Si la lettre est signée de
» moi, elle est vraie. — Expliquez-moi donc,
» continua le roi, toute cette énigme; je ne veux
» pas vous trouver coupable, je désire votre jus-
» tification. Expliquez-moi ce que signifient toutes
» ces démarches auprès de Bœhmer, ces assu-
» rances et ces billets? (Le cardinal pâlissait alors

---

(1) On lit ce qui suit dans la *Correspondance secrète :*
« Le cardinal, a-t-on dit, devait découvrir la fausseté des approbations et de la signature apposées au bas du projet : sa place de grand-aumônier le mettait à même de connaître l'écriture de la reine, et de quelle manière signait Sa Majesté. On répond à cette grave objection qu'il y avait très-long-temps que M. de Rohan n'en avait vu l'écriture ; qu'il ne se la rappelait point; que d'ailleurs ne formant aucun soupçon, il se trouvait sans intérêt à chercher à la vérifier; que les joailliers de la couronne, auxquels il avait communiqué cet acte, n'en avaient pas non plus aperçu le faux. »

N'en déplaise aux auteurs de la Correspondance secrète, cette raison ne vaut rien ; car les négocians connaissent mieux les signatures du commerce que celles des cours ; et ils pouvaient fort bien ignorer des usages que M. le cardinal devait savoir : l'abbé Georgel en convient lui-même.   (*Note de l'édit.*)

à vue d'œil, et s'appuyant contre la table :)—«Sire,
» je suis trop troublé pour répondre à Votre Ma-
» jesté d'une manière......— Remettez-vous, M. le
» cardinal, et passez dans mon cabinet, vous y trou-
» verez du papier, des plumes et de l'encre; écrivez
» ce que vous avez à me dire. » Le cardinal passa
dans le cabinet du roi, et revint, un quart-d'heure
après, avec un écrit aussi peu clair que l'avaient été
ses réponses verbales; le roi dit alors : « Retirez-
» vous, Monsieur. » Le cardinal sortit de la chambre
du roi avec le baron de Breteuil qui le fit arrêter
par un sous-lieutenant des gardes-du-corps,
avec ordre de le mener jusqu'à son appartement.
M. d'Agoult, aide-major des gardes-du-corps, s'en
empara ensuite, et le conduisit à son hôtel et de-là
à la Bastille. Mais pendant que le cardinal n'avait
avec lui que le jeune sous-lieutenant des gardes,
fort troublé lui-même d'avoir à exécuter un pareil
ordre, son éminence rencontra son heiduque à
la porte du salon d'Hercule ; il lui parla en allemand, puis demanda au sous-lieutenant s'il pouvait lui prêter un crayon; l'officier lui donna celui qu'il portait sur lui, et le cardinal écrivit à
M. l'abbé Georgel, son grand-vicaire et son ami,
de brûler, à l'instant même, toute la correspondance
de madame de Lamotte, et, en général, toutes ses
lettres (1). Cette commission fut exécutée avant que

---

(1) La Correspondance secrète, en rapportant les mêmes cir-

M. de Crosne, lieutenant de police, eût reçu de M. le baron de Breteuil l'ordre de mettre les scellés sur

---

constances, explique de la manière suivante la conduite de l'officier, et le trouble qu'il éprouva.

« Le sous-lieutenant, réprimandé d'avoir laissé écrire le cardinal, répondit que ses sordres ne lui prescrivaient pas de l'en empêcher; que d'ailleurs il avait été si troublé de l'apostrophe inusitée de M. le baron de Breteuil : *Monsieur, de la part du Roi, suivez-moi;* qu'il n'en était pas encore revenu, et qu'il ne savait trop ce qu'il faisait. Cette excuse n'était guère bonne, quoiqu'il fût vrai que cet officier, très-dérangé dans sa conduite, avait beaucoup de dettes, et qu'il craignît d'abord que l'ordre que lui intimait le baron ne le regardât personnellement. »

L'abbé Georgel raconte la circonstance du billet d'une façon toute différente.

« Le cardinal, dans ce terrible moment qui aurait dû bouleverser tous ses sens, donna une preuve bien étonnante de sa présence d'esprit : malgré l'escorte qui l'environnait, et à la faveur de la foule qui suivait, il s'arrêta, et se baissant, le visage tourné vers le mur, comme pour remettre sa boucle ou sa jarretière, il saisit rapidement son crayon, et traça à la hâte quelques mots sur un chiffon de papier placé sous sa main dans son bonnet carré rouge. Il se relève et continue son chemin. En rentrant chez lui, ses gens formaient une haie; il glisse, sans qu'on s'en aperçoive, ce chiffon dans la main d'un valet de chambre de confiance, qui l'attendait sur la porte de son appartement. » Cette petite histoire est peu vraisemblable : ce n'est pas au moment de son arrestation, quand une *foule* curieuse l'entoure et l'observe, qu'un prisonnier peut s'arrêter et tracer des mots mystérieux. Quoi qu'il en soit, le valet de chambre accourt à bride abattue pour se rendre à Paris. Il arrive au palais cardinal entre midi et une heure; son cheval tombe mort à l'écurie. « J'étais dans mon appartement, dit l'abbé Georgel;

les papiers du cardinal. La destruction de la totalité des correspondances de son éminence, et particulièrement de celle de madame de Lamotte, jeta une impénétrable obscurité sur toute cette intrigue. Madame, belle-sœur du roi, avait été la seule protectrice de cette femme; et cette protection s'était bornée à lui faire accorder une mince pension de douze ou quinze cents francs. Son frère avait été placé dans la marine royale, où le marquis de Chabert, auquel il avait été recommandé, ne put jamais en faire un officier estimable.

La reine chercha inutilement à se rappeler les traits de cette femme dont elle avait entendu parler comme d'une intrigante qui venait souvent, le dimanche, dans la galerie de Versailles; et lorsqu'à l'époque où le procès du cardinal occupait toute la France, on mit en vente le portrait de la comtesse de Lamotte-Valois, Sa Majesté me dit, un jour où j'allais à Paris, de lui acheter cette gravure que l'on disait assez ressemblante, pour qu'elle vît si elle lui retracerait une personne qu'elle devait avoir aperçue dans la galerie (1).

---

le valet de chambre, l'air effaré, la pâleur de la mort sur le visage, entre chez moi en me disant : *Tout est perdu; le prince est arrêté.* Aussitôt il tombe évanoui et laisse échapper le billet dont il était porteur. » Le porte-feuille, renfermant les papiers qui pouvaient compromettre le cardinal, fut à l'instant placé à l'abri des recherches. (*Note de l'édit.*)

(1) On sait que le public, à l'exception des gens vêtus comme

Le père de cette femme de Lamotte était paysan à Auteuil, quoiqu'il se nommât Valois. Madame de Boulainvilliers avait vu de sa terrasse deux petites paysannes assez jolies, portant avec peine de lourds fagots; le curé de la paroisse, qui se promenait avec elle, lui dit que ces enfans avaient des papiers fort curieux, et que, sans aucun doute, ils descendaient d'un Valois, bâtard des princes de ce nom.

Cette famille de Valois avait cessé de paraître depuis fort long-temps. Des vices héréditaires les avaient successivement jetés dans la plus grande misère.

J'ai entendu dire que le dernier de ces Valois connu avait occupé la terre de Gros-Bois; que venant rarement à la cour, Louis XIII lui demanda ce qu'il faisait pour rester toujours à la campagne; et que ce M. de Valois se borna à lui répondre : *Sire, je n'y fais que ce que je dois.* Peu de temps après, on découvrit qu'il faisait à Gros-Bois de la fausse monnaie.

Aussitôt que la nouvelle de l'arrestation du grand-aumônier fut répandue à Paris, M. le prince de Condé, qui avait épousé une princesse de la maison de Rohan, le maréchal de Soubise, madame

---

ceux de la dernière classe du peuple, entrait dans la galerie et dans les grands appartemens de Versailles, comme dans le parc.

(*Note de madame Campan.*)

la princesse de Marsan, jetèrent un cri d'indignation sur l'arrestation d'un prince de leur famille. Le clergé, depuis les cardinaux jusqu'aux jeunes séminaristes, ne contenaient pas l'expression de leur douleur pour la scandaleuse arrestation d'un prince de l'Église, et infiniment de personnes furent disposées à voir, sans aucune peine, l'humiliation de la cour, pour une démarche aussi peu mesurée.

Je dois suspendre ce que je rapporte sur la fameuse intrigue du collier, pour parler de cette femme de Lamotte. Non-seulement la reine, mais tout ce qui approchait Sa Majesté, n'avait jamais eu la moindre relation avec cette intrigante; et, dans son procès, elle ne put indiquer qu'un nommé *Desclos*, garçon de la chambre de la reine, auquel elle prétendait avoir remis le collier de Bœhmer. Ce Desclos était un fort honnête homme; confronté avec la femme de Lamotte, il fut prouvé qu'elle ne l'avait jamais vu qu'une fois chez la femme d'un chirurgien-accoucheur de Versailles, qui était la seule personne chez qui elle allait à la cour, et qu'elle ne lui avait point remis le collier. Madame Lamotte avait épousé un simple garde-du-corps de Monsieur; elle logeait à Versailles dans un très-médiocre hôtel garni, à la Belle-Image; et l'on ne peut concevoir comment une personne aussi obscure était parvenue à se faire croire amie de la reine, qui, malgré son extrême bonté, n'accordait d'audience que très-rarement, et seulement aux personnes titrées.

Le procès du cardinal est trop connu pour que

j'en rapporte ici les détails (1). La chose la plus embarrassante pour lui, fut l'entretien qu'il avait eu, en février 1785, avec M. de Sainte-James, auquel il avait confié les détails de la prétendue commission de la reine, et montré les engagemens approuvés et

---

(1) Les lettres-patentes, par lesquelles le parlement fut saisi du procès, étaient ainsi conçues:

« Louis, etc. Ayant été informé que les sieurs Bœhmer et
» Bassange auraient vendu au cardinal de Rohan un collier en
» brillans; que ledit cardinal de Rohan, à l'insu de la reine, notre
» chère épouse et compagne, leur aurait dit être autorisé par elle
» à en faire l'acquisition moyennant le prix de seize cent mille
» livres payables en différens termes, et leur aurait fait voir à
» cet effet de prétendues propositions qu'il leur aurait exhibées
» comme approuvées par la reine; que ledit collier ayant été
» livré par lesdits Bœhmer et Bassange audit cardinal, et le pre-
» mier paiement convenu entre eux, n'ayant pas été effectué,
» ils auraient eu recours à la reine; nous n'avons pas pu voir
» sans une juste indignation que l'on ait osé emprunter un nom
» auguste et qui nous est cher à tant de titres, et violer avec une
» témérité aussi inouïe le respect dû à la majesté royale. Nous
» avons pensé qu'il était de notre justice de mander devant nous
» ledit cardinal, et, sur la déclaration qu'il nous a faite qu'il
» avait été trompé par une femme nommée Lamotte, dite de
» Valois, nous avons jugé qu'il était indispensable de s'as-
» surer de sa personne et de celle de ladite Lamotte, dite de
» Valois, et de prendre les mesures que notre sagesse nous a
» suggérées, pour découvrir tous ceux qui auraient pu être
» auteurs ou complices d'un attentat de cette nature; et nous
» avons jugé à propos de vous en attribuer la connaissance,
» pour être le procès par vous instruit et jugé, la grand'-
» chambre et tournelle assemblées. »   (*Note de l'édit.*)

signés *Marie-Antoinette de France*. Le Mémento trouvé dans un tiroir du bureau du cardinal, où il avait écrit lui-même ce que Bœhmer lui avait dit après m'avoir vue à ma campagne, dix jours avant d'être appelé dans le cabinet du roi, fut de même un incident fâcheux pour son éminence.

J'offris au roi d'aller déclarer que Bœhmer m'avait dit et soutenu que le cardinal l'avait assuré tenir de la main même de la reine, les trente mille francs donnés comme à-compte, au moment où le marché avait été conclu, et que son éminence avait vu Sa Majesté prendre cette somme en billets de la caisse d'escompte dans le secrétaire de porcelaine placé dans son boudoir. Le roi refusa ma proposition, et me dit : « Étiez-vous seule avec Bœhmer lorsqu'il vous a dit cela ? » Je lui répondis que j'étais seule avec lui dans mon jardin. « Eh bien ! reprit-il, cet homme nierait le fait; le voilà assuré du paiement de ses seize cent mille francs, que la famille du cardinal sera tenue de lui faire (1); nous ne devons plus

---

(1) Le bon sens du roi avait pénétré le fond de toute cette intrigue : un fait rapporté par la Correspondance secrète en fournit la preuve :

« Cette femme criminelle ne connaît pas plutôt que tout va se découvrir, qu'elle envoie chercher les joailliers, et leur déclare que le cardinal s'est aperçu que l'engagement qu'il croyait signé est une pièce fausse et contrefaite. « Au surplus, ajoute-t-elle, le » cardinal possède une fortune considérable, *et il est bien en* » *état de vous payer.* » Ces paroles dévoilent tout le secret. La

compter sur sa sincérité; vous auriez l'air d'être envoyée par la reine, et cela n'est pas convenable. »

Le réquisitoire du procureur-général fut sévère pour le cardinal. La maison de Condé, celle de Rohan, la plus grande partie de la noblesse et la totalité du clergé, virent essentiellement, dans l'affaire du cardinal de Rohan, un attentat, les uns contre le rang du prince, et les autres contre les priviléges d'un cardinal. Le clergé demandait que l'affaire malheureuse du prince cardinal de Rohan fût envoyée à la juridiction ecclésiastique, et M. l'archevêque de Narbonne, alors présidant l'assemblée du clergé, fit à ce sujet des représentations au roi (1); les évêques écrivirent à Sa Majesté, pour lui représenter qu'un simple ecclésiastique qui serait impliqué dans l'affaire qui s'instruisait, aurait le droit de réclamer ses juges naturels, et que ce droit était refusé à un cardinal, son supérieur dans l'ordre hiérarchique (2). Enfin le clergé et la plus

---

comtesse s'était approprié le collier, et se flattait que M. de Rohan, se voyant trompé, joué d'une manière cruelle, prendrait le parti de payer en obtenant des termes convenables, pour ne point faire éclater une affaire de cette nature. C'était, en effet, ce qu'il pouvait faire de mieux. »   (*Note de l'édit.*)

(1) Voyez, dans les pièces (sous la lettre B), quelques fragmens du discours prononcé par l'archevêque de Narbonne en présence du clergé qui se trouvait alors assemblé.

(*Note de l'édit.*)

(2) « Pendant l'instruction du procès, dit un écrit du temps,

grande partie de la noblesse, furent, en ce moment, déchaînés contre l'autorité et principalement contre la reine.

Les conclusions du procureur-général et d'une partie des chefs de la magistrature, furent aussi sévères pour M. le cardinal, que l'avait été le réquisitoire; mais, à une majorité de trois voix, il *fut totalement acquitté;* la femme de Lamotte, condamnée à être fouettée, marquée et détenue; son mari contumace fut condamné aux galères perpétuelles.

La douleur de la reine fut extrême; aussitôt que j'appris le jugement du procès, je me rendis chez elle, je la trouvai seule dans son cabi-

---

il parut un bref du pape, adressé au cardinal, où le pape lui apprend qu'ayant tenu un consistoire à son sujet, toutes les voix s'étaient réunies pour trouver qu'il avait essentiellement péché contre sa dignité de membre du sacré collége, en reconnaissant un tribunal étranger et séculier; qu'en conséquence, il était suspendu pendant six mois, et que, s'il persistait dans une conduite aussi irrégulière, il serait rayé du rang des cardinaux. »

Tout cela n'était qu'une vaine menace; car l'abbé Lemoine, docteur de Sorbonne, ayant comparu pour le prince Louis de Rohan, prouva que cette éminence n'avait pu se dispenser de se soumettre au tribunal que le roi, son maître, lui avait donné, et qu'à l'égard de la conservation des prérogatives de sa dignité, il avait fait les protestations d'usage. Le souverain pontife fut si satisfait, qu'après toutes les formalités requises, il déclara le cardinal de Rohan réintégré dans tous les droits et honneurs de la pourpre romaine. » (*Note de l'édit.*)

net; elle pleurait : « Venez, me dit Sa Majesté,
» venez plaindre votre reine outragée et victime
» des cabales et de l'injustice. Mais à mon tour je
» vous plaindrai comme Française. Si je n'ai pas
» trouvé de juges équitables dans une affaire qui
» portait atteinte à mon caractère, que pouvez-vous
» espérer si vous aviez un procès qui touchât votre
» fortune et votre honneur (1)? » Le roi entra en
ce moment, et me dit : « Vous trouvez la reine bien
» affligée; elle a de grands motifs de l'être, mais
» quoi! ils n'ont voulu voir dans cette affaire que
» le prince de l'Église et le prince de Rohan, tan-
» dis que ce n'est qu'un besogneux d'argent (je
» me sers de la propre expression de Sa Majesté),
» et que tout ceci n'était qu'une ressource pour
» faire de la terre le fossé, et dans laquelle le cardi-

---

(1) « Croira-t-on, dit l'abbé Georgel, qu'il fallut user de ménagemens pour annoncer à la reine le triomphe du cardinal? »
Croira-t-on, dirons-nous à notre tour, à la surprise de l'abbé
Georgel? N'est-ce donc pas un juste, un profond sujet de douleur pour Marie-Antoinette que le *triomphe* d'un prélat qui
avait compromis le nom de sa souveraine en France et dans
l'Europe, par le scandale de ses liaisons, par une imbécille crédulité, et peut-être même par des espérances coupables? L'abbé
Soulavie, dont l'animosité contre Marie-Antoinette est égale à
la haine de l'abbé Georgel, a peut-être moins trahi sa passion
par ses calomnies, que l'ami du cardinal de Rohan par cette
exclamation insolente. Eh! que veut-il donc qu'une femme, une
épouse, une reine ait de cher, si ce n'est son honneur et la majesté du trône! (*Note de l'édit.*)

» nal a été escroqué à son tour; rien n'est plus aisé
» à juger, et il ne faut pas être Alexandre pour
» couper ce nœud gordien. »

L'opinion confirmée par le temps est que M. le cardinal avait été entièrement dupé par la femme de Lamotte et par Cagliostro. Le roi pouvait être dans l'erreur en le croyant complice dans cette misérable et coupable intrigue, mais j'ai répété fidèlement le jugement que Sa Majesté en avait porté.

Cependant l'opinion généralement répandue que la haine du baron de Breteuil pour le cardinal avait été cause du scandale et de l'issue de cette malheureuse affaire, contribua plus encore à sa disgrâce, que le refus qu'il avait fait de donner en mariage sa petite-fille au fils du duc de Polignac.

L'abbé de Vermond rejeta sur le ministre tout le blâme des fautes de prudence et de politique, commises dans l'affaire du cardinal de Rohan, et cessa d'être l'ami et l'appui du baron de Breteuil auprès de la reine; comme il l'avait toujours été (1).

---

(1) Madame Campan connaissait l'importance de son témoignage dans l'affaire du collier. Ses manuscrits renferment deux relations de cette malheureuse affaire. L'une est celle qu'on vient de lire; dans l'autre, dont le fond est le même, quelques circonstances sont présentées sous un jour différent, et plusieurs particularités, qui sont tout-à-fait nouvelles, ont un grand intérêt. C'est un fait curieux, par exemple, que la seconde entrevue de Bœhmer avec la reine, quand elle connaît enfin le mot de la fatale énigme. Le style de cette dernière relation est plus franc, a plus

de chaleur que celui de la première. Les personnages y montrent plus à découvert les mouvemens de leur cœur, leurs passions, leur caractère. On y trouve surtout l'explication des reproches que la reine adresse plus haut d'une manière assez vague, à *l'équité des juges*. On voit de quel esprit le parlement était alors animé. Il est certain qu'une partie de la magistrature, préludant, dès ce moment, à la résistance qu'elle opposa bientôt à l'autorité royale, cherchait moins à préparer un *triomphe* au cardinal qu'une humiliation pour la cour. L'abbé Georgel lui-même en convient. Il désigne ceux des magistrats qui servaient le cardinal, non pas avec cet intérêt calme et scrupuleux qu'un juge équitable accorde à l'accusé, mais avec toute l'ardeur de l'esprit de parti.

Le seconde version de madame Campan jette une lumière plus pure et plus vive encore que la première sur la conduite de la reine, sur sa douleur et sur sa noble indignation dans cette circonstance. J'ai cru devoir placer ce second récit dans les éclaircissemens [*], persuadés que le lecteur passera facilement quelques redites en faveur des nouveaux détails. (*Note de l'édit.*)

CHAPITRE XIII.

Nomination de l'archevêque de Sens au ministère : joie qu'éprouve l'abbé de Vermond. — La reine est forcée de prendre part aux affaires. — Argent envoyé à Vienne contre son gré. — Anecdote. — La reine soutient l'archevêque de Sens au ministère. — Joie publique à l'époque de son renvoi. — États-généraux. — La reine et M. le comte d'Artois n'ont pas la même manière de voir. — Ouverture des états-généraux. — Cris de *vive le duc d'Orléans !* — Leur effet sur la reine. — Mirabeau : il demande une ambassade. — Le malheur dispose la reine à des craintes superstitieuses : anecdotes. — Préventions des députés du tiers-état des provinces. — Causes de ces préventions. — Mort du premier dauphin. — Anecdotes.

La joie de l'abbé de Vermond éclata lorsqu'il fut parvenu à faire nommer l'archevêque de Toulouse chef du conseil de finance. Je l'ai entendu dire plus d'une fois que dix-sept ans de patience n'étaient pas un terme trop long pour réussir dans une cour; qu'il avait employé tout ce temps pour arriver au but qu'il s'était proposé, mais qu'enfin M. l'archevêque était où il devait être pour le bien de l'État. Alors l'abbé ne cachait plus, dans l'intérieur de la reine, et son crédit et son influence; rien n'égalait la confiance avec laquelle il développait le genre de son ambition. Il demanda à la reine, qu'elle voulût bien ordonner que son appartement au grand commun fût aggrandi, lui disant qu'étant obligé de donner des audiences à des évêques, à des cardinaux, à des ministres, il lui fallait un logement convenable à sa position. La reine le traitait toujours comme avant l'arrivée de l'archevêque à la cour; l'intérieur remarqua une seule nuance qui indiquait plus d'égards : le mot *Monsieur* précéda celui d'abbé; et l'influence de la faveur est telle, que dès cet instant, et par un mouvement spontané, non-seulement la livrée, mais les gens des diverses antichambres se levèrent au passage de *monsieur l'abbé,* sans que jamais, à ma connaissance, il y ait eu un ordre donné à ce sujet.

La reine fut forcée, par le caractère du roi, et par le peu de confiance qu'il accorda à l'archevêque de Sens, de se mêler des affaires (1). Tant que M. de

---

(1) L'intervention de la reine dans les affaires n'échappa point à l'attention de ceux qui dirigeaient déjà vers la cour des regards presque menaçans. On a lu, dans les *Mémoires de Weber,* le refus fait par le parlement d'enregistrer des édits présentés par Loménie de Brienne; l'exil de la magistrature à Troyes; son rappel et les circonstances de la séance royale contre laquelle M. le duc d'Orléans protesta, et qui fut suivie de l'exil de ce prince à Villers-Cotterets.

« Les parlemens, dit Monjoye, prirent feu en faveur du duc d'Orléans, et, à travers les ménagemens que gardent toujours les assemblées qui se respectent, il était aisé d'entrevoir dans les diverses remontrances de ces compagnies, qu'on n'y était pas bien disposé sur le compte de la reine. »

« Cette princesse fut surtout vivement affectée de ce passage

Maurepas vécut, elle évita ce danger; on le voit par les reproches que le baron de Besenval lui fait dans ses Mémoires, sur ce qu'elle ne profita pas du rapprochement qu'il avait préparé entre elle et ce ministre, qui combattait l'ascendant que la reine et ses intimes auraient pu prendre sur l'esprit du roi.

La reine m'a souvent répété qu'elle ne s'était mêlée qu'une fois des intérêts de l'Autriche; et seulement pour réclamer l'exécution du traité d'alliance, à l'époque où Joseph II eut la guerre avec la Prusse et avec la Turquie; qu'elle avait alors demandé qu'on lui envoyât une armée de 24,000 hommes, au lieu de quinze millions, double clause qui avait été laissée en arbitrage dans le traité, le

---

d'une de ces remontrances, qui portait le titre de *supplications*. « Si l'exil est le prix de la fidélité des princes de votre sang, nous » pouvons nous demander avec effroi, avec douleur, ce que » vont devenir les lois, la liberté publique étroitement liées à » la nôtre, l'honneur national et les mœurs françaises, ces mœurs » si douces, si nécessaires à conserver pour l'intérêt commun » du trône et des peuples.

» De tels moyens, Sire, ne sont pas dans votre cœur; de tels » exemples ne sont pas les principes de Votre Majesté; *ils viennent d'une autre source.* » Les parlemens dirigeaient donc les premières attaques publiques contre la reine; de même qu'une portion de la cour avait encouragé long-temps des attaques secrètes. Le trône eut ainsi pour premiers adversaires ceux qui lui devaient leur appui ou qui recevaient de lui leur éclat; ceci peut aider à mettre sur la voie ceux qui cherchent les causes premières de la révolution. (*Note de l'édit.*)

cas arrivant que l'empereur eût une juste guerre à soutenir; qu'elle ne put l'obtenir, et que M. de Vergennes, dans un entretien qu'il avait eu avec elle à ce sujet, avait mis fin à ses instances, en lui disant qu'il répondait à la mère du dauphin et non à la sœur de l'empereur (1). Les quinze millions furent envoyés. On n'avait nul besoin d'argent à Vienne, et l'on y sentait tout le prix d'une armée française; mais comment, disait la reine, a-t-on eu la perfidie de faire partir ces quinze millions de l'hôtel de la grande poste, en répétant sans cesse et faisant connaître, même aux porte-faix, qu'ils chargeaient des voitures d'argent que j'envoyais à mon frère, lorsque cet argent eût de même été fourni, si j'eusse été d'une autre maison, et que d'ailleurs il était envoyé contre mon vœu?

Cette princesse n'avait jamais déguisé son éloignement pour la guerre d'Amérique; elle ne concevait pas qu'on eût pu conseiller à un souverain de chercher l'abaissement de l'Angleterre, en attaquant l'autorité souveraine, et en aidant un peuple à organiser une constitution républicaine; elle plaisantait souvent sur l'enthousiasme que Franklin inspirait aux Français; et à la paix de 1783, elle affecta de traiter les seigneurs anglais et l'ambassa-

---

(1) Voyez dans les éclaircissemens, lettre (C), un passage assez étendu sur la position difficile où se trouvait M. de Vergennes au milieu des partis qui divisaient la cour, et des obstacles que ses vues politiques rencontraient en Europe. (*Note de l'édit.*)

CHAPITRE XIII.

deur d'Angleterre avec des égards tout particuliers.

Quand le comte de Moustier partit pour sa mission, près des Etats-Unis, après avoir eu publiquement son audience de congé, il vint me demander de lui en faire obtenir une dans l'intérieur ; je ne pus y parvenir malgré les instances que je me permis : la reine me dit de lui souhaiter un bon voyage ; mais qu'il n'y avait que les cabinets des ministres qui pussent avoir des choses particulières à lui dire, puisqu'il allait dans un pays où le nom de *roi* et celui de *reine* devaient être haïs.

Marie-Antoinette n'eut donc d'influence directe sur les affaires d'État, qu'après la mort de M. de Maurepas, celle de M. de Vergennes, et la retraite de M. de Calonne. Elle s'affligeait souvent de sa position nouvelle, et la regardait comme un malheur qu'elle n'avait pu éviter. Un jour que je l'aidais à serrer des mémoires et des rapports que des ministres l'avaient chargée de remettre au roi : « *Ah!*
» dit-elle en soupirant, *il n'y a plus de bonheur*
» *pour moi depuis qu'ils m'ont fait intrigante.* » Je me récriai sur ce mot. « Oui, reprit la reine, c'est
» bien le mot propre ; toute femme qui se mêle
» d'affaires au-dessus de ses connaissances, et hors
» des bornes de son devoir, n'est qu'une *intrigante;*
» vous vous souviendrez au moins que je ne me
» gâte pas, et que c'est avec regret que je me
» donne moi-même un pareil titre. Les reines de
» France ne sont heureuses qu'en ne se mêlant de
» rien, et en conservant un crédit suffisant pour

» faire la fortune de leurs amis, et le sort de quel-
» ques serviteurs zélés. Savez-vous, » ajouta cette
excellente princesse, que sa conduite plaçait
malgré elle, en contradiction avec ses principes,
« savez-vous ce qui m'est arrivé dernièrement?
» Depuis que je vais à des comités particuliers chez
» le roi, j'ai entendu, pendant que je traversais
» l'œil-de-bœuf, un des musiciens de la chapelle,
» dire assez haut pour que je n'en aie pas perdu
» une seule parole : *Une reine qui fait son de-*
» *voir reste dans ses appartemens à faire du filet.*
» J'ai dit en moi-même : « *Malheureux, tu as raison,*
» *mais tu ne connais pas ma position; je cède à*
» *la nécessité et à ma mauvaise destinée.* » Cette
position était d'autant plus pénible, que Louis XVI
avait contracté la longue habitude de ne lui rien
communiquer des affaires d'état, et que, lorsqu'elle
fut forcée, vers les derniers temps de son règne,
de se mêler des choses les plus importantes, cette
habitude du roi venait souvent lui dérober la connaissance des particularités qu'il lui eût été nécessaire de savoir. N'obtenant que des lumières insuffisantes, guidée par des gens plus ambitieux
que capables, la reine ne pouvait être utile à la
marche des affaires; et s'en mêler ostensiblement lui
attirait, de la part de tous les partis et de toutes les
classes de la société, une défaveur dont la progression
était alarmante pour tous les gens qui lui était sincèrement attachés.

Séduite et entraînée par le langage brillant de

l'archevêque de Sens, entretenue dans la confiance qu'elle accordait à ce ministre par les éloges que l'abbé de Vermond ne cessait de donner à ses talens, la reine après avoir fait la faute de l'amener au ministère, en fit malheureusement une aussi grave, en le soutenant, à l'époque d'une disgrâce obtenue du désespoir de la nation entière. Elle crut de sa dignité de lui donner, au moment de son départ, des preuves ostensibles de son estime; et sa sensibilité même l'égarant, elle lui envoya son portrait enrichi de pierreries, et le brevet de dame du palais pour sa nièce, madame de Canisy, disant qu'il fallait dédommager un ministre sacrifié par la brigue des cours, et par l'esprit factieux de la nation; qu'autrement on n'en trouverait plus qui voulussent se dévouer pour les intérêts du souverain. Cependant, le jour du départ de l'archevêque, la joie éclata à la cour, et fut populaire dans Paris; on y fit des feux de joie; la basoche brûla un mannequin qui représentait l'archevêque; et plus de cent courriers partirent de Versailles, dans la soirée même de sa disgrâce, pour en porter l'heureuse nouvelle dans toutes les campagnes qui environnaient Paris et Versailles (1). J'ai vu depuis la reine verser des larmes amères sur les torts qu'elle avait eus à cette époque, lorsque

---

(1) Les éclaircissemens présentent des renseignemens curieux, sur les circonstances qui accompagnèrent et suivirent la retraite de l'archevêque. (Lettre D.) (*Note de l'édit.*)

l'archevêque osa dire, quelque temps avant sa mort, dans un discours qui fut imprimé, qu'une partie de ses opérations, pendant son ministère, avait eu pour unique but la crise salutaire que la révolution avait fait naître (1).

Lorsque la mesure infructueuse des assemblées des notables (2), et l'esprit de rébellion des par-

---

(1) Je suis forcé de rappeler ici deux caricatures du temps, parce qu'elles montrent, l'une dans sa gaieté grossière, l'autre dans sa méchanceté calomnieuse, quelles attaques on commençait à diriger contre le trône et les plus augustes personnages.

« Dans ces temps de troubles et de haines (lors de l'exil des parlemens à Troyes), on se permit deux caricatures qui feront juger jusqu'à quel point les esprits étaient exaspérés. Dans la première, on faisait allusion au siége de Troie, à ce que les poëtes racontent de la ruse qui favorisa la prise de cette ville. On voyait un cheval que montait la reine de France; d'une de ses oreilles passait l'édit de l'impôt territorial, de l'autre, la déclaration du timbre; le garde - des - sceaux tenait la bride, l'abbé de Vermond l'étrier de la droite, la duchesse de Polignac l'étrier de la gauche. De la bouche du quadrupède sortait l'archevêque de Toulouse, du côté opposé le baron de Breteuil. Au bas on lisait cette inscription : *Rassurez-vous ; ces gens-là ne sont pas des Grecs.*

» Dans la seconde caricature, plus simple et plus méchante, le roi était représenté à table avec son épouse; il avait le verre à la main; la reine portait un morceau à sa bouche; le peuple était autour de la table en foule, la bouche ouverte. Au bas on lisait: *Le roi boit, la reine mange, le peuple crie.* » (*Anecdotes du règne de Louis XVI*, T. Ier.)

(*Note de l'édit.*)

(2) L'assemblée des notables, comme on le voit dans les Mémoires de Weber, T. Ier, renversa les plans et causa la chute de

lemens eurent amené la nécessité des états-généraux, on discuta long-temps, dans le conseil, s'il fallait les assembler à Versailles, ou à quarante ou soixante lieues de la capitale : la reine adopta ce dernier avis, et elle insista auprès du roi pour que l'on s'éloignât de l'immense population de Paris. Elle craignait dès-lors que le peuple n'influençât les délibérations des députés : plusieurs mémoires furent présentés au roi, sur cette importante question; mais l'opinion de M. Necker prévalut, et Versailles fut le lieu indiqué : ce qui peut faire présumer que M. Necker, dans ses projets, sans supposer qu'ils pussent aller jusqu'à l'anéantissement de la monarchie, comptait que les mouvemens populaires, qu'il se flattait sans doute de diriger, lui seraient utiles.

M. de Calonne. Chacun des bureaux de cette assemblée était présidé par un prince du sang. Le premier bureau avait pour président Monsieur, aujourd'hui S. M. Louis XVIII.

« Monsieur, dit un écrit du temps, se couvrit de gloire à l'assemblée des notables de 1787. Il ne manqua pas un seul jour de présider son bureau, et il y développa des vertus vraiment patriotiques. Ses soins à discuter les matières les plus sérieuses d'administration, à les éclaircir, à défendre les intérêts et la cause du peuple, inspirèrent même une sorte de jalousie au roi. Monsieur ne cessa de penser et de dire hautement : « Qu'une » résistance respectueuse aux ordres du monarque n'était pas » blâmable, et qu'on pouvait combattre l'autorité par des rai- » sonnemens, et la forcer, en quelque sorte, à s'éclairer, sans » lui manquer en rien. »

(*Note de l'édit.*)

La double représentation accordée au tiers-état occupait toutes les têtes politiques; il n'y avait plus d'autre sujet d'entretien; les uns prévoyaient tous les inconvéniens de cette mesure, les autres en exaltaient tous les avantages.

La reine adopta le plan auquel le roi avait consenti; elle croyait que l'espoir d'obtenir des grâces ecclésiastiques maintiendrait le clergé du second ordre, et que M. Necker était assuré d'avoir la même influence sur les avocats et les autres gens de cette classe, qui formaient l'ordre du tiers. Monsieur le comte d'Artois s'étant rangé de l'opinion contraire, présenta au roi, en son nom et au nom de plusieurs princes du sang, un mémoire contre la double représentation accordée au tiers. La reine lui en sut mauvais gré; ses conseillers intimes lui firent craindre alors qu'un parti ne voulût faire jouer un rôle à ce prince; sa démarche était approuvée par la société de madame de Polignac; et, depuis ce temps, la reine ne s'y rendait plus que pour éviter l'apparence d'un changement dans ses habitudes. Elle en revenait presque toujours affligée: on l'y traitait avec le profond respect que l'on doit à une reine; mais les grâces touchantes de l'amitié avaient fait place aux devoirs d'étiquette, et son cœur en était vivement blessé. Le froid qui existait entre elle et M. le comte d'Artois lui était aussi fort pénible; elle l'avait aimé comme l'on aime son propre frère.

L'ouverture des états-généraux se fit le 4 mai. Pour la dernière fois de sa vie, la reine parut avec la magnificence royale.

Je ne passerai pas sous silence une anecdote connue qui prouve, qu'avant cette époque, une faction avait ourdi des trames contre cette princesse. Lors de la procession des états-généraux, des femmes du peuple, en voyant passer la reine, crièrent *vive le duc d'Orléans!* avec des accens si factieux, qu'elle pensa s'évanouir. On la soutint, et ceux qui l'environnaient craignirent un moment qu'on ne fût obligé d'arrêter la marche de la procession. La reine se remit, et eut un vif regret de n'avoir pu éviter les effets de ce saisissement.

La première séance des états eut lieu le lendemain. Le roi prononça son discours avec assurance et noblesse; la reine m'avait dit qu'il s'en occupait beaucoup, et le répétait souvent pour être maître des intonations de sa voix.

Sa Majesté donna des marques publiques d'attachement et de déférence pour la reine, qui fut applaudie; mais il fut aisé de remarquer que ces applaudissemens étaient un hommage rendu seulement au roi.

Dès les premières séances, on put s'apercevoir combien Mirabeau serait redoutable à l'autorité. On assure qu'il fit connaître, en ce temps, au roi, et plus particulièrement à la reine, une partie de ses projets, et ses propositions pour y renoncer. Il avait fait briller les armes que lui donnaient son éloquence et son audace, pour traiter avec le parti qu'il voulait attaquer. Cet homme jouait à la révolution pour gagner une grande fortune. La reine me dit à cette époque qu'il demandait une ambassade, et c'était, si ma mémoire ne me trompe pas, celle de Constantinople. Il fut refusé avec le juste mépris qu'inspire le vice, et que la politique eût sans doute su déguiser, si elle eût pu prévoir l'avenir.

L'enthousiasme général pendant les commencemens de cette assemblée, les débats entre le tiers-état, la noblesse et même le clergé, alarmaient chaque jour davantage Leurs Majestés et les gens attachés à la cause de la monarchie; mais cette époque de notre histoire est trop connue, et a déjà été écrite par des gens trop habiles, pour que je sorte des détails auxquels je dois me borner.

La reine se couchait très-tard, ou plutôt cette infortunée princesse commençait à ne plus goûter de repos. Vers la fin de mai, un soir qu'elle était assise au milieu de la chambre, elle racontait plusieurs choses remarquables qui avaient eu lieu pendant le cours de la journée; quatre bougies étaient placées sur sa toilette; la première s'éteignit d'elle-même, je la rallumai : bientôt la seconde, puis la troisième, s'éteignirent aussi; alors la reine, me serrant la main avec un mouvement d'effroi, me dit : « Le malheur peut rendre superstitieuse; si
» cette quatrième bougie s'éteint comme les autres,

» rien ne pourra m'empêcher de regarder cela
» comme un sinistre présage..... » La quatrième
bougie s'éteignit.

On fit observer à la reine que les quatre bougies avaient probablement été coulées dans le même moule, et qu'un défaut à la mèche s'était naturellement trouvé au même endroit, puisque les bougies s'étaient éteintes dans l'ordre où on les avait allumées (1).

Les députés du tiers arrivaient à Versailles avec les plus fortes préventions contre la cour. Les méchans propos de Paris ne manquant jamais de se répandre dans les provinces, ils croyaient que le roi se permettait les plaisirs de la table jusqu'à des excès honteux; ils étaient persuadés que la reine épuisait les trésors de l'État, pour satisfaire au luxe

---

(1) « On aura une idée, dit Monjoie, de la vie que la reine menait depuis l'ouverture des états-généraux, par ce qu'elle en marquait à la duchesse de Polignac. Dans une première lettre elle lui écrivait : »

« Ma santé se soutient encore ; mais mon ame est accablée de
» peines, de chagrins et d'inquiétudes : tous les jours j'apprends
» de nouveaux malheurs; un des plus grands pour moi est d'être
» séparée de tous mes amis. Je ne rencontre plus de cœurs qui
» m'entendent. »

Dans une autre lettre elle écrivait : « Toutes vos lettres à
» M. de *** me font grand plaisir, je vois au moins de votre
» écriture ; je lis que vous m'aimez, et cela me fait du bien.
» Soyez tranquille, l'adversité n'a pas diminué ma force et mon
» courage, et m'a donné plus de prudence. »

(*Note de l'édit.*)

le plus déraisonnable : presque tous voulurent visiter le petit Trianon. L'extrême simplicité de cette maison de plaisance ne répondant pas à leurs idées, quelques-uns insistèrent pour qu'on leur fît voir jusqu'aux moindres cabinets, disant qu'on leur cachait les pièces richement meublées. Enfin, ils en indiquèrent une qui, selon eux, devait être partout ornée de diamans, avec des colonnes torses, mélangées de saphirs et de rubis. La reine ne pouvait revenir de ces folles idées, et en entretint le roi qui, à la description que ces députés avaient faite de cette chambre aux gardiens de Trianon, jugea qu'ils cherchaient la décoration de diamans de composition qui avait été faite, sous le règne de Louis XV, pour le théâtre de Fontainebleau.

Le roi pensait que ses gardes-du-corps, retournant dans leurs provinces, après avoir fait leur quartier de service à la cour, racontaient ce qu'ils y avaient vu, et que ces récits exagérés devaient souvent finir par y être dénaturés. Cette première idée du roi, sur la recherche de la chambre de diamans, fit penser à la reine que l'opinion sur le prétendu goût du roi pour la boisson devait aussi venir des gardes qui accompagnaient sa voiture, lorsqu'il chassait à Rambouillet. Le roi, n'aimant pas à découcher, partait de ce rendez-vous de chasse après son souper; il s'endormait profondément dans sa voiture, et n'était réveillé qu'au moment de son arrivée dans la cour royale : il descendait de voiture au milieu des gardes-du-corps, en chancelant comme un homme à moitié éveillé, ce qui avait été pris pour un état d'ivresse (1).

La plupart des députés arrivés avec des préventions dues à l'erreur, ou semées par la malveillance, se logèrent chez les plus petits particuliers de Versailles, dont les propos inconsidérés ne contribuèrent pas peu à entretenir ces préventions. Tout enfin disposait l'esprit des députés à servir les projets des chefs de la rébellion.

Peu de temps après l'ouverture des états-généraux, le premier dauphin mourut. Ce jeune prince était tombé, en quelques mois, d'une santé florissante dans un rachitisme qui lui avait courbé l'épine du dos, allongé les traits du visage, et rendu

---

(1) Il est curieux de rapprocher l'anecdote qu'on va lire, du reproche injuste fait à Louis XVI, et dont madame Campan explique si naturellement les causes.

« La comédie d'*Ésope à la Cour*, de Boursault, renferme une scène dans laquelle le prince permet aux courtisans de lui dire ses défauts. Ils s'accordent tous à le louer outre mesure; un seul ose lui reprocher d'aimer le vin et de s'enivrer, vice dangereux chez tous les hommes, et plus encore dans un roi. Louis XV, pour qui ce goût honteux était déjà presque une habitude, dès l'année 1739, trouva la pièce de Boursault mauvaise, et en défendit la représentation à la cour. Après la mort de ce prince, le temps du deuil expiré, Louis XVI demanda une représentation d'*Ésope à la Cour*, trouva cette pièce pleine de sens, faite pour instruire les rois, et ordonna qu'on la lui remît souvent sous les yeux. »

(*Note de l'édit.*)

ses jambes si faibles, qu'on le soutenait comme un vieillard caduc, pour le faire marcher (1). Que de

---

(1) Louis, dauphin de France, qui mourut à Versailles le 4 juin 1789, annonçait une intelligence précoce. On trouve, dans un ouvrage écrit à cette époque, les détails suivans, sur ses dispositions et sur les soins assidus que lui donnait la duchesse de Polignac.

« M. le dauphin, à l'âge de deux ans, était d'une jolie figure : il articulait bien, et répondait avec intelligence aux questions qu'on lui faisait. Pendant qu'il était au château de la Muette, tout le monde avait la liberté de le voir. Ayant reçu devant le public une boîte de bonbons que lui envoyait la reine, avec son portrait dessus, il s'écria : *Ah! voilà le portrait de maman.*

» M. le dauphin était habillé très-simplement, avec un habit de matelot ; rien ne le distinguait d'un enfant ordinaire que la croix de Saint-Louis, le cordon bleu et l'ordre de la Toison, décorations qui sont l'attribut distinctif de sa naissance.

» La duchesse Jules de Polignac, sa gouvernante, le quittait à peine un seul instant : elle renonça aux voyages, à tous les plaisirs de la cour, pour vaquer uniquement à ses précieuses fonctions.

» Voici un trait vraiment touchant qu'on raconte du jeune dauphin que la mort nous a enlevé. Ce prince étant tombé en langueur de la maladie dont il est mort, avait toujours témoigné beaucoup d'affection à M. de Bourset, son valet de chambre. Il lui demanda un jour des ciseaux ; ce gentilhomme lui représenta que cela lui était défendu. L'enfant insista avec douceur, et l'on fut obligé de lui céder. Muni des ciseaux qu'il désirait, il s'en servit pour se couper une boucle de cheveux qu'il enveloppa avec soin dans une feuille de papier : « Tenez, Monsieur, » dit-il à son valet de chambre, voilà le seul présent que je » puisse vous faire, n'ayant rien à ma disposition ; mais quand

pleurs maternels cet état languissant et précurseur d'une mort certaine, fit verser à cette princesse, livrée d'ailleurs aux alarmes que lui causait déjà la situation du royaume! A tant de chagrins se joignirent encore des tracasseries insupportables, quand elles se renouvellent fréquemment. Une désunion ouverte entre les familles et les amis du duc d'Harcourt, gouverneur du dauphin, et de la duchesse de Polignac, sa gouvernante, influa beaucoup sur les afflictions de la reine. Le jeune prince témoignait une grande prévention contre la duchesse de Polignac, qui l'attribuait soit au duc soit à la duchesse d'Harcourt, et venait s'en plaindre à la reine : il est vrai que deux fois le dauphin l'avait fait sortir de sa chambre, en lui disant, avec cet air de maturité que les maladies de langueur donnent toujours à l'enfance : « Sortez, » Duchesse, vous avez la fureur de faire usage d'o- » deurs qui m'incommodent toujours; » et elle n'en portait jamais. La reine s'aperçut aussi que les préventions contre son amie s'étendait sur elle-même; son fils ne parlait plus en sa présence. Il avait pris le goût des sucreries; elle le sut, et lui présenta quelques pâtes de guimauve et de jujube. Les sous-gouverneurs et jusqu'au premier valet de chambre

---

» je serai mort, vous présenterez ce gage à mon papa et à maman;
» en se souvenant de moi, j'espère qu'ils se souviendront de
» vous. »

(*Note de l'édit.*)

la prièrent de ne rien donner à M. le dauphin, qui ne devait recevoir aucune espèce d'aliment qu'avec l'aveu de la Faculté. Je m'abstiens d'exprimer le déchirement de cœur qu'une pareille défense lui fit éprouver, d'autant plus que la reine n'ignorait pas que l'on avait l'injustice de croire qu'elle accordait une préférence marquée au duc de Normandie, dont la santé brillante et l'amabilité contrastaient, en effet, avec l'air languissant et le caractère mélancolique de son frère aîné. Elle ne pouvait au moins douter que, depuis assez longtemps, on n'eût eu le projet de lui ravir la tendresse d'un enfant qu'elle aimait en bonne et tendre mère, et que ses souffrances lui rendaient encore plus intéressant. Avant l'audience que le roi donna, le 10 août 1788, aux envoyés de Tipoo-Saëb, sultan, elle avait prié le duc d'Harcourt de détourner le dauphin, dont la difformité était déjà apparente, de l'idée d'assister à cette cérémonie, ne voulant pas, dans l'état de dépérissement où il était alors, l'exposer aux regards de la foule de curieux de Paris qui seraient placés dans la galerie. Malgré cette espèce d'injonction, on laissa cependant le dauphin écrire à sa mère pour qu'elle lui permît d'assister à cette audience. La reine fut forcée de le refuser, et en fit de vifs reproches au gouverneur qui lui répondit seulement qu'il n'avait pu s'opposer au désir d'un enfant malade. Un an avant la mort du dauphin, la reine avait perdu la princesse Sophie qui tétait encore; ce premier malheur avait été, selon ce que disait la reine, le début de tous ceux qui s'étaient succédés depuis ce moment (1).

---

(1) L'article consacré à la mémoire de Louis XVI, dans la Biographie universelle, ne fait point mention de cette princesse. « Ce prince eut trois enfans, y est-il dit : Louis, dauphin qui mourut en 1789; Louis XVII, et Marie-Thérèse-Charlotte, aujourd'hui Madame, duchesse d'Angoulême. » L'erreur ou, si l'on veut, l'oubli est de peu d'importance; mais lorsqu'il s'agit de la famille de Louis XVI, on est surpris de rencontrer cette erreur dans un article signé *de Bonald*. (*Note de l'édit.*)

CHAPITRE XIV.

Serment du Jeu-de-Paume. — Insurrection du 14 juillet. — Le roi se rend à l'Assemblée nationale. — Anecdotes. — Spectacle que présentent les cours du château de Versailles. — Particularités singulières. — On feint de croire que la salle de l'Assemblée nationale est minée. — Discours du roi qui rejette ces odieux soupçons. — Anecdotes. — Esprit des troupes. — Départ du comte d'Artois, du prince de Condé, du duc et de la duchesse de Polignac. — Elle est reconnue par un postillon qui la sauve. — Le roi se rend à Paris. — Terreurs à Versailles. — La reine veut se rendre à l'Assemblée : discours touchant qu'elle prépare. — Retour du roi : la reine est blessée du discours de Bailly. — Assassinat de MM. Foulon et Berthier. — Plans présentés au roi par M. Foulon, pour arrêter la marche de la révolution. — Mot affreux de Barnave. — Son repentir.

Le trop mémorable serment des états-généraux, fait au jeu de paume à Versailles, fut suivi de la séance royale du 23 juin. La reine regardait comme trahison ou lâcheté criminelle dans M. Necker, de n'avoir pas accompagné le roi : elle disait qu'il avait changé en poison un remède salutaire ; que, possédant toute la popularité, l'audace de désavouer hautement la démarche de son souverain avait enhardi les factieux et entraîné toute l'Assemblée, et qu'il était d'autant plus coupable, que la veille il lui avait donné sa parole d'accompagner le roi à cette séance. M. Necker voulut en vain s'excuser, en disant qu'on n'avait pas écouté ses avis.

Bientôt les insurrections du 11, du 12 et du 14 juillet ouvrirent la scène de désastres dont la France était menacée. Le massacre de M. de Flesselles et de M. de Launay fit répandre à la reine des larmes bien amères, et l'idée que le roi avait perdu des sujets dévoués lui déchirait le cœur.

Le soulèvement ne portait plus le seul caractère d'insurrection populaire : les mots *vive la nation! vive le roi! vive la liberté!* avaient jeté la plus grande lumière sur l'étendue du plan des réformateurs. Cependant le peuple parlait encore du roi avec amour, et semblait le considérer comme propre, par son caractère, à favoriser le vœu de la nation pour la réforme de ce que l'on appelait les abus ; mais on le croyait arrêté par les opinions et l'influence de M. le comte d'Artois et de la reine; et ces deux augustes personnes étaient alors les objets de la haine des mécontens. Les dangers que courait M. le comte d'Artois déterminèrent la première démarche du roi auprès de l'Assemblée nationale. Il s'y rendit, le 15 juillet au matin, avec ses frères, sans cortége, sans gardes, y parla debout et découvert, et prononça ces paroles mémorables : « Je me fie à vous, je ne veux faire qu'un » avec ma nation ; et, comptant sur l'amour et la » fidélité de mes sujets, j'ai donné ordre aux troupes » de s'éloigner de Paris et de Versailles. » Le roi revint à pied de la salle des états-généraux jusqu'à son palais ; les députés s'empressèrent de le suivre, et formèrent son cortége et celui des princes qui l'accompagnaient. La fureur du peuple s'adressait directement au comte d'Artois, dont l'opinion contre la double représentation paraissait un crime odieux. On cria plusieurs fois : *Vive le roi, en dépit de vous, Monseigneur, et de vos opinions.* Une femme osa s'approcher de Sa Majesté, et lui demander si ce qu'elle venait de faire était bien sincère, et si on ne le ferait pas changer.

Les cours du château étaient garnies d'une foule immense; on demanda que le roi, la reine et ses enfans parussent sur le balcon. La reine me remit la clef des portes intérieures qui conduisaient chez M. le dauphin, et m'ordonna d'aller trouver la duchesse de Polignac, de lui dire qu'elle demandait son fils, et m'avait chargée de le conduire moi-même dans ses cabinets où elle l'attendait pour le montrer au peuple. La duchesse me dit que cet ordre lui annonçait qu'elle ne devait pas accompagner le prince. Je ne répondis rien ; elle me serra la main, en me disant : « Ah! madame Campan, quel coup » je reçois ! » Elle embrassa l'enfant en pleurant, et me donna une semblable marque d'attachement. Elle savait combien j'aimais, combien j'estimais la bonté et la noble simplicité de son caractère ! Je voulus la rassurer en lui disant que j'allais ramener le prince; mais elle persista, disant qu'elle entendait cet ordre et savait ce qu'il lui annonçait. Alors, son mouchoir sur les yeux, elle rentra dans son cabinet intérieur. Une sous-gouvernante me demanda si elle pouvait suivre M. le dauphin; je lui répondis que la reine n'avait donné aucun ordre qui pût l'en empêcher, et nous nous rendîmes chez la reine qui attendait le prince pour le faire paraître sur le balcon.

Cette douloureuse commission exécutée, je descendis dans les cours, où je me mêlai parmi la foule. J'entendis mille vociférations : il était aisé de juger, à la différence entre le langage et le vêtement de certaines gens, qu'il y en avait de déguisés. Une femme, ayant un voile de dentelle noire baissé sur son visage, m'arrêta avec assez de violence par le bras, et me dit, en m'appelant par mon nom : « Je vous connais très-bien,
» dites à votre reine qu'elle ne se mêle plus de
» nous gouverner; qu'elle laisse son mari et nos
» bons états-généraux faire le bonheur du peu-
» ple. » Au même instant, un homme vêtu comme un fort de la halle, le chapeau rabattu sur les yeux, me saisit par l'autre bras, et me dit : « Oui, oui,
» répétez-lui souvent qu'il n'en sera pas de ces
» états-ci comme des autres, qui n'ont rien pro-
» duit de bon pour le peuple; que la nation est
» trop éclairée en 1789, pour n'en pas tirer un
» meilleur parti, et qu'il n'y aura pas à présent
» de député du tiers prononçant un discours un
» genou en terre; dites-lui bien cela, entendez-
» vous? » J'étais saisie de frayeur; la reine parut alors sur son balcon. « Ah! dit la femme voilée, la

» duchesse n'est pas avec elle. — Non, reprit
» l'homme, mais elle est encore à Versailles : elle est
» comme les taupes, elle travaille en-dessous; mais
» nous saurons piocher pour la déterrer. » Cet
odieux couple s'éloigna de moi, et je rentrai dans
le palais, me soutenant à peine. Je crus devoir
rendre compte à la reine du dialogue de ces deux
inconnus; elle m'en fit raconter les détails devant
le roi.

Vers les quatre heures après-midi, je me rendais
chez madame Victoire, en passant par la terrasse;
trois hommes étaient arrêtés sous les fenêtres de
la salle du trône. Un d'eux criait à haute voix :
« Voilà où est placé ce trône dont on cherchera
» les vestiges avant peu. » Il ajouta mille invectives contre Leurs Majestés. J'entrai chez la princesse qui travaillait seule dans son cabinet, derrière un store de canevas qui la garantissait d'être
vue du dehors. Ces trois hommes continuaient à se
promener sur la terrasse; je les lui montrai, en répétant ce qu'ils venaient de dire. Elle se leva pour
les voir de plus près, et m'apprit que l'un d'eux
se nommait Saint-Huruge, qu'il était vendu au
duc d'Orléans, et déchaîné contre l'autorité, pour
avoir été quelque temps enfermé par lettre-de-cachet, comme mauvais sujet.

Le roi n'ignorait pas toutes ces menaces populaires; il savait de même les jours où l'on avait
versé de l'argent dans Paris, et une ou deux fois
la reine m'avait empêchée d'y aller, en me disant

dé rester à Versailles, qu'il y aurait sûrement du bruit le lendemain, parce qu'elle savait que l'on avait semé beaucoup d'écus dans les faubourgs (1).

Le 14 juillet au soir, le roi était entré chez la reine, comme j'étais seule avec Sa Majesté; il lui parlait des soupçons affreux que les factieux de l'Assemblée avaient fait répandre, en disant qu'il avait fait miner la salle des états-généraux, pour la faire sauter; mais il ajouta qu'il devait continuer à mépriser une semblable ineptie : je me permis de lui dire que j'avais soupé la veille avec M. Begouen, député, qui avait dit que des personnes fort estimables pensaient que cet horrible moyen avait été suggéré à l'insu du roi. « L'idée d'une sembla-
» ble atrocité n'a pas révolté un homme aussi ver-
» tueux que Begouen, dit alors Sa Majesté; demain
» matin, de bonne heure, j'ordonnerai que l'on fasse
» fouiller dans la salle. » On voit, en effet, par le discours du roi à l'Assemblée nationale le 15 juillet, que les soupçons qu'on avait semés méritaient son attention. « Je sais, dit-il dans ce discours, que
» l'on a répandu d'injustes soupçons, je sais qu'on
» a osé publier que vos personnes n'étaient pas en

---

(1) J'ai vu un écu de six francs qui avait sûrement servi de paiement à quelque misérable, la nuit du 12 juillet; on y lisait ces mots gravés assez profondément : *Minuit, 12 juillet, trois pistolets*. C'était sans doute un mot d'ordre pour cette première insurrection.

(*Note de madame Campan.*)

» sûreté : serait-il donc nécessaire de vous ras-
» surer sur des bruits aussi coupables, démentis
» d'avance par mon caractère connu? »

La démarche du 15 juillet n'avait point calmé les troubles. Des députations de poissardes se succédaient pour demander que le roi vînt à Paris, où sa présence seule ferait cesser l'insurrection.

Le 16 juillet, il y eut un comité chez le roi, où il s'agissait de la question la plus importante. Sa Majesté devait-elle quitter Versailles et partir avec les troupes dont elle venait d'ordonner la retraite, ou se rendre à Paris pour calmer les esprits? La reine désirait le départ. Le 16 au soir, elle me fit ôter de ses écrins toutes ses parures de diamans, pour les réunir dans un seul petit coffre qu'elle devait emporter dans sa propre voiture. Elle brûla avec moi une grande quantité de papiers; car, dès ce moment, on menaçait Versailles d'une incursion de gens armés de Paris.

Le 16 au matin, avant de se rendre à un autre comité chez le roi, et après avoir préparé ses bijoux et visité tous ses papiers, la reine m'en remit un plié et non cacheté, et m'ordonna de ne le lire qu'à l'instant même où elle m'en ferait donner l'ordre de chez le roi; qu'alors j'exécuterais tout ce qu'il contenait; mais elle revint elle-même vers dix heures du matin, la chose était décidée : l'armée partait sans le roi; tous ceux qui couraient un danger imminent, devaient partir en même temps. « Le roi ira demain à l'Hôtel-de-Ville, me dit la

» reine; ce n'est pas lui qui a choisi ce parti, les
» débats ont été longs, le roi les a terminés en se
» levant, et en disant : *Enfin, Messieurs, il faut*
» *se décider, dois-je partir ou rester? Je suis prêt*
» *à l'un comme à l'autre.* La majorité a été pour
» que le roi restât; l'avenir nous fera voir si on a
» choisi le bon parti. » Je remis à la reine l'écrit
qui n'était plus utile : elle me le lut; il contenait
ses ordres pour le départ; je devais la suivre, tant
pour mes fonctions auprès de sa personne, que
pour servir d'institutrice à Madame. La reine déchira ce papier les larmes aux yeux en disant :
« Lorsque je l'écrivis, j'espérais bien qu'il me se-
» rait utile, mais le sort en a ordonné autrement;
» je crains bien que ce ne soit pour notre malheur
» à tous. »

Après le départ des troupes, on remercia le nouveau ministère; M. Necker fut rappelé. On ne put douter que les soldats d'artillerie ne fussent corrompus. « Pourquoi ces canons? criaient des troupes de femmes qui remplissaient les rues : voulez-vous tuer vos mères, vos femmes, vos enfans? — Ne craignez rien, répondaient les soldats, ces canons seront plutôt braqués contre le palais du tyran que contre vous. »

Le comte d'Artois, le prince de Condé, avec leurs enfans, partirent en même temps que les troupes (1). Le duc, la duchesse de Polignac, leur fille,

---

(1). On ne lira pas sans intérêt quelques détails qui honorent la duchesse de Guiche, la comtesse Diane de Polignac, sœur du duc, et l'abbé de Balivière, émigrèrent aussi dans la même nuit. Rien ne fut plus

---

la valeur de M. le prince de Condé, et plusieurs particularités qui, relatives à la naissance de M. le duc d'Enghien, paraissent plus singulières et plus touchantes quand on les rapproche des circonstances de sa fin tragique.

« Le prince de Condé s'était fait un nom dès son jeune âge. —Dans la guerre de sept ans, on citait de lui des traits de la bravoure qu'il montra à la bataille d'Astenbeck. On racontait que, sollicité de faire dix pas à gauche pour éviter la direction d'une batterie qui faisait à côté de lui d'affreux ravages, il avait répondu à M. de la Touraille : *Je ne trouve pas ces précautions dans l'histoire du Grand Condé.*

» Il se distingua depuis à la bataille de Minden, en 1759, à la tête de sa réserve, chargeant l'ennemi sur une pelouse jonchée de cadavres des officiers de la gendarmerie et des carabiniers. Ses talens se développèrent davantage quand il eut à ses ordres un corps de troupes séparé, avec lequel il remporta divers avantages sur le prince de Brunswick. Louis XV, en récompense, lui donna les canons de l'ennemi ; et M. de Brunswick lui ayant depuis rendu visite à Chantilly, et n'ayant pas trouvé les canons que le prince de Condé avait soustraits à ses regards : *Vous avez voulu*, lui dit-il, *me vaincre deux fois, à la guerre par vos armes, dans la paix par votre modestie.* Le combat de Johannes-Berg acheva sa réputation. Seul, avec une réserve inférieure, il remporta une victoire complète sur le prince Ferdinand. Il avait tenu son conseil de guerre au milieu des coups de fusil, et tenu ferme sur le champ de bataille qui lui resta. »

» M. le duc de Bourbon, fils de M. le prince de Condé, à peine sorti de l'enfance, devint amoureux de mademoiselle d'Orléans, et se montra si passionné, qu'à quatorze ans il épousa cette prin-

attendrissant que les adieux de la reine et de son amie; l'excès du malheur avait écarté loin d'elles le souvenir des différens que les opinions politiques avaient seules fait naître. Après ces tristes adieux, la reine eut plusieurs fois le désir de l'aller encore embrasser; ses démarches étaient trop observées : elle fut obligée de se priver de cette dernière consolation, mais elle chargea M. Campan d'assister à son départ, et lui remit une bourse de cinq cents louis, en lui ordonnant d'insister pour qu'elle trouvât bon qu'elle lui prêtât cette somme pour fournir aux frais de sa route. La reine ajouta qu'elle connaissait sa position; qu'elle avait souvent calculé ses revenus et les dépenses qu'exigeait sa place à la cour; que le mari et la femme, n'ayant d'autre fortune que les traitemens de leurs charges,

---

cesse, quoiqu'elle fût plus âgée que lui de six ans *. Mais on résolut de le faire voyager une année ou deux avant de le laisser tête à tête avec son épouse; il trompa la vigilance de ses argus et l'enleva du couvent où elle était. Madame la duchesse de Bourbon accoucha en 1771 du duc d'Enghien, après avoir souffert pendant quarante-quatre heures des douleurs que les femmes seules peuvent apprécier. L'enfant vint au monde tout noir et sans mouvement. On l'enveloppa de linges trempés dans de l'esprit-de-vin ; mais ce remède faillit lui être funeste, car une étincelle ayant volé sur ses langes, le feu y prit. Cet accident fut arrêté par les soins de l'accoucheur et du médecin. »

(*Note de l'édit.*)

* C'est à l'occasion de ce mariage que Laujon fit sa jolie pièce de *l'Amoureux de quinze ans.*

ne pouvaient faire aucune économie, ce qu'on était bien loin de penser à Paris. M. Campan resta jusqu'à minuit auprès de la duchesse pour la voir monter en voiture. Elle était vêtue en femme de chambre, et se mit sur le devant de la berline; elle demanda à M. Campan de parler souvent d'elle à la reine, et quitta pour toujours ce palais, cette faveur, ce crédit, qui lui avaient procuré de si cruels ennemis. Arrivés à Sens, les voyageurs trouvèrent le peuple soulevé : on demandait à tous ceux qui venaient de Paris, si les Polignacs étaient encore auprès de la reine. Un groupe de ces curieux adressa cette question à l'abbé de Balivière qui leur répondit, avec l'accent le plus ferme et les expressions les plus cavalières, qu'ils étaient bien loin de Versailles, et qu'on était quitte de tous ces mauvais sujets. A la poste suivante, le postillon monta sur le marche-pied, et dit à la duchesse : « Madame, il y a d'hon-
» nêtes gens dans ce monde : je vous ai tous re-
» connus à Sens. » On donna une poignée d'or à ce galant homme.

Au moment où ces premiers troubles éclatèrent, un vieillard plus que septuagénaire donna à la reine une véritable preuve d'attachement et de fidélité. M. Péraque, riche habitant des colonies, père de M. d'Oudenarde, venait de Bruxelles à Paris; il fut rencontré en relayant par un jeune homme qui quittait la France, et qui lui recommanda, s'il était chargé de quelques lettres des pays étrangers, de les brûler sur-le-champ, surtout s'il en avait pour la reine. M. Péraque en avait une de l'archiduchesse, gouvernante des Pays-Bas; pour Sa Majesté. Il remercia l'inconnu et cacha sa dépêche avec soin; mais en avançant vers Paris, l'insurrection lui parut si générale et si animée, qu'il ne jugea aucun moyen suffisant pour s'assurer que cette lettre ne serait point saisie. Il prit sur lui de la décacheter, et fit l'effort, surprenant pour son grand âge, de l'apprendre par cœur, quoique cette lettre eût quatre pages d'écriture. Arrivé à Paris, il la transcrivit et vint la présenter à la reine, en lui disant que le cœur d'un vieux et fidèle sujet lui avait donné le courage de prendre une semblable résolution. La reine reçut M. Péraque dans ses cabinets, lui exprima sa reconnaissance par l'attendrissement le plus honorable pour ce respectable vieillard. Sa Majesté pensa que le jeune inconnu qui l'avait prévenu de la situation de Paris, était le prince Georges de Hesse d'Armstadt qui lui était fort dévoué, et qui avait quitté la capitale à cette même époque.

La marquise de Tourzel remplaça madame la duchesse de Polignac. Elle avait été choisie par la reine, comme une mère de famille d'une conduite irréprochable, et qui avait elle-même dirigé avec le plus grand succès l'éducation de mesdames ses filles.

Le roi partit le 17 juillet pour Paris, accompagné du maréchal de Beauvau, du duc de Villeroy, du duc de Villequier; il prit aussi dans sa voiture le comte d'Estaing (1) et le marquis de Nesle, qui avaient alors la faveur populaire. Douze gardes-du-corps, et la garde bourgeoise de Versailles, le conduisirent jusqu'au *Point-du-Jour*, près de Sèvres, où l'attendait la garde parisienne. Son départ causa une douleur égale aux alarmes auxquelles on était livré, malgré le calme qu'il fit paraître. La reine retint ses larmes, et s'enferma dans ses cabinets avec toute sa famille. Elle envoya chercher plusieurs personnes de sa cour : on trouva des cadenas à leurs portes. La terreur les avait éloignées. Le silence de la mort régnait dans tout le palais, les craintes étaient extrêmes ; à peine espérait-on le retour du roi (2). La reine se fit préparer une robe, et fit ordonner à ses écuries de tenir tous ses attelages prêts. Elle écrivit un discours de quelques lignes pour l'Assemblée, voulant s'y rendre avec sa famille, son palais et son service, si le roi était retenu prisonnier dans Paris. Elle apprenait ce discours ; je me souviens qu'il commençait par ces mots : « Messieurs, je viens vous remettre l'épouse » et la famille de votre souverain ; ne souffrez pas » que l'on désunisse sur la terre ce qui a été uni

---

(1) Le comte allait dîner à Versailles chez des bouchers, et flattait le peuple par des bassesses.

(*Note de madame Campan.*)

(2) Voyez les détails de ce voyage dans les Mémoires de Ferrières qui les raconte avec autant d'intérêt que de sincérité.

(*Note de l'édit.*)

» dans le ciel. » En répétant ce discours, sa voix était coupée par ses larmes et par ces mots douloureux : *Ils ne le laisseront pas revenir !*

Il était plus de quatre heures quand le roi, qui était parti de Versailles à dix heures du matin, entra à l'Hôtel-de-Ville. Enfin, à six heures du soir, M. de Lastours, premier page du roi, arriva ; il n'avait pas mis une demi-heure à venir de la barrière de la Conférence à Versailles. Tout le monde sait que le moment du calme à Paris fut celui où l'infortuné souverain reçut, des mains de M. Bailly, la cocarde aux trois couleurs, et l'attacha à son chapeau. Un cri de *vive le roi* partit alors de tous côtés ; il n'avait pas été une fois articulé auparavant : le roi respira à cet instant, et, les larmes aux yeux, s'écria que son cœur avait besoin de ces cris du peuple. Un de ses écuyers (M. de Cubières), lui dit que le peuple l'aimait, et qu'il n'avait jamais pu en douter. Le roi lui répondit avec un profond accent de sensibilité : « Cubières, les Français aimaient » Henri IV, et quel roi l'a jamais mieux mérité?(1) »

---

(1) La mémoire de Henri IV était chérie de Louis XVI : il redoutait alors sa fin déplorable ; mais long-temps avant il se le proposait pour modèle. Voici ce qu'on lit à ce sujet dans Soulavie:

« L'écriteau et l'inscription *Resurrexit*, placés au pied de la statue de Henri IV, à l'avénement de Louis XVI à la couronne, le flattèrent infiniment. *Le beau mot que celui-là !* disait-il ; *s'il était vrai, Tacite lui-même n'aurait rien écrit de si laconique, ni de si beau.*

» Louis XVI aurait voulu prendre pour modèle le règne de

Son retour à Versailles remplit sa famille d'une joie inexprimable; il se félicitait dans les bras de la reine, de sa sœur et de ses enfans, de ce qu'il n'était arrivé aucun accident, et ce fut alors qu'il répéta plusieurs fois : « Heureusement, il n'a pas coulé de » sang, et je jure qu'il n'y aura jamais une goutte » du sang français versé par mon ordre. » Maxime pleine d'humanité, mais trop hautement énoncée dans ces temps de factions!

La dernière démarche du roi fit espérer à beaucoup de gens que le calme allait rendre à l'Assemblée les moyens de continuer ses travaux et d'amener promptement le terme de sa réunion. La reine ne s'en flatta nullement; le discours de M. Bailly au roi l'avait blessée autant qu'il l'avait affligée. « Henri IV » avait conquis son peuple, et ici c'est le peuple » qui avait reconquis son roi. » Ce mot de *conquête* l'offensait; elle ne pardonnait pas à M. Bailly cette belle phrase d'académicien.

Cinq jours après le voyage du roi à Paris, le départ des troupes et l'éloignement des princes et des

---

ce grand prince. L'année suivante, le parti qui souleva le peuple pour la cherté des blés, enlevant l'écriteau *Resurrexit* de la statue de Henri IV, le plaça sous celle de Louis XV, alors détesté. Louis XVI, qui le sut, se retira dans ses petits appartemens où il fut surpris avec la fièvre et en pleurs, sans que ce jour-là on pût le déterminer, ni à dîner, ni à se promener, ni à souper. On peut juger par ce trait quels supplices il endura au commencement de la révolution, lorsqu'il fut accusé de ne pas aimer le peuple français. »   (*Note de l'édit.*)

grands, dont l'influence semblait inquiéter le peuple, un attentat horrible, commis par des assassins soudoyés, prouva que le roi avait descendu les degrés de son trône, sans avoir obtenu de réconciliation avec son peuple.

M. Foulon, adjoint au ministère pendant que M. de Broglie commandait l'armée réunie à Versailles, s'était caché à Viry. Il y fut reconnu, les paysans l'arrêtèrent et le traînèrent jusqu'à l'Hôtel-de-Ville. Le cri de mort s'y fit entendre; les électeurs, les membres du comité, M. de La Fayette alors l'idole de Paris, voulurent inutilement sauver cet infortuné. Après un supplice dont les détails font frémir, son corps fut traîné dans les rues et jusqu'au Palais-Royal, et son cœur porté, le dirai-je? par des femmes..... au milieu d'un bouquet d'œillets blancs (1).

Le gendre de M. Foulon, M. Berthier, intendant de Paris, fut arrêté à Compiègne en même temps que son beau-père le fut à Viry, et traité avec une cruauté encore plus persévérante.

La reine a toujours été convaincue que quelque indiscrétion avait occasioné cet horrible attentat; elle me confia alors que M. Foulon avait fait deux Mémoires, pour diriger la conduite du roi, à

---

(1) Cette horrible circonstance ne se trouve rapportée qu'ici. Aucun historien, aucune relation du temps n'en fait mention. Il est probable que ce fait est faux: il faut le croire du moins pour l'honneur de l'humanité. (*Note de l'édit.*)

l'instant où il avait été appelé à la cour, lors du départ de M. Necker; que ces Mémoires contenaient deux plans tout-à-fait opposés pour tirer le roi de la crise affreuse où il se trouvait. Dans le premier de ces plans, M. Foulon s'exprimait hautement sur les vues criminelles du duc d'Orléans; disait qu'il fallait le faire arrêter et se hâter de profiter du temps où les tribunaux existaient encore, pour lui faire son procès; il indiquait aussi les députés qu'on devait arrêter en même temps, et conseillait au roi de ne se point séparer de son armée tant que l'ordre ne serait pas rétabli.

Son autre plan tendait à ce que le roi s'emparât de la révolution avant son explosion totale; il lui conseillait de se rendre à l'Assemblée, d'y demander lui-même les cahiers, de faire les plus grands sacrifices pour satisfaire les véritables vœux du peuple, et ne pas donner aux factieux le temps de les faire tourner à l'avantage de leurs criminels desseins. Madame Adélaïde se fit lire ces deux Mémoires par M. Foulon, en présence de quatre ou cinq personnes. Une d'elles était très-liée avec madame de Staël (1), et c'était cette liaison qui donnait lieu de croire à la reine que le parti contraire avait eu connaissance des Mémoires de M. Foulon.

On sait que le jeune Barnave, dans un cruel égarement d'esprit, expié quelque temps après par

---

(1) Le comte L. de N.   (*Note de madame Campan.*)

un sincère repentir et même par sa mort, prononça ces mots atroces : *Le sang qui coule est-il donc si pur ?* lorsque le fils de M. Berthier vint à l'Assemblée implorer l'éloquence et la piété filiale de M. de Lally pour lui demander de sauver la vie de son père. J'ai su, depuis, qu'un fils de M. Foulon, rentré en France, après ces premières crises de la révolution, voulut voir Barnave, et lui remit celui des deux Mémoires dans lequel M. Foulon avait conseillé à Louis XVI de prévenir l'explosion révolutionnaire, en accordant, de sa propre volonté, tout ce que l'Assemblée demandait avant l'époque du 14 juillet. « Lisez ce Mémoire ; je vous l'ai ap-
» porté pour ajouter à vos remords ; c'est la seule
» vengeance que je veuille tirer de vous. » Barnave fondit en larmes, et lui dit tout ce que la plus profonde douleur put lui inspirer.

CHAPITRE XV.

Création de la garde nationale. — Anecdote à ce sujet. — Départ de l'abbé de Vermond. — La reine presse madame Campan de lui faire le portrait de l'abbé. — Anecdote. — L'abbé fait des conditions à la reine. — Les gardes-françaises quittent Versailles. — Fête donnée par les gardes-du-corps au régiment de Flandre. — Le roi, la reine et le dauphin y assistent. — Journées des 5 et 6 octobre : odieuses menaces proférées contre la reine. — Dévouement d'un garde-du-corps. — On en veut aux jours de Marie-Antoinette. — Fatale circonstance qui expose sa vie. Il n'est pas vrai que les brigands aient pénétré jusqu'à la chambre de la reine. — On veut que la reine paraisse au balcon : dévouement sublime. — La famille royale se rend à Paris. Marche du sinistre cortége. — Arrivée à Paris : présence d'esprit de la reine. — Séjour aux Tuileries. — Changemens dans les esprits : la reine applaudie avec transport par les femmes du peuple. — Elle refuse d'aller au spectacle. — Vie privée. — Mots spirituels du dauphin. — Anecdote touchante. — On propose à la reine de quitter sa famille et la France. — Noble refus. — Elle consacre ses soins à l'éducation de ses enfans. — Tableau de la cour. — Anecdote concernant Luckner. — Comment les ministres du roi avaient fait naître des préventions contre la reine. — Exaspération des esprits.

Après le 14 juillet, par une ruse que les plus habiles factieux de tous les temps eussent enviée à ceux de l'Assemblée, toute la France fut armée et organisée en gardes nationales. On avait fait répandre, le même jour et presque à la même heure, dans la France entière, que quatre mille brigands marchaient vers les villes ou les villages que l'on voulait faire armer. Jamais projet ne fut mieux combiné; la terreur se répandit à la fois sur tout le royaume, et pénétra jusque dans les cantons les plus reculés. Dans les montagnes du Mont-d'Or, un paysan me montra, en 1791, une roche escarpée où sa femme s'était réfugiée, le jour où les quatre mille brigands devaient assaillir leur village, et me dit qu'on avait été obligé de se servir de cordages pour la descendre de l'endroit où le seul effet de la peur l'avait fait parvenir.

Le lieu où l'habit militaire parut le plus choquant, fut sans doute Versailles. Tous les valets du roi, de la dernière classe, furent transformés en lieutenans, en capitaines; presque tous les musiciens de la chapelle osèrent paraître un jour à la messe du roi avec un costume militaire, et un *soprano d'Italie* y chanta un motet, en uniforme de capitaine de grenadiers. Le roi en fut très-offensé, et fit défendre à ses serviteurs de paraître en sa présence avec un costume aussi déplacé.

Le départ de la duchesse de Polignac devait laisser tomber tous les dangers de la faveur sur l'abbé de Vermond; on en parlait déjà comme d'un conseiller nuisible au bonheur du peuple. La reine en fut alarmée, et lui conseilla de se rendre à Valenciennes, où commandait le comte d'Esterhazy; il ne put y résider que peu de jours, et partit pour Vienne où il est toujours resté.

La nuit du 17 au 18 juillet, la reine, ne pouvant dormir, me fit veiller près d'elle jusqu'à trois heures du matin. Je fus très-surprise de l'entendre dire que l'abbé de Vermond serait fort long-temps sans reparaître à la cour, quand même la crise actuelle s'apaiserait, parce qu'on lui pardonnerait trop difficilement son attachement pour l'archevêque de Sens, et qu'elle perdait un serviteur bien dévoué; puis, tout-à-coup, elle me dit que je ne devais pas l'aimer beaucoup, que cependant il était peu prévenu contre moi; mais qu'il ne pouvait souffrir que mon beau-père occupât la place de secrétaire du cabinet. Elle ajouta que j'avais certainement étudié le caractère de l'abbé, et comme je lui avais fait quelquefois des portraits à l'imitation de ceux qui étaient en usage du temps de Louis XIV, elle me demanda celui de l'abbé, tel que je le concevais sans la moindre restriction. Mon étonnement fut extrême. Cet homme qui, la veille, était dans la plus grande intimité, la reine me parlait de lui avec beaucoup de sang-froid, et comme d'une personne qu'elle ne reverrait peut-être plus! Je restai pétrifiée:... la reine persista, et me dit que, depuis plus de douze ans, il avait été ennemi de ma famille, sans avoir pu la desservir dans son esprit; qu'ainsi je n'avais pas même à redouter son retour, quelque sévère que fût la manière dont je l'avais jugé. Je résumai promptement mes idées sur ce favori, et je me rappelle seulement que le portrait fut fait avec sincérité, en éloignant néanmoins tout ce qui pouvait donner l'idée de la háine. J'en citerai un seul trait: je disais que, né bavard et indiscret, il s'était fait singulier et brusque pour masquer ces deux défauts. La reine m'interrompit en disant: « Ah, que cela » est vrai ! » J'ai eu occasion, depuis cette époque, de découvrir que malgré la haute faveur de l'abbé de Vermond, la reine avait pris quelques précautions pour se garantir par la suite d'un ascendant dont elle ne pouvait juger toutes les conséquences.

A la mort de mon beau-père, son exécuteur testamentaire me remit une boîte contenant quelques bijoux, déposés par la reine dans les mains de M. Campan, lors du départ de Versailles au 6 octobre; puis deux paquets cachetés avec ces mots écrits sur l'un et sur l'autre: *Campan me gardera ces papiers.* Je portai les deux paquets à Sa Majesté qui garda les bijoux et le plus gros paquet, et me dit, en me remettant le moins considérable: « Gardez-moi cela comme a fait votre » beau-père. »

Après la funeste journée du 10 août, au moment où ma maison allait être investie, je me décidai à brûler les papiers les plus intéressans dont j'étais dépositaire; cependant je crus devoir décacheter ce paquet, qu'il était peut-être nécessaire que je conservasse à tout risque. Je vis qu'il contenait une lettre de l'abbé de Vermond à la reine. J'ai dit que, dans les premiers jours de la faveur de madame de Polignac, il avait résolu de s'éloigner de Versailles, et que la reine l'avait fait inviter par M. le comte de Mercy à revenir près d'elle. Cette lettre ne contenait que des conditions pour son retour ; c'était le plus bizarre des traités : je regrettai beaucoup, je l'avoue, d'être obligée de détruire cet écrit. Il reprochait à la reine son engouement pour la comtesse Jules, sa famille et sa société ; lui disait des choses vraies sur les suites fâcheuses que pouvait avoir cette amitié qui plaçait cette jeune dame au nombre des favorites des reines de France, titre que la nation n'avait jamais aimé. Il se plaignait de voir ses avis négligés ; puis il en venait aux conditions pour son retour à Versailles : après avoir bien assuré qu'il ne viserait de sa vie aux grandes dignités de l'Église, il disait qu'il mettait sa gloire dans une confiance entière ; et qu'il demandait essentiellement deux choses à Sa Majesté ; la première, de ne plus lui faire donner ses ordres par personne, et de lui écrire elle-même : il se récriait beaucoup sur ce qu'il n'avait pas une seule lettre de sa main, depuis qu'il avait quitté Vienne ; enfin, il lui demandait quatre-vingt mille livres de revenu en biens ecclésiastiques, et terminait en lui disant que si elle daignait lui écrire elle-même qu'elle allait s'occuper de lui faire obtenir ce qu'il désirait, cette lettre seule lui montrerait que Sa Majesté aurait accepté les deux conditions qu'il osait mettre à son retour. La lettre fut sans doute écrite ; du moins, il est bien sûr que les abbayes furent accordées, et que son absence de Versailles ne dura qu'une seule semaine.

CHAPITRE XV.

Ce fut dans le courant de juillet que le régiment des gardes-françaises, déjà insurgé à la fin de juin, abandonna ses drapeaux. Une seule compagnie de grenadiers resta fidèlement à son poste à Versailles : M. le baron de Leval en était le capitaine. Il venait me prier tous les soirs de rendre compte à la reine de la disposition de ses soldats ; mais M. de La Fayette leur ayant fait parvenir un billet, ils désertèrent tous dans la nuit, et furent joindre leurs camarades enrôlés dans la garde de Paris ; et Louis XVI, en s'éveillant, ne vit plus de gardes aux postes qui leur étaient confiés.

On connaît les décrets insensés du 4 août, qui détruisaient tous les priviléges (1). Le roi sanctionna

---

(1) « Ce fut la nuit du 4 août, dit Rivarol dont les Mémoires feront partie de cette collection, que les démagogues de la noblesse, fatigués d'une longue discussion sur les droits de l'homme et brûlant de signaler leur zèle, se levèrent tous à la fois, et demandèrent à grands cris les derniers soupirs du régime féodal. Ce mot électrisa l'Assemblée.....

» Le feu avait pris à toutes les têtes. Les cadets de bonne maison, qui n'ont rien, furent ravis d'immoler leurs trop heureux aînés sur l'autel de la patrie ; quelques curés de campagne ne goûtèrent pas avec moins de volupté le plaisir de renoncer aux bénéfices des autres ; mais, ce que la postérité aura peine à croire, c'est que le même enthousiasme gagna toute la noblesse ; le zèle prit la marche du dépit : on fit sacrifices sur sacrifices. Et comme le point d'honneur chez les Japonais est de s'égorger en présence les uns des autres, les députés de la noblesse frappèrent à l'envi sur eux-mêmes, et du même coup sur leurs commettans. Le peuple, qui assistait à ce noble combat, augmentait

ce qui tenait au sacrifice de ses plaisirs, mais refusa son adhésion aux autres décrets de cette tumultueuse nuit : ce refus devint une des principales causes des crises du mois d'octobre.

Dès les premiers jours de septembre, il y eut des attroupemens au Palais-Royal, et des motions pour aller à Versailles : on disait qu'il fallait séparer le roi de ses funestes conseillers, et le garder au Louvre ainsi que le dauphin. Les proclamations de la commune, pour ramener le calme, furent inutiles ; mais cette fois, M. de La Fayette parvint à dissiper les attroupemens. L'Assemblée se déclara permanente; et, pendant tout ce mois où, sans doute, on préparait les grandes insurrections du mois suivant, la cour ne fut point inquiétée.

Le roi avait fait venir à Versailles le régiment de Flandre; on eut malheureusement l'idée de faire fraterniser les officiers de ce régiment avec les gardes-du-corps, et ces derniers les invitèrent à un repas qui fut donné dans la grande salle de spectacle du château de Versailles, et non dans le salon d'Hercule, comme le disent quelques chroniqueurs. Des loges furent distribuées à plusieurs personnes

---

par ses cris l'ivresse de ses nouveaux alliés; et les députés des communes, voyant que cette nuit mémorable ne leur offrait que du profit sans honneur, consolèrent leur amour-propre en admirant ce que peut la noblesse entée sur le tiers-état. Ils ont nommé cette nuit la *nuit des dupes*, les nobles l'ont nommée la *nuit des sacrifices*. »

(*Note de l'édit.*)

qui désirèrent assister à cette fête. La reine me dit qu'on lui avait conseillé d'y paraître; mais que, dans les circonstances où l'on se trouvait, elle pensait que cette démarche pourrait être plus nuisible qu'utile; que de plus, ni le roi, ni elle, ne devaient avoir une part directe à une telle fête. Elle m'ordonna de m'y rendre, et me recommanda de tout observer, afin de lui en faire un fidèle récit.

Les tables étaient dressées sur le théâtre; on y avait placé alternativement un garde-du-corps et un officier du régiment de Flandre. Un orchestre nombreux était dans la salle; les loges étaient remplies de spectateurs. On joua l'air : *O Richard, ô mon roi!* les cris de *vive le roi* retentirent dans la salle pendant plusieurs minutes. J'avais avec moi l'une de mes nièces, et une jeune personne élevée, par Sa Majesté, avec Madame. Elles criaient *vive le roi* de toutes leurs forces, lorsqu'un député du tiers-état qui était dans la loge voisine de la mienne, et que je n'avais jamais vu, les interpella, en leur faisant des reproches sur leurs cris : il s'affligeait, disait-il, de voir de jeunes et jolies Françaises, élevées à suivre d'aussi vils usages, crier à tue-tête, pour la vie d'un seul homme, et le placer dans leur cœur, par un véritable fanatisme, au-dessus même de leurs plus chers parens : il leur peignait le mépris qu'inspirerait une semblable conduite à de braves Américaines, si elles voyaient des Françaises corrompues de cette manière dès leur plus tendre

jeunesse. Ma nièce répondait avec assez de force ;
et je priai ce député de cesser un entretien qui ne
pouvait en rien répondre à ses vues, puisque ces
jeunes personnes et moi, vivions pour servir et
aimer le roi. Pendant que je mettais ainsi un terme
à cette conversation, quel fut mon étonnement de
voir entrer dans la salle le roi, la reine et le dauphin? C'était M. de Luxembourg qui avait opéré
ce changement dans la résolution que la reine avait
prise.

L'enthousiasme devint général : l'orchestre joua
de nouveau, au moment de l'arrivée de Leurs
Majestés, l'air que je viens de citer, et de suite un
air du Déserteur : *Peut-on affliger ce qu'on aime?*
qui fit aussi beaucoup de sensation sur les spectateurs : on entendait des éloges de Leurs Majestés,
des cris d'amour, des expressions de regret sur ce
qu'elles avaient déjà souffert, des battemens de
mains, des *vive le roi, la reine, le dauphin.* Il a été
dit que des cocardes blanches furent mises aux
chapeaux : le fait est faux ; il paraît seulement que
quelques jeunes gens de la garde nationale de Versailles, invités à ce repas, retournèrent leurs cocardes nationales qui étaient blanchies en-dessous.
Tous les militaires quittèrent la salle, et recondui-
sirent le roi et sa famille jusqu'à leur appartement.
L'ivresse s'était mêlée à ces transports de joie : on
fit des folies, on dansa sous les fenêtres du roi; un
soldat du régiment de Flandre escalada jusqu'au
balcon de la chambre de Louis XVI, pour crier

vive le roi plus près de Sa Majesté ; ce soldat devint, à ce que m'ont dit plusieurs officiers de ce corps, un des premiers et des plus dangereux de leurs insurgés, aux journées des 5 et 6 octobre. Le même soir, un autre soldat de ce régiment se tua d'un coup d'épée. Un de mes parens, chapelain de la reine, qui venait souper chez moi, le vit étendu à l'un des coins de la place d'armes ; il s'en approcha pour lui donner des secours spirituels, et reçut ses aveux et ses derniers soupirs. Il s'était tué de regret de s'être laissé corrompre par les ennemis de son roi, et disait que depuis qu'il l'avait vu, ainsi que la reine et le dauphin, ses remords lui avaient fait perdre la tête.

J'étais revenue chez moi, ravie de tout ce que j'avais vu : j'y trouvai beaucoup de monde : M. de Beaumetz, député d'Arras, écouta mes récits d'un air glacé, et lorsque je les eus terminés, me dit que ce qui venait de se passer était affreux ; qu'il connaissait l'esprit de l'Assemblée, que les plus grands malheurs suivraient de près la scène de ce soir, et qu'il me demandait la permission de se retirer pour délibérer, avec quelque réflexion, si, le lendemain, il devait émigrer ou passer du côté gauche de l'Assemblée. Il prit ce dernier parti, et ne reparut plus dans ma société.

Le 2 octobre, il y eut, par suite de ce repas militaire, un déjeuner à l'hôtel des gardes-du-corps : on dit qu'il y fut question de marcher sur l'Assemblée; mais j'ignore absolument ce qui se passa à ce déjeuner. Dès ce moment, Paris ne cessa pas d'être en rumeur; les attroupemens étaient perpétuels, les plus virulentes motions s'entendaient dans toutes les places, on parlait toujours de se porter sur Versailles. Le roi et la reine ne paraissaient pas le craindre et ne prenaient aucune précaution; enfin, le soir du 5 octobre, quand l'armée était déjà sortie de Paris, le roi chassait au tir à Meudon, et la reine était absolument seule à se promener dans ses jardins de Trianon, qu'elle parcourait pour la dernière fois de sa vie. Elle était assise dans sa grotte, livrée à de douloureuses réflexions, lorsqu'elle reçut un mot d'écrit de M. le comte de Saint-Priest qui la suppliait de rentrer à Versailles. M. de Cubières partit en même temps pour inviter le roi à quitter sa chasse et à rentrer dans son palais; il s'y rendit à cheval et fort lentement. Quelques momens après, on vint l'avertir qu'une bande nombreuse de femmes, qui précédait l'armée parisienne, était à Chaville, à l'entrée de l'avenue de Paris.

La rareté du pain et le repas des gardes-du-corps furent le prétexte du soulèvement des 5 et 6 octobre; mais comme, depuis le commencement de septembre, on ne cessait de faire circuler dans le peuple que le roi projetait de se retirer, avec sa famille et ses ministres, dans quelque place forte; comme dans les rassemblemens populaires on parlait toujours d'aller à Versailles s'emparer du roi, il est démontré que ce nouvel attentat du peuple avait fait partie du plan des factieux.

Les femmes seules se présentèrent d'abord; on fit fermer les grilles du château et ranger les gardes-du-corps et le régiment de Flandre sur la place d'armes. Les détails de cette affreuse journée se trouvant avec exactitude dans plusieurs ouvrages, je dirai seulement que le désordre égalait la consternation dans l'intérieur du palais.

A cette époque, je n'étais pas de service auprès de la reine. M. Campan resta près d'elle jusqu'à deux heures du matin. Comme il allait sortir, elle daigna lui recommander, avec une bonté infinie, de me rassurer sur les dangers du moment, et de me répéter les propres mots de M. de La Fayette, qui venait d'inviter la famille royale à se coucher, en lui répondant de son armée.

La reine était loin de compter sur l'attachement de M. de La Fayette; mais elle m'a souvent répété qu'elle crut ce jour-là, qu'ayant affirmé au roi, en présence d'une foule de témoins, qu'il répondait de l'armée parisienne, il ne hasarderait pas sa gloire de commandant, et était sûr de son fait. Elle pensait aussi que toute cette armée lui était dévouée, et que tout ce qu'il avait dit sur la violence qu'elle lui avait faite pour le faire marcher sur Versailles, n'était qu'une feinte.

Dès la première nouvelle de la marche des Parisiens, M. le comte de Saint-Priest avait fait préparer Rambouillet pour recevoir le roi, sa famille et leur suite, et déjà les voitures étaient avancées; mais quelques cris de *vive le roi!* lorsque les femmes avaient rapporté la réponse favorable de Sa Majesté, firent abandonner le projet du départ, et l'on donna l'ordre aux troupes de se retirer (1). Cependant, les gardes-du-corps furent assaillis de pierres et de coups de fusil, lorsqu'ils se rendaient de la place d'armes à leur hôtel. Les alarmes recommencèrent; on voulut de nouveau partir; quelques voitures étaient encore attelées, on les fit demander; elles furent arrêtées par un misérable comédien du théâtre de la ville, qui fut secondé par la multitude : le moment de fuir avait été manqué.

---

(1) Je n'insisterai pas sur la nécessité de rapprocher cette relation des récits tracés par *Ferrières*, *Weber* et *Bailly*, dans la collection des *Mémoires sur la révolution* : tous les lecteurs qui veulent s'instruire, sentiront l'utilité de ce rapprochement. Mais il existe encore sur ces événemens, qui eurent une si malheureuse influence, un témoignage bien autrement important, c'est celui d'un ministre du roi à cette époque : c'est celui même de M. le comte de Saint-Priest, dont il est question dans ce passage des *Mémoires de madame Campan*. M. de Saint-Priest, que son rang à la cour, sa place au conseil, son attachement pour le roi, mirent à portée de tout voir et de tout connaître, a laissé une relation précieuse des événemens que ses avis pouvaient prévenir ou du moins écarter, s'ils eussent été suivis. L'éditeur tient cette relation de la bienveillance de M. de Saint-Priest, fils du ministre : on la trouvera parmi les *éclaircissemens inédits* [**].

(*Note de l'édit.*)

CHAPITRE XV.

C'était particulièrement contre la reine que l'insurrection était dirigée : je frémis encore en me souvenant que les poissardes, ou plutôt les furies qui portaient des tabliers blancs, criaient qu'ils étaient destinés à recevoir les entrailles de Marie-Antoinette; qu'elles s'en feraient des cocardes, et mêlaient les expressions les plus obscènes à ces horribles menaces; tant l'ignorance et la cruauté, qui se trouvent dans la masse de presque tous les peuples, peuvent dans les temps de troubles leur inspirer des sentimens atroces! tant il est nécessaire qu'une autorité vigoureuse et paternelle, en les défendant contre leurs propres erreurs, préserve en même temps les bons citoyens de toutes les calamités qu'entraînent les factions!. . . .

La reine se coucha à deux heures du matin, et s'endormit, fatiguée par une journée aussi pénible. Elle avait ordonné à ses deux femmes de se mettre au lit, pensant toujours qu'il n'y avait rien à craindre, du moins pour cette nuit; mais l'infortunée princesse dut la vie au sentiment d'attachement qui les empêcha de lui obéir. Ma sœur, qui était l'une de ces deux dames, m'apprit le lendemain tout ce que je vais en citer.

Au sortir de la chambre de la reine, ces dames appelèrent leurs femmes de chambre, et se réunirent toutes quatre, assises contre la porte de la chambre à coucher de Sa Majesté. Vers quatre heures et demie du matin, elles entendirent des cris horribles et quelques coups de fusil; l'une d'elles entra chez la reine pour la réveiller, et la faire sortir de son lit; ma sœur vola vers l'endroit où lui paraissait être le tumulte; elle ouvrit la porte de l'antichambre qui donne dans la grande salle des gardes, et vit un garde-du-corps, tenant son fusil en travers de la porte, et qui était assailli par une multitude qui lui portait des coups; son visage était déjà couvert de sang; il se retourna et lui cria : *Madame, sauvez la reine, on vient pour l'assassiner.* Elle ferma soudain la porte sur cette malheureuse victime de son devoir, poussa le grand verrou, et prit la même précaution en sortant de la pièce suivante, et, après être arrivée à la chambre de la reine, elle lui cria : *Sortez du lit, Madame; ne vous habillez pas, sauvez-vous chez le roi.* La reine épouvantée se jette hors du lit, on lui passe un jupon sans le nouer, et ses deux dames la conduisent vers l'œil-de-bœuf. Une porte du cabinet de toilette de la reine, qui tenait à cette pièce, n'était jamais fermée que de son côté. Quel moment affreux! elle se trouva fermée de l'autre côté. On frappe à coups redoublés; un domestique d'un valet de chambre du roi vient ouvrir; la reine entre dans la chambre de Louis XVI et ne l'y trouve pas. Alarmé pour les jours de la reine, il était descendu par les escaliers et les corridors qui régnaient sous l'œil-de-bœuf, et le conduisaient habituellement chez la reine, sans avoir besoin de traverser cette pièce. Il entre chez Sa Majesté, et n'y trouve que des gardes-du-corps qui s'y étaient réfugiés. Le roi leur dit d'attendre quelques instans, craignant d'exposer leur vie, et leur fit dire ensuite de se rendre à l'œil-de-bœuf. Madame de Tourzel, alors gouvernante des enfans de France, venait de conduire Madame et le dauphin chez le roi. La reine revit ses enfans. On peut se peindre cette scène d'attendrissement et de désolation (1).

Il n'est pas vrai que les brigands aient pénétré jusqu'à la chambre de la reine, et percé de coups d'épée ses matelas. Les gardes-du-corps réfugiés furent les seuls qui entrèrent dans cette chambre; et si la foule y eût pénétré, ils auraient été massacrés. D'ailleurs, quand les assassins eurent forcé les portes des antichambres, les valets de pied et les officiers de service, sachant que la reine n'était plus chez elle, les en prévinrent avec un accent de vérité auquel on ne se méprend jamais. A l'instant, cette criminelle horde se précipita vers l'œil-de-

---

(1) C'est au milieu même de cette scène *d'attendrissement et de désolation*, que des Mémoires, récemment publiés en Angleterre, voudraient frapper la reine du coup le plus cruel dont elle pût être atteinte. Madame Campan n'aurait pu lire ce qu'on se proposait d'accréditer sous son nom qu'avec un sentiment égal d'indignation et de douleur. Je ne m'expliquerai pas davantage, et l'on approuvera ma réserve. Je n'ajouterai plus qu'un mot : si l'on voulait placer dans la bouche de madame Campan une accusation contre Marie-Antoinette, c'est avoir mal pris son temps que de choisir précisément l'instant où elle a représenté cette princesse sous les traits les plus touchans et les plus nobles.

(*Note de l'édit.*)

bœuf, espérant sans doute la ressaisir à son passage.

Beaucoup de gens ont affirmé qu'ils avaient reconnu le duc d'Orléans à quatre heures et demie du matin, en redingote, et avec un chapeau rabattu, au haut de l'escalier de marbre, indiquant de la main la salle des gardes qui précédait l'appartement de la reine. Cette déposition a été faite au Châtelet par plusieurs individus, lors du procès commencé sur les journées du 5 et du 6 octobre (1).

La sagesse et les sentimens d'honneur de plusieurs officiers de la garde parisienne, la prudence de M. de Vaudreuil, lieutenant-général de la marine, et de M. de Chevanne, garde du roi, amenèrent une explication entre les grenadiers de la garde nationale de Paris et les gardes du roi. Les portes de l'œil-de-bœuf étaient fermées, et l'antichambre qui précède cette pièce, remplie de grenadiers qui voulaient y entrer pour massacrer les gardes. M. de Chevanne se présente à eux comme victime, s'il leur en faut une, et leur demande ce qu'ils veulent. Le bruit s'était répandu dans leurs rangs que les gardes-du-corps les défiaient, et qu'ils portaient

---

(1) La justice et l'impartialité veulent que nous renvoyions le lecteur aux extraits de la procédure ; extraits qui accompagnent les *Mémoires de Weber*. On fera bien de consulter, avec les *éclaircissemens* qui s'y trouvent déjà rassemblés, ceux qui sont réunis ici sous la lettre (E).

(*Note de l'édit.*)

CHAPITRE XV.

tous des cocardes noires. M. de Chevanne leur montre qu'il portait, ainsi que tout le corps, la cocarde de son uniforme; il promet que les gardes allaient la remplacer par celle de la nation : l'échange se fait; on va même jusqu'à faire celui des bonnets de grenadiers, contre les chapeaux des gardes-du-corps; ceux qui étaient de poste, ôtent leurs bandoulières; les embrassemens, la joie de fraterniser, succèdent à l'instant au désir furieux d'égorger cette troupe fidèle à son souverain. On cria : *Vivent le roi, la nation et les gardes-du-corps!*

L'armée couvrait la place d'armes, toutes les cours du château et l'entrée de l'avenue. On demande que la reine paraisse sur le balcon : elle s'y présente avec Madame et le dauphin. On crie : *Pas d'enfans.* Voulait-on la dépouiller de l'intérêt qu'elle inspirait, étant accompagnée de sa jeune famille, où les chefs des factieux espéraient-ils que quelque forcené oserait diriger un coup mortel sur sa personne? L'infortunée princesse eut sûrement cette dernière idée, car elle renvoya ses enfans, et, les yeux et les mains levés vers le ciel, elle s'avança sur le balcon, comme une victime qui se dévoue.

Quelques voix crièrent *à Paris!* Ce cri devint bientôt général. Le roi, avant de se décider à ce départ, voulut consulter l'Assemblée nationale, et la fit inviter de tenir sa séance au château. Mirabeau s'y opposa. Pendant que ces messieurs délibéraient, la foule immense et désorganisée devenait de plus en plus difficile à contenir. Le roi, ne prenant conseil que de lui-même, dit au peuple : « Mes enfans, » vous voulez que je vous suive à Paris, j'y consens, » mais à condition que je ne me séparerai pas de » ma femme et de mes enfans. » Le roi ajouta qu'il demandait sûreté pour ses gardes : on répondit : *Vive le roi! vivent les gardes-du-corps!* Les gardes, le chapeau en l'air, tourné du côté de la cocarde, crièrent : *vive le roi, vive la nation!* Il se fit bientôt une décharge générale de tous les fusils, en signe de réjouissance. Le roi et la reine partirent de Versailles à une heure; monseigneur le dauphin, Madame fille du roi, Monsieur, Madame, madame Élisabeth et madame de Tourzel étaient dans le carrosse; plusieurs voitures de suite contenaient d'abord madame la princesse de Chimay, les dames du palais de semaine, puis la suite du roi et le service. Cent voitures de députés et le gros de l'armée parisienne terminaient le cortége. Quel cortége, grand Dieu!

Les poissardes entouraient et précédaient le carrosse de Leurs Majestés, en criant : « Nous ne man» querons plus de pain, nous tenons le boulanger, » la boulangère et le petit mitron. » Au milieu de cette troupe de Cannibales s'élevaient les deux têtes des gardes-du-corps massacrés. Les monstres, qui en faisaient un trophée, eurent l'atroce idée de vouloir forcer un perruquier de Sèvres à recoiffer ces deux têtes, et à mettre de la poudre sur leurs cheveux ensanglantés. L'infortuné auquel on demanda cet horrible service, mourut de saisissement(1).

La marche fut si lente qu'il était près de six heures

---

(1) Rien n'est moins prouvé que l'atrocité dont parle ici madame Campan, et qui se retrouve aussi dans les *Mémoires de Bertrand de Molleville;* ce qui est beaucoup plus certain c'est que les restes des malheureux gardes-du-corps qui périrent si noblement victimes de leur consigne et de leur dévouement, ne furent point portés, comme on l'avait dit d'abord, sous les yeux de Marie-Antoinette et du roi. Bertrand de Molleville ayant tracé le tableau de ce triste et funeste cortége, on va lire ce passage extrait de ses *Mémoires.*

« Le roi ne partit de Versailles qu'à une heure. La reine, M. le dauphin, madame Royale, Monsieur, madame Élisabeth et madame de Tourzel étaient dans le carrosse de Sa Majesté. Les cent députés, dans leurs voitures, marchaient à la suite. Un détachement de brigands, portant en triomphe les têtes des deux gardes-du-corps, formait l'avant-garde et était parti deux heures auparavant. Ces Cannibales s'arrêtèrent un moment à Sèvres, et poussèrent la férocité jusqu'à forcer un malheureux perruquier à friser ces têtes sanglantes; le gros de l'armée parisienne les suivait immédiatement. Avant le carrosse du roi arrivaient les poissardes arrivées la veille de Paris, et toute cette armée de femmes perdues, vil rebut de leur sexe, encore ivres de fureur et de vin. Plusieurs d'entre elles étaient à califourchon sur des canons, célébrant par les plus horribles chansons tous les forfaits qu'elles avaient commis ou vu commettre. D'autres, plus rapprochées de la voiture du roi, chantaient des airs allégoriques dont leurs gestes grossiers appliquaient à la reine les allusions insultantes. Des chariots de blé et de farine, entrés à Versailles, formaient un convoi escorté par des grenadiers, et entouré de femmes et de *forts de la halle,* armés de piques, ou portant de longues branches de peuplier. Cette pardu soir lorsque cette auguste famille, prisonnière de son propre peuple, arriva à l'Hôtel-de-Ville. Bailly les y reçut; on les fit monter sur un trône, lorsqu'on venait de briser celui de leurs aïeux. Le roi parla avec assurance et bonté; il dit *qu'il venait toujours avec plaisir et confiance au milieu des habitans de sa bonne ville de Paris.* M. Bailly répéta cette phrase aux représentans de la commune, qui venaient haranguer le roi; mais il oublia les mots *avec confiance.* La reine les lui rappela sur-le-champ

---

tie du cortége faisait, à quelque distance, l'effet le plus singulier : on eût cru voir une forêt ambulante au travers de laquelle brillaient des fers de piques et des canons de fusil. Dans les transports de leur brutale joie, les femmes arrêtaient les passans, et hurlaient à leurs oreilles, en montrant le carrosse du roi : « Courage, mes amis, nous ne manquerons plus de pain ; » nous vous amenons le boulanger, la boulangère et le petit » mitron. » Derrière la voiture de Sa Majesté étaient quelques-uns de ses gardes fidèles, partie à pied, partie à cheval, la plupart sans chapeau, tous désarmés, épuisés de faim et de fatigues; les dragons, le régiment de Flandre, les cent-suisses et les gardes nationales précédaient, accompagnaient et suivaient la file des voitures.

» J'ai été témoin de ce spectacle déchirant ; j'ai vu ce sinistre cortége. Au milieu de ce tumulte, de ces clameurs, de ces chansons interrompues par de fréquentes décharges de mousqueterie que la main d'un monstre ou d'un maladroit pouvait rendre si funestes, je vis la reine conservant la tranquillité d'ame la plus courageuse, un air de noblesse et de dignité inexprimable, et mes yeux se remplirent de larmes d'admiration et de douleur. »

(*Note de l'édit.*)

et à haute voix. Le roi et la reine, leurs enfans et madame Élisabeth, se rendirent aux Tuileries. Rien n'était prêt pour les y recevoir. Depuis long-temps, tous les logemens étaient donnés à des gens de la cour; ils en sortirent précipitamment le jour même, et laissèrent leurs meubles que la cour acheta. La comtesse de La Marck, sœur des mâréchaux de Noailles et de Mouchy, occupait l'appartement qui fut donné à la reine. Monsieur et Madame se rendirent au Luxembourg.

La reine m'avait fait demander le matin du 6 octobre, à Versailles, pour me laisser, ainsi qu'à mon beau-père, le dépôt de ses plus précieux effets. Elle emporta seulement son coffre de diamans. Le comte de Gouvernet de la Tour-du-Pin, auquel on laissa provisoirement le gouvernement militaire de Versailles, vint donner à la garde nationale, qui s'était emparée des appartemens, l'ordre de nous laisser emporter tout ce que nous jugerions nécessaire pour le service de la reine.

J'avais vu Sa Majesté seule dans ses cabinets, un instant avant son départ pour Paris; elle pouvait à peine parler; des pleurs inondaient son visage, vers lequel tout le sang de son corps paraissait s'être porté; elle me fit la grâce de m'embrasser, donna sa main à baiser à M. Campan (1), et nous dit :

---

(1) Qu'il me soit permis de rendre ici un hommage bien mérité à la mémoire de mon beau-père. Dans cette nuit même, il

« Venez de suite vous établir à Paris ; je veux vous
» faire loger aux Tuileries ; venez, ne me quittez
» plus ; de fidèles serviteurs, dans des momens sem-
» blables, deviennent d'utiles amis ; nous sommes
» perdus, entraînés peut-être à la mort : les rois
» prisonniers en sont bien près. »

J'ai eu beaucoup d'occasions de remarquer, pendant le cours de nos malheurs, que le peuple n'obéit jamais aux factions avec persévérance, et qu'il leur échappe facilement, lorsque la réflexion, ou quelqu'autre cause le rappelle au devoir. Aussitôt que les jacobins les plus forcenés avaient eu occasion de voir la reine de plus près, de lui parler, d'entendre sa voix, ils devenaient ses plus zélés partisans, et jusque dans la prison du Temple, plusieurs de ceux qui avaient contribué à l'y entraîner, périrent pour avoir tâché de l'en faire sortir.

Le 7 octobre au matin, les mêmes femmes qui, la veille, montées sur des canons, environnaient la voiture de l'auguste famille prisonnière et l'accablaient d'injures, vinrent se placer sur la terrasse du château sous les fenêtres de la reine, en demandant à la voir. Sa Majesté se montra. Il y a toujours dans ces sortes de groupes des orateurs, c'est-à-dire des êtres plus hardis que les autres ; une femme de

---

passa de la plus belle santé à un état de langueur qui le conduisit au tombeau en septembre 1791.

(*Note de madame Campan.*)

ce caractère, s'érigeant en conseiller, lui dit qu'il fallait maintenant qu'elle éloignât d'elle tous ces courtisans qui perdent les rois, et qu'elle aimât les habitans de sa bonne ville. La reine répondit qu'elle les avait aimés à Versailles, et les aimerait de même à Paris. *Oui, oui*, dit une autre; *mais au 14 juillet vous vouliez assiéger la ville et la faire bombarder, et au 6 octobre vous deviez vous enfuir aux frontières.* La reine répondit avec bonté qu'on le leur avait dit, et qu'elles l'avaient cru; que c'était là ce qui faisait le malheur du peuple, et celui du meilleur des rois. Une troisième lui adressa quelques paroles en allemand; la reine lui dit qu'elle ne l'entendait plus, qu'elle était si bien devenue Française qu'elle avait même oublié sa langue maternelle. Des *bravos* et des battemens de mains répondirent à cette déclaration; alors elles lui dirent de faire un pacte avec elles : « Eh, comment, reprit la » reine, puis-je faire un pacte avec vous, puisque » vous ne croyez pas à celui que mes devoirs me » dictent, et que je dois respecter pour mon propre » bonheur? » Elles lui demandèrent les rubans et les fleurs de son chapeau; Sa Majesté les détacha elle-même et les leur donna; ces objets furent partagés entre toute la troupe, qui ne cessa de crier pendant plus d'une demi-heure : *Vive Marie-Antoinette! vive notre bonne reine!*

Deux jours après l'arrivée du roi à Paris, la ville et la garde nationale envoyèrent prier la reine de paraître au spectacle, et de constater, par sa présence et par celle du roi, qu'ils résidaient avec plaisir dans leur capitale. J'introduisis la députation qui venait lui faire cette demande. Sa Majesté répondit qu'elle aurait infiniment de plaisir à se rendre à l'invitation de la ville de Paris, mais qu'il fallait du temps pour perdre le souvenir des affligeantes journées qui venaient de se passer, et dont son cœur avait trop souffert. Elle ajouta, qu'étant arrivée à Paris précédée par les deux têtes des fidèles gardes qui avaient péri à la porte de leur souverain, elle ne pouvait penser qu'une telle entrée dans la capitale dût être suivie de réjouissances; mais que le bonheur qu'elle avait toujours trouvé à paraître au milieu des habitans de Paris n'était pas effacé de sa mémoire, et qu'elle en jouirait encore, comme autrefois, aussitôt qu'elle croirait le pouvoir.

Leurs Majestés trouvèrent quelques consolations dans leur vie privée (1) : la douceur de Madame et son

---

(1) « Le 19 octobre, c'est-à-dire treize jours après être venu fixer son séjour à Paris, le roi alla, presque seul et à pied, passer en revue des détachemens de la garde nationale. Après cette revue, Louis XVI rencontra un enfant qui balayait et qui lui demanda quelque argent. Cet enfant appela le roi *M. le chevalier*. Sa Majesté lui donna six francs. Le petit balayeur, surpris de recevoir une si grosse somme, s'écria : « Oh ! je n'ai pas de » quoi vous rendre, vous me donnerez une autre fois. » Une personne qui accompagnait le monarque, s'approchant de l'enfant, lui dit : « Mon ami, garde le tout; ce monsieur-là n'est » pas chevalier, il est l'aîné de la famille. »

(*Note de l'édit.*)

tendre attachement pour les augustes auteurs de ses jours, les grâces et la vivacité d'esprit du jeune dauphin, les soins et la tendresse de la pieuse princesse Élisabeth, leur procuraient encore des instans de bonheur. Chaque jour, le jeune prince donnait des preuves de sensibilité et de discernement; il n'avait pas encore passé dans les mains des hommes; mais un précepteur particulier (1) lui donnait toute l'éducation de son âge; sa mémoire était très-cultivée, et il récitait les vers avec beaucoup de grâces et de sentiment.

Le lendemain de l'arrivée de la cour à Paris, entendant quelque rumeur dans les jardins des Tuileries, il se jeta avec effroi dans les bras de la reine en criant : *Bon Dieu, Maman, est-ce qu'aujourd'hui serait encore hier?* Peu de jours après cette attendrissante naïveté, il s'approcha du roi et le regardait avec un air pensif. Le roi lui demanda ce qu'il voulait; il lui répondit qu'il voulait lui dire quelque chose de très-sérieux. Le roi l'ayant engagé à s'expliquer, le jeune prince le pria de lui raconter pourquoi son peuple, qui l'aimait tant, était tout-à-coup fâché contre lui, et ce qu'il avait fait pour le mettre si fort en colère. Son père le prit sur ses genoux, et lui dit, à peu de mots près, ce qui suit: « Mon enfant, j'ai voulu rendre le peuple encore

---

(1) M. l'abbé Davout dont les talens étaient prouvés par les progrès surprenans du jeune prince.

(*Note de madame Campan.*)

» plus heureux qu'il ne l'était ; j'ai eu besoin d'ar-
» gent pour payer les dépenses occasionées par les
» guerres. J'en ai demandé à mon peuple, comme
» l'ont toujours fait mes prédécesseurs ; des magis-
» trats qui composent le parlement s'y sont oppo-
» sés, et ont dit que mon peuple seul avait le droit
» d'y consentir. J'ai assemblé à Versailles les pre-
» miers de chaque ville par leur naissance, leur for-
» tune ou leurs talens ; voilà ce qu'on appelle des
» *états-généraux*. Quand ils ont été assemblés, ils
» m'ont demandé des choses que je ne puis faire,
» ni pour moi, ni pour vous qui serez mon succes-
» seur : il s'est trouvé des méchans qui ont fait sou-
» lever le peuple, et les excès où il s'est porté les
» jours derniers sont leur ouvrage ; il ne faut pas
» en vouloir au peuple. »

La reine faisait entendre parfaitement au jeune prince qu'il devait traiter avec affabilité les commandans de bataillon, les officiers de la garde nationale, et tous les Parisiens qui se trouvaient rapprochés de lui : l'enfant s'occupait beaucoup de plaire à toutes ces personnes-là, et quand il avait eu occasion de répondre avec obligeance au maire ou aux membres de la commune, il venait dire à l'oreille de sa mère : *Est-ce bien comme cela ?*

Il pria M. Bailly de lui faire voir le bouclier de Scipion qui est à la bibliothèque royale ; et M. Bailly lui ayant demandé lequel il préférait de Scipion ou d'Annibal, le jeune prince répondit, sans hésiter, qu'il préférait celui qui avait défendu son propre pays. Il donnait souvent des preuves d'une finesse vraiment spirituelle. Un jour que la reine faisait répéter à Madame ses cahiers d'histoire ancienne, la jeune princesse ne se rappela pas à l'instant même le nom de la reine de Carthage; le dauphin souffrait du manque de mémoire de sa sœur, et, quoiqu'il ne la tutoyât jamais, il lui vint à l'esprit de lui crier : « Mais *dis donc* à maman le nom » de cette reine; *dis donc* comment elle se nom- » mait. »

Peu de temps après l'arrivée du roi et de sa famille à Paris, la duchesse de Luynes vint proposer à la reine, d'après l'avis d'un comité de constitutionnels, de s'éloigner pour quelque temps de la France, afin de laisser achever la constitution, sans que les patriotes pussent l'accuser de s'y opposer auprès du roi. Elle savait jusqu'où les projets des factieux avaient été portés, et son attachement pour la reine était la principale cause du conseil qu'elle lui donnait. La reine jugea parfaitement le motif de la démarche de madame la duchesse de Luynes, mais lui répondit que jamais elle ne quitterait ni le roi, ni son fils; que si elle se croyait seule en butte à la haine publique, elle ferait à l'instant même le sacrifice de sa vie; mais qu'on en voulait au trône, et qu'en abandonnant le roi, elle ferait seulement un acte de lâcheté, puisqu'elle n'y voyait que le seul avantage de sauver ses propres jours.

Un soir du mois de novembre 1790, je rentrai chez moi assez tard; j'y trouvai M. le prince de Poix:

il me dit qu'il venait me prier de contribuer à lui rendre le repos ; qu'au commencement de l'Assemblée nationale, il s'était laissé entraîner à l'idée d'un meilleur ordre de choses ; qu'il rougissait de son erreur, et qu'il détestait des projets dont les résultats avaient déjà été si funestes ; qu'il rompait pour la vie avec les novateurs, qu'il venait de donner sa démission comme député à l'Assemblée nationale ; qu'enfin il désirait que la reine ne s'endormît pas sans être instruite de ses dispositions. Je me chargeai de sa commission, et m'en acquittai de mon mieux : je n'eus aucun succès. Le prince de Poix resta à la cour, y souffrit beaucoup de dégoûts, et ne cessa de servir le roi, dans les commissions les plus dangereuses, avec le zèle qui a toujours distingué sa maison.

Lorsque le roi, la reine et les enfans furent convenablement établis aux Tuileries, ainsi que madame Élisabeth et madame la princesse de Lamballe, la reine reprit ses habitudes ordinaires : elle employait sa matinée à veiller à l'éducation de Madame qui prenait toutes ses leçons en sa présence, et elle entreprit de grands ouvrages de tapisserie. Son esprit était trop préoccupé des événemens et des dangers dont elle était environnée pour pouvoir se livrer à la lecture ; l'aiguille était la seule chose qui lui procurât quelque distraction (1). Elle recevait la

---

(1) Il existe encore à Paris, chez mademoiselle Dubuquois, ouvrière en tapisserie, un tapis de pied fait par la reine et par

cour deux fois par semaine, avant de se rendre à la messe, et dînait ces jours-là en public avec le roi ; elle passait le reste du temps avec sa famille et ses enfans ; elle n'eut point de concert, et ne fut au spectacle qu'en 1791, après l'acceptation de la constitution (1). La princesse de Lamballe eut cependant, dans son appartement aux Tuileries, quelques soirées, assez brillantes par l'affluence du monde qui s'y rendait. La reine fut à quelques-unes de ces réunions ; mais promptement convaincue que sa position ne lui permettait plus de se trouver dans des

---

madame Élisabeth, pour la grande pièce de son appartement du rez-de-chaussée des Tuileries. L'impératrice Joséphine a vu et admiré ce tapis, en ordonnant de le conserver dans l'espoir de le faire un jour parvenir à Madame.

(*Note de madame Campan.*)

(1) On jugera aussi de la véritable situation où se trouvait la reine dans les premiers temps de son séjour à Paris, par la lettre suivante qu'elle écrivait à la duchesse de Polignac :

« J'ai pleuré d'attendrissement en lisant vos lettres. Vous me
» parlez de mon courage : il en faut bien moins pour soutenir
» le moment affreux où je me suis trouvée, que pour supporter
» journellement notre position, ses peines à soi, celles de ses
» amis et celles de ceux qui nous entourent. C'est un poids très-
» fort à supporter, et si mon cœur ne tenait par des liens aussi
» forts à mon mari, à mes enfans, à mes amis, je désirerais de
» succomber. Mais vous autres me soutenez : je dois encore ce
» sentiment à votre amitié. Mais moi, je vous porte à tous
» malheur, et vos peines sont pour moi.... » (*Histoire de Marie-Antoinette*, par Montjoie.)

(*Note de l'édit.*)

cercles nombreux (1), elle restait dans son intérieur, et conversait en travaillant. Ses entretiens n'avaient, comme on peut bien le croire, que la révolution pour unique objet ; elle cherchait à connaître les véritables opinions des Parisiens sur son compte, et comment elle avait pu perdre si totalement l'amour du peuple, et même de beaucoup de gens qui étaient placés dans des rangs supérieurs : elle savait bien qu'elle devait tout attribuer à l'esprit de parti, à la haine du duc d'Orléans, à la folie des Français qui voulaient un changement total dans leur constitution ; mais elle n'en cherchait pas moins à connaître les sentimens particuliers de tous les gens en place (2).

---

(1) La reine revint un soir fort émue d'une de ces assemblées, un lord anglais, qui jouait à la même table de jeu que Sa Majesté, ayant montré avec affectation une énorme bague dans laquelle il y avait une mèche des cheveux d'Olivier Cromwel.

(*Note de madame Campan.*)

(2) M. le comte d'Escherny caractérise d'une manière piquante, dans le morceau qu'on va lire, la fureur aveugle de ceux qui renversèrent l'antique édifice de la monarchie, et la folie de ceux qui prétendraient aujourd'hui la relever sur les mêmes bases.

« Je me représente la France, avant l'an 1789, comme un grand théâtre où s'exécutaient de magnifiques opéras. Les places y étaient mal distribuées ; le parterre faisait les frais du spectacle ; on le laissait debout, serré, mal à l'aise, pendant que les favoris, en petit nombre, de l'intrigue et du hasard, s'étendaient mollement dans des niches dorées et d'élégans réduits. Mais la foule d'en bas jouissait, recevait le plaisir par

CHAPITRE XV. 95

Depuis le commencement de la révolution, le général Luckner se permettait souvent de violentes sorties contre elle. Sa Majesté ayant su que je voyais une dame liée depuis long-temps avec ce général,

---

tous les sens, et l'on bâillait au-dessus d'elle. L'ennui des loges vengeait les gênes du parterre. Celui-ci, à la vanité près, triste dédommagement de l'ennui, n'était pas le plus mal partagé ; en sorte que tout le monde était à peu près satisfait.

» Des hommes sont venus et ont entrepris de désabuser le parterre de ses jouissances, et de lui persuader que ses plaisirs, quoique mêlés d'épines, n'étaient pas des plaisirs. Le théâtre était supporté par un vaste pivot. Ils lui ont imprimé un mouvement de révolution, en le faisant tourner sur lui-même. Ils ont amené sur la scène ce que les toiles et les rideaux cachaient. Ils ont mis derrière ce qui était devant, et devant ce qui était derrière. Ils ont ensuite troué les toiles, détaché les cadres et les poulies, coupé les cordes, dépendu les nuages, et présentant à l'œil du spectateur étonné tous ces débris huileux, noircis et enfumés : *Stupides admirateurs,* se sont-ils écriés, *voilà les objets de votre enchantement ! voilà vos dieux, vos aïeux, vos rois et vos héros ! Prosternez-vous encore !*

» Celui qui, aujourd'hui, pour tirer d'embarras les législateurs français, leur tiendrait ce langage : *Messieurs, vous le voyez, vous avez beau vous débattre ! vous vous noyez ; l'anarchie vous gagne; vous n'avez qu'un parti à prendre, c'est de rétablir l'opéra.* Celui qui parlerait ainsi ne serait à coup sûr qu'un imbécille. *Mon ami,* lui dirais-je, *le mal est fait ; l'illusion est détruite et pour long-temps. C'est pour long-temps que la mer en courroux ne sera que des cartons ; les palais enchantés que de grossières couleurs sur une toile raboteuse, éclairée par de la graisse de mouton.* »(*La Philosophie de la politique*, tom. II, p. 202—204.)

(*Note de l'édit.*)

me chargea de découvrir, par ce moyen, sur quelle cause particulière Luckner établissait sa haine contre elle. Questionné sur ce point, il répondit que le maréchal de Ségur l'avait assuré qu'il l'avait proposé pour le commandement d'un camp d'observation, mais que la reine avait fait une barre sur son nom, et que cette *parre*, disait-il avec sa prononciation allemande, lui était restée sur le cœur. La reine m'ordonna de raconter moi-même cette réponse au roi, et lui dit : « Voyez, Monsieur, si je n'ai pas eu
» raison de vous dire que vos ministres, pour se
» laisser toute liberté dans la distribution des grâces,
» avaient eux-mêmes persuadé aux Français que je
» me mêlais de tout : on ne donnait pas en province
» un débit de sel ou de tabac, que le peuple ne
» crût que c'était à un de mes protégés. — Cela est
» très-vrai, reprit le roi; mais j'ai bien de la peine à
» croire que le maréchal de Ségur ait dit une pa-
» reille chose à Luckner; il savait trop bien que
» vous ne vous étiez jamais mêlée du travail des
» grâces. Ce Luckner est un mauvais sujet, et Ségur
» un brave et galant homme qui n'aura pas fait un
» tel mensonge; cependant vous avez raison, et
» pour quelques protégés que vous avez fait pour-
» voir, on a trop injustement répandu que vous
» donniez tous les emplois civils et militaires. »

Toute la noblesse qui n'était pas sortie de Paris, se faisait un devoir de se présenter assidûment chez le roi, et l'affluence était considérable au palais des Tuileries. Les marques d'attachement se manifestaient même par des signes extérieurs; les femmes portaient d'énormes bouquets de lys à leur côté et sur leur tête, quelquefois même des nœuds de ruban blanc. Il y avait souvent du bruit aux spectacles entre le parterre et les loges, pour faire ôter ces parures que le peuple considérait comme des signes dangereux. On vendait, dans tous les coins de Paris, des cocardes nationales; toutes les sentinelles arrêtaient les gens qui n'en portaient pas; les jeunes gens se faisaient un mérite de se soumettre à cette loi populaire, devenue respectable depuis que l'infortuné Louis XVI s'y était soumis. Il s'élevait alors des rixes fâcheuses, parce qu'elles excitaient l'esprit de rébellion. Le roi faisait des démarches vis-à-vis de l'Assemblée, dans l'espoir d'obtenir le calme; les gens de la révolution étaient peu disposés à croire à sa sincérité; malheureusement, les royalistes servaient cette incrédulité en répétant sans cesse que le roi n'était pas libre, que tout ce qu'il faisait était de toute nullité, et ne l'engageait à rien pour l'avenir. Le degré de chaleur était porté à un tel point, qu'il n'était pas même permis aux gens les plus sincèrement attachés au roi de prendre le langage de la raison, et de conseiller plus de retenue dans les discours. On parlait, on discutait à table, sans penser que tous les valets appartenaient à l'armée ennemie, et l'on peut dire qu'il y avait autant d'imprudence et de légèreté dans le parti attaqué, que de ruse, d'audace et de persévérance dans celui qui l'attaquait.

CHAPITRE XVI.

Affaire de Favras. — Son procès et sa mort. — On présente imprudemment ses enfans à la reine. — Projet formé pour enlever la famille royale. — Anecdote. — Étrange lettre de l'impératrice Catherine à Louis XVI. — La reine ne veut pas devoir aux émigrés le rétablissement du trône. — Anecdote. — Mort de l'empereur Joseph II. — Gravures envoyées par lui à Marie-Antoinette, et qui représentaient des moines et des religieuses d'Espagne. — Premier pourparler entre la cour et Mirabeau. — Louis XVI et sa famille habitent Saint-Cloud. — Nouveaux projets d'évasion.

En février 1790, l'affaire du malheureux Favras inquiéta beaucoup la cour; ce particulier avait conçu le projet d'enlever le roi et de faire ce qu'on appelait alors une contre-révolution (1). Monsieur, probablement par pure bienveillance, lui avait donné quelque argent, et le bruit s'était répandu qu'il voulait par-là favoriser l'exécution de cette entreprise. La démarche que fit Monsieur, en se rendant à l'Hôtel-de-Ville pour s'expliquer sur cette

---

(1) Voyez dans les *éclaircissemens* les détails donnés par Bertrand de Molleville sur ce tragique épisode de la révolution (lettre F).

(*Note de l'édit.*)

affaire, fut ignorée de la reine; il est plus que probable que le roi en avait eu connaissance. Lorsque M. de Favras fut mis en jugement, la reine ne me cacha pas ses craintes sur les aveux des derniers momens de cet infortuné.

J'avais envoyé une personne de confiance à l'Hôtel-de-Ville; elle vint apprendre à la reine que le condamné avait demandé à être conduit de Notre-Dame à l'Hôtel-de-Ville, pour faire une déclaration finale et donner des détails justificatifs. Ces détails n'avaient compromis personne; Favras avait corrigé son testament de mort après l'avoir écrit, et s'était rendu au supplice avec le courage et le sang-froid de l'héroïsme. Le conseiller rapporteur, qui lui lut sa condamnation, lui dit que sa vie était un sacrifice qu'il devait à la tranquillité publique. On assura dans le temps que Favras fut livré comme victime, pour satisfaire le peuple et sauver M. le baron de Besenval, qui était dans les prisons de l'Abbaye (1).

---

(1) La *Biographie universelle* donne les détails qu'on va lire, sur les desseins, le procès et la mort de cet infortuné.

« Favras (Thomas-Mahy, marquis de), né à Blois, en 1745, entra au service dans les mousquetaires et fit avec ce corps la campagne de 1761 ; il fut ensuite capitaine et aide-major dans le régiment de Belsunce, puis lieutenant des Suisses de la garde de Monsieur, frère du roi; il se démit de cette charge en 1775, pour se rendre à Vienne, où il fit reconnaître sa femme comme fille unique et légitime du prince d'Anhalt-Schauenbourg. Il commandait une légion en Hollande, lors de l'insurrection

Le dimanche qui suivit cette exécution, M. de

contre le Stathouder, en 1787. Avec une tête ardente et fertile en projets, Favras ne cessait d'en proposer dans toutes les circonstances et sur tous les objets. Il en avait présenté un grand nombre sur les finances; et au moment de la révolution, il en présenta sur la politique, qui le rendirent suspect au parti révolutionnaire. On sait que, dans l'état d'exaltation où se trouvaient alors les esprits, il suffisait aux meneurs de désigner une victime pour qu'il lui devînt impossible d'échapper à la fureur populaire. Favras fut accusé, dans le mois de décembre 1789, d'avoir tramé contre la révolution; d'avoir voulu introduire, la nuit, dans Paris, des gens armés, afin de se défaire des trois principaux chefs de l'administration, d'attaquer la garde du roi; d'enlever le sceau de l'État, et même d'entraîner le roi et sa famille à Péronne. Arrêté par ordre du comité des recherches de l'Assemblée nationale, il fut traduit au Châtelet, où il se défendit avec beaucoup de calme et de présence d'esprit, repoussant avec force les accusations portées contre lui par les sieurs Morel, Turcati et Marquié. Ces témoins déclarèrent avoir reçu de lui la communication de son plan, qui devait être exécuté par 12,000 Suisses et 12,000 Allemands qu'on devait réunir à Montargis, pour de-là marcher sur Paris, enlever le roi et assassiner MM. Bailly, La Fayette et Necker. Il nia la plupart de ces faits, et déclara que les autres n'avaient de rapport qu'à la levée d'une troupe destinée à favoriser la révolution qui se préparait dans le Brabant. Le rapporteur ayant refusé à Favras de lui faire connaître son dénonciateur, il s'en plaignit à l'Assemblée, qui passa à l'ordre du jour. Sa mort était évidemment devenue inévitable. Pendant tout le temps que dura la procédure, la populace ne cessa de menacer les juges et de crier : *A la lanterne!* Il fallut même que des troupes nombreuses et de l'artillerie fussent constamment en bataille dans la cour du Châtelet. Les juges qui venaient d'acquitter M. de Besenval dans une affaire

la Villeurnoy (1) vint le matin, chez moi, me dire qu'il devait ce jour même conduire, au dîner public du roi et de la reine, la veuve Favras et son fils, en deuil l'un et l'autre de ce brave Français immolé pour son roi, et que tous les royalistes s'attendaient à voir la reine combler de ses bienfaits la famille de cet infortuné. Je fis tout ce qui dépendait de moi pour empêcher cette démarche; je prévis l'effet qu'elle produirait sur le cœur sensible de la reine, et la contrainte douloureuse qu'elle éprouverait, ayant l'horrible *Santerre*, commandant de bataillon de la garde parisienne, derrière son fau-

---

à peu près semblable, craignirent sans doute les effets de cette fureur. Les juges ayant refusé de faire entendre ses témoins à décharge, il les compara au tribunal de l'inquisition. La principale charge contre lui fut une lettre d'un M. de Foucault, qui lui demandait : Où sont vos troupes ? par quel côté entreront-elles à Paris ? je désirerais y être employé. Favras fut condamné à faire amende honorable devant la cathédrale, et à être pendu en place de Grève. Il entendit cet arrêt avec un calme admirable, et il dit à ses juges : « Je vous plains bien, si le témoignage de deux hommes vous suffit pour condamner. » Le rapporteur lui ayant dit : « Je n'ai d'autres consolations à vous donner que celles que vous offre la religion, » il répondit avec noblesse : « Mes plus grandes consolations sont celles que me donne mon innocence. » (*Biographie universelle, ancienne et moderne*, tome XIV, page 221.)   (*Note de l'édit.*)

(1) M. de la Villeurnoy, maître des requêtes, fut déporté à Sinamary, lors de la journée du 18 fructidor, par le directoire exécutif, et y mourut.

(*Note de madame Campan.*)

teuil, pendant le temps de son dîner. Je ne pus faire entendre mes raisons à M. de la Villeurnoy : la reine était déjà à la messe, environnée de toute la cour, et je n'avais pas même la facilité de la faire prévenir.

Lorsque le dîner fut fini, j'entendis frapper à la porte de mon appartement qui ouvrait dans le corridor près de celui de la reine : c'était elle-même. Elle me demanda si je n'avais personne chez moi ; j'étais seule : elle se jeta sur un fauteuil, et me dit qu'elle venait pleurer tout à son aise, avec moi, sur l'ineptie des exagérés du parti du roi. « Il faut
» périr, disait-elle, quand on est attaqué par des
» gens qui réunissent tous les talens à tous les cri-
» mes, et défendu par des gens fort estimables,
» mais qui n'ont aucune idée juste de notre posi-
» tion. Ils m'ont compromise vis-à-vis des deux
» partis, en me présentant la veuve et le fils de Fa-
» vras. Libre dans mes actions, je devais prendre
» l'enfant d'un homme qui vient de se sacrifier pour
» nous, et le placer à table entre le roi et moi ;
» mais, environnée des bourreaux qui viennent de
» faire périr son père, je n'ai pas même osé jeter
» les yeux sur lui. Les royalistes me blâmeront de
» n'avoir pas paru occupée de ce pauvre enfant ;
» les révolutionnaires seront courroucés en son-
» geant qu'on a cru me plaire en me le présen-
» tant. » Cependant la reine ajouta qu'elle connaissait la position de madame de Favras ; qu'elle la savait dans le besoin, et m'ordonna de lui envoyer

le lendemain, par une personne sûre, quelques rouleaux de cinquante louis, en la faisant assurer qu'elle veillerait toujours à son sort et à celui de son fils.

La reine voulut envoyer un homme dévoué à la cause du roi porter des lettres aux princes qui étaient alors à Turin. Elle jeta les yeux sur un officier, chevalier de Saint-Louis, intimement lié avec la famille de M. Campan, et dont elle m'avait souvent entendu parler avec éloge. Je ne balançai pas un instant entre le plaisir de voir un de mes amis chargé d'une commission honorable, et le danger de la faire confier à un homme que j'avais la douleur de voir entraîné par les funestes opinions du temps (1). Je le dis à la reine, et la priai de faire un autre choix. Sa Majesté me sut gré de cette sincérité; la commission fut donnée à M. de J*** qui, depuis ce temps, n'a jamais cessé d'unir à la plus grande discrétion, à la sagacité la plus reconnue, un zèle qui ne s'est jamais ralenti.

---

(1) En 1791, cet homme se fit élire à l'Assemblée législative. Tant que je n'avais eu qu'à combattre ses opinions, je n'avais pas cessé de le recevoir. Lorsque je pus craindre ses actions, je le priai, dès le jour de l'installation à son Assemblée, de cesser de venir chez moi. Il a depuis été conventionnel... Mais je devais à mes principes et à ma prudence le bonheur d'avoir cessé depuis long-temps toute espèce de communication avec un homme qui s'était rangé parmi les ennemis de mes souverains et qui devint un de leurs bourreaux.

(*Note de madame Campan.*)

Au mois de mars suivant, j'eus occasion de connaître le véritable sentiment du roi, sur les évasions qui lui étaient sans cesse proposées. Un soir, vers dix heures, M. le comte d'Inisdal, député par la noblesse, vint me prier de l'entendre en particulier, ayant une chose importante à me communiquer. Il me dit que, dans cette même nuit, on devait enlever le roi; que la section de la garde nationale, commandée ce jour-là par M. d'Aumont (1), était gagnée, et que les attelages de chevaux donnés par de bons royalistes, étaient posés en relais à des distances convenables; qu'il venait de quitter une partie de la noblesse réunie pour l'exécution de ce projet, et qu'on l'avait envoyé vers moi pour que j'obtinsse, avant minuit, un consentement positif du roi par le moyen de la reine; que le roi avait connaissance de leur plan; mais que jamais Sa Majesté n'avait voulu se prononcer d'une manière précise; et qu'à l'instant d'agir, il était nécessaire qu'elle consentît à cette entreprise. Je me rappelle que je désobligeai beaucoup le comte d'Inisdal en exprimant mon étonnement de ce que la noblesse, à l'instant d'exécuter un plan de cette im-

---

(1) Frère de M. le duc de Villequier qui avait embrassé le parti de la révolution, homme nul et sans considération, qui se faisait appeler *Jacques Aumont*, bien opposé à son brave frère, qui s'est toujours montré entièrement dévoué à la cause de son roi.

(*Note de madame Campan.*)

portance, m'envoyait trouver, moi, première femme de la reine, pour obtenir un consentement qui aurait dû être la base de tout projet bien concerté. Je lui dis aussi qu'il m'était impossible de descendre en ce moment chez la reine, sans que ma présence fixât l'attention des antichambres; que le roi jouait avec la reine et sa famille, et que je ne paraissais dans cet intérieur que lorsque j'y étais appelée. Cependant j'ajoutai que M. Campan avait ce genre d'entrée; et que s'il voulait lui faire la même confidence, il pouvait compter sur lui. Mon beau-père, auquel le comte d'Inisdal répéta ce qu'il m'avait dit, se chargea de la commission, et passa chez la reine. Le roi jouait au wisk avec la reine, Monsieur et Madame; madame Élisabeth était à genoux sur une voyeuse auprès de la table. M. Campan raconta à la reine ce qui venait de se passer chez moi; personne ne dit mot. La reine prit la parole, et dit au roi: « Monsieur, enten- » dez-vous ce que Campan vient de nous dire? — » Oui, j'entends, » dit le roi, en continuant de jouer. Monsieur, qui avait l'habitude de placer très-souvent, dans sa conversation, des passages de comédie, dit à mon beau-père: «M. Campan, répétez-nous, » *s'il vous plaît, ce joli couplet*; » et pressa le roi de répondre. Enfin la reine dit: « Il faut pourtant bien » dire quelque chose à Campan. » Alors le roi adressa ces propres mots à mon beau-père: « *Dites* » *à M. d'Inisdal que je ne puis consentir à ce qu'on* » *m'enlève.* » La reine insista pour que M. Campan

observât de rendre fidèlement cette réponse :
« *Vous entendez bien*, ajouta-t-elle, *le roi ne peut
» consentir à ce qu'on l'enlève.* » M. le comte d'Inisdal fut très-mécontent de la réponse du roi, et sortit, en disant : « J'entends, il veut d'avance
» jeter tout le blâme sur ceux qui se dévoue-
» ront. » Il partit, et je pensai que le projet serait abandonné. Cependant la reine resta seule avec moi, jusqu'à minuit, à préparer ses cassettes, et m'ordonna de ne point me coucher. Elle pensait qu'on interpréterait la réponse du roi comme un consentement tacite, et simplement comme un refus de participer à l'entreprise. J'ignore ce qui se fit chez le roi, pendant cette nuit ; mais je regardais de temps en temps aux fenêtres : je voyais le jardin libre ; je n'entendais aucun bruit dans le palais, et le jour vint me confirmer dans l'idée que le projet avait été abandonné. « *Il faudra pourtant bien
» s'enfuir*, me dit la reine peu de temps après : *on
» ne sait pas jusqu'où iront les factieux. Le danger
» augmente de jour en jour* (1). » Cette princesse

---

(1) Si l'anecdote suivante n'est pas vraie, elle est du moins très-vraisemblable d'après ce qu'on vient de lire :

« L'effervescence du 13 avril 1790, occasionée par la chaleur des débats sur l'imprudente motion de dom Gerle à l'Assemblée nationale, ayant fait craindre que les ennemis de la patrie ne voulussent tenter d'enlever le roi au milieu de la capitale, M. de La Fayette promit de faire bonne garde, et dit à Louis XVI que s'il reconnaissait dans les mécontens des dispositions alarmantes, il l'en avertirait par un coup de canon, tiré de la bat-

CHAPITRE XVI.

recevait des conseils et des mémoires de toutes parts. Rivarol lui en adressa plusieurs dont je lui fis lecture. Il y avait fourré beaucoup d'esprit; mais la reine trouvait qu'ils ne contenaient rien d'essentiellement utile pour leur position. Le comte du Moustier remit aussi des mémoires et des plans de conduite. Je me souviens que, dans un de ses écrits, il disait au roi : « Relisez Télémaque, Sire, ce livre qui a charmé l'enfance de Votre Majesté, et vous y trouverez les premières semences de ces principes qui, mal suivis par des têtes ardentes, amènent l'explosion du moment. » J'ai lu un si grand nombre de ces mémoires, que j'en rendrais un compte peu fidèle, et je ne veux consigner dans cet écrit que les événemens dont j'ai été témoin, ou les paroles dont, malgré le laps de temps, le son retentit encore en quelque sorte à mes oreilles.

M. le comte de Ségur, à son retour de Russie, fut quelque temps employé par la reine, et eut de

---

terie d'Henri IV, au pont Neuf. La même nuit, quelques coups de fusil, sans objet, furent entendus de la terrasse des Tuileries. Le roi, que ce bruit trompa, vola chez la reine; il ne la trouva point dans son appartement; il courut chez M. le dauphin que la reine tenait embrassé. — « Madame, lui dit le roi, je vous » cherchais et vous m'avez inquiété. » La reine lui répondit, en lui montrant son fils : « J'étais à mon poste. » Ce mot est bien digne des sentimens maternels de la reine. » (*Anecdotes du règne de Louis XVI.*)

(*Note de l'édit.*)

l'influence sur elle; mais cela dura peu. Le comte Auguste de La Marck se dévoua de même à des négociations utiles au roi, auprès des chefs des factieux. M. de Fontanges, archevêque de Toulouse, avait aussi la confiance de la reine; mais rien de ce qui se faisait dans l'intérieur ne pouvait amener des résultats satisfaisans. L'impératrice Catherine II fit aussi parvenir à la reine son opinion sur la situation de Louis XVI, et la reine m'a fait lire quelques lignes de la propre écriture de l'impératrice, qui se terminaient par ces mots : « Les rois doivent suivre » leur marche sans s'inquiéter des cris du peuple, » comme la lune suit son cours sans être arrêtée » par les aboiemens des chiens. » Je ne discuterai sûrement pas sur cette maxime de la despotique souveraine de Russie; mais elle était bien peu applicable à la position d'un roi déjà prisonnier.

Tous ces conseils particuliers, soit du dehors, soit de l'intérieur, n'amenaient aucune décision dont la cour pût profiter. Cependant le parti de la révolution suivait son audacieuse entreprise d'un pas ferme, et sans éprouver d'opposition. Les conseils du dehors, tant de Coblentz que de Vienne, influaient diversement sur les membres de la famille royale, et ces cabinets n'étaient pas d'accord. J'ai eu souvent occasion de juger, par ce que me disait la reine, qu'elle pensait, qu'en laissant tout l'honneur du rétablissement de l'ordre au parti de Coblentz,

Louis XVI serait mis en tutelle, au retour des émigrés, ce qui augmenterait encore ses propres malheurs. Souvent elle me disait : « Si les émigrés » réussissent, ils feront long-temps la loi ; il sera » impossible de leur rien refuser ; c'est contracter » avec eux une trop grande obligation que de leur » devoir la couronne. » Il m'a toujours paru qu'elle désirait que sa famille balançât, par des services désintéressés, le mérite des émigrés. Elle redoutait M. de Calonne, et c'était à juste titre. Elle avait acquis la preuve que ce ministre était devenu son plus cruel ennemi, et qu'il se servait pour noircir son caractère, des moyens les plus vils et les plus criminels. Je puis *attester* que j'ai vu dans les mains de la reine un manuscrit des mémoires infâmes de la femme Lamotte, qu'on lui avait apporté de Londres, et qui était corrigé, de la main même de M. de Calonne, dans tous les endroits où l'ignorance totale des usages de la cour avait fait commettre à cette misérable de trop grossières erreurs.

Les deux gardes du roi qui avaient été blessés à la porte de Sa Majesté, le 6 octobre, étaient MM. du Repaire et de Miomandre de Sainte-Marie ; le second, dans l'affreuse nuit du 6 octobre, avait pris le poste du premier, aussitôt que celui-ci eut été mis hors d'état d'y rester.

M. de Miomandre était, à Paris, lié avec un autre garde, nommé Bernard, qui avait reçu, le même jour, un coup de fusil des brigands, dans une autre partie du château. Ces deux officiers, soignés et guéris ensemble, à l'infirmerie de Versailles (1), se quittaient peu; on les reconnut au Palais-Royal; ils y furent insultés. La reine jugea qu'il fallait qu'ils quittassent Paris. Elle me dit d'écrire à M. de Miomandre de Sainte-Marie de se rendre chez moi, à huit heures du soir, et de lui communiquer le désir qu'elle avait de le voir en sûreté, et m'ordonna, quand il serait décidé à partir, de lui ouvrir sa cassette, et de lui dire, en son nom, que l'or ne payait point un service tel que celui qu'il avait rendu: qu'elle espérait bien être un jour assez heureuse pour l'en récompenser comme elle le devait; mais qu'une sœur offrait de l'argent à un frère qui se trouvait dans la situation où il était dans ce moment, et qu'elle le priait de prendre tout ce qui était né-

---

(1) Un grand nombre de gardes-du-corps, blessés le 6 octobre, s'étaient rendus à l'infirmerie de Versailles. La présence d'esprit de M. Voisin, chirurgien-major de cette infirmerie, leur sauva la vie. Les brigands voulaient pénétrer à l'infirmerie et les y massacrer. M. Voisin court à la pièce d'entrée, les invite à se rafraîchir, fait apporter du vin, et trouve le moyen de dire à la sœur supérieure de faire transférer les gardes dans une salle destinée aux indigens, et de les revêtir des bonnets et des casaques que l'hospice leur fournissait. Les bonnes sœurs exécutèrent cet ordre avec tant de célérité, que les gardes furent transférés, habillés en pauvres, et leurs lits réparés, pendant que les assassins s'amusaient à boire. Ils parcoururent toutes les salles et crurent n'y voir que des pauvres malades; les gardes furent sauvés.

(*Note de madame Campan.*)

cessaire pour acquitter ses dettes à Paris et payer les frais de son voyage. Elle me dit aussi de lui mander d'amener avec lui son ami Bernard, et de lui faire la même offre qu'à M. de Miomandre.

Les deux gardes arrivèrent à l'heure prescrite, et acceptèrent, je crois, chacun cent ou deux cents louis. Un moment après, la reine ouvrit ma porte; elle était accompagnée du roi et de madame Élisabeth; le roi se tint debout, le dos contre la cheminée; la reine s'assit dans une bergère, madame Élisabeth, assez près d'elle; je me plaçai derrière la reine, et les deux gardes restèrent en face du roi. La reine leur dit que le roi avait voulu voir, avant leur départ, deux des braves qui lui avaient donné les plus grandes preuves de courage et d'attachement. Miomandre prit la parole et dit tout ce que ces mots touchans et honorables pour les gardes devaient lui inspirer. Madame Élisabeth parla de la sensibilité du roi; la reine reprit de nouveau la parole pour insister sur la nécessité de leur prompt départ : le roi garda le silence; son émotion pourtant était visible, et des larmes d'attendrissement remplissaient ses yeux. La reine se leva, le roi sortit, madame Élisabeth le suivit; la reine avait ralenti sa marche, et, dans l'embrasure d'une fenêtre, elle me dit : « Je regrette d'avoir amené le roi ici! et je suis bien sûre qu'Élisabeth pense comme moi : si le roi eût dit à ces braves gens le quart de ce qu'il pense de bien pour eux, ils auraient été ravis; mais il ne peut vaincre sa timidité. »

L'empereur Joseph venait de mourir. La douleur de la reine fut assez modérée : ce frère, dont elle avait été si fière, qu'elle avait aimé si tendrement, avait probablement perdu une grande partie de son affection; elle lui reprochait quelquefois, quoique avec beaucoup de ménagement, d'avoir adopté plusieurs des principes de la philosophie moderne, et peut-être savait-elle qu'il envisageait nos troubles plus en souverain d'Allemagne qu'en frère de la reine de France (1).

---

(1) L'empereur Joseph avait envoyé à la reine une gravure qui représentait des religieuses, et des moines défroqués. Les premières essayaient des modes, les derniers se faisaient friser; cette gravure était toujours restée dans un cabinet sans y être suspendue. La reine me dit de la faire emporter; qu'elle souffrait de voir combien les philosophes avaient de pouvoir sur l'esprit et les actions de son frère *.

(*Note de madame Campan.*)

* Les jésuites et les moines n'ont pas eu d'ennemi plus déclaré, plus redoutable que Joseph II. On jugera, par plusieurs lettres que renferment les éclaircissemens (lettre G), de la haine qu'il portait aux premiers. Quant aux moines, les passages qu'on va lire, et qui sont extraits de la Correspondance de ce prince, donnent, pour ainsi dire, l'explication de la gravure qu'il avait envoyée à la reine. On doit ajouter que Joseph II portait, dans la destruction des établissemens religieux, un zèle philosophique qui avait aussi son fanatisme.

« Le monachisme est porté, en Autriche, à un excès intolérable; le nombre des chapitres et des couvens s'est multiplié à l'excès. Jusqu'à présent, les moines ont su, en s'armant de je ne sais quelle règle et quelles lois, se soustraire à l'influence du gouvernement, qui n'a eu que fort peu de droits sur leurs personnes, et pourtant ils sont les sujets les plus inutiles comme les plus dangereux d'un État; car ils

CHAPITRE XVI.

Mirabeau n'avait pas perdu l'espoir de se rendre la dernière ressource de la cour opprimée; et je me

---

cherchent à se soustraire à l'observation des lois civiles, et s'adressent à tout propos au *pontifex maximus* de Rome.

» Mon ministre d'État, baron de Kusel, l'éclairé Van-Swieten, le prélat Rautentrauch, et plusieurs autres hommes de grand mérite, feront partie d'une commission que j'ai chargée d'un travail relatif à la suppression des couvens superflus, et j'espère que j'obtiendrai, de leur zèle pour la bonne cause et de leur dévouement pour la couronne, tous les bons et loyaux services qu'ils sont capables de rendre à la patrie.

» Quand j'aurai arraché le masque au monachisme et converti le moine contemplateur en un citoyen producteur, c'est alors, je l'espère, que plus d'un de ces esclaves factieux raisonnera autrement de mes réformes.

» Ma tâche est difficile : ce ne sera pas peu de chose que de réduire cette armée de moines, et faire des hommes de ces faquirs devant la tête tondue desquels le vulgaire se prosterne avec respect, eux qui ont su prendre plus d'empire sur le cœur du peuple que nul autre objet capable de faire impression sur l'esprit humain.

» *Au cardinal* HERZAN, *envoyé impérial et royal à Rome.*

» M. le cardinal,

» Depuis que je porte le premier diadème du monde, la philosophie a été constamment la régulatrice de mes actions. L'Autriche doit donc prendre une nouvelle forme. L'autorité des ulemas sera restreinte, et les droits du souverain reprendront leur ancienne splendeur. Il est indispensable que j'écarte du domaine de la religion certaines choses qui n'auraient jamais dû en faire partie.

» Comme je déteste la superstition et les saducéens, je veux en affranchir mon peuple. A cet effet, je chasserai les moines, je supprimerai leurs couvens, et je les soumettrai aux évêques de leurs diocèses. Ils me dénonceront à Rome, j'en suis sûr, comme ayant attenté au droit divin; ils s'écrieront que *la gloire d'Israël est déchue*. On me rappelle qu'il y eut déjà à cette époque quelques communications entre la reine et lui. Il s'agissait

---

reprochera d'avoir enlevé les tribunes au peuple, et d'avoir voulu mettre une ligne de démarcation entre les idées du dogme et de la philosophie ; mais on s'irritera encore bien davantage de ce que j'aurai entrepris une réforme sans l'autorisation préalable des serviteurs de Dieu.

» Voilà ce qui a amené la décadence de l'esprit humain. Jamais un serviteur de l'autel ne voudra souffrir que le souverain le mette à la place qui lui appartient, et qu'il ne lui laisse que l'Évangile en partage. En effet, n'est-ce pas un sacrilége d'empêcher par des lois que les fils de Lévi ne fassent le monopole de l'esprit humain ?

» Le principe du monachisme, depuis le père Pacôme jusqu'à nos jours, a été en opposition directe avec le sens commun. Du respect pour les fondateurs des ordres on a passé jusqu'à l'adoration, au point que nous avons vu reparaître le temps où les Israélites allaient processionnellement à Béthel pour adorer les veaux dorés.

» Ces faux principes se sont répandus dans le vulgaire qui ne connut plus Dieu et espéra tout de ses saints.

» L'influence des évêques que je rétablirai a surtout pour but de détruire cette erreur du peuple. A l'avenir, c'est l'Évangile seul qui sera prêché, et par des hommes du monde, et non par les moines qui ne débitent que les rêveries des gens exaltés.

» J'aurai soin que le nouvel édifice que je veux élever soit durable. Les séminaires-généraux seront des pépinières où se formeront de sages ecclésiastiques ; les curés qui en sortiront apporteront un esprit éclairé dans le monde, et le communiqueront au peuple par une sage instruction.

» C'est ainsi qu'après des siècles d'erreur il y aura de vrais chrétiens qui, lorsque mon plan sera accompli, connaîtront enfin leurs devoirs envers Dieu, la patrie et leur prochain. Nos neveux nous béniront de les avoir affranchis de la tyrannie de Rome, et d'avoir ramené les prêtres à leur devoir, en soumettant leur *avenir* à Dieu, mais leur *présent* à la patrie. » (*Lettres inédites de Joseph II, empereur d'Allemagne.* Paris, 1822.)

(*Note de l'édit.*)

alors d'un ministère à lui donner. On en eut connaissance, et ce doit être vers ce temps que l'Assemblée décréta qu'aucun député ne pourrait remplir les fonctions de ministre du roi, que deux ans après que ses fonctions législatives auraient été terminées. Je sais que la reine fut très-affligée de cette décision, et la regarda comme un moyen puissant qui était enlevé à la cour.

L'habitation du palais des Tuileries, très-désagréable en été, fit désirer à la reine d'aller à Saint-Cloud. Ce voyage fut décidé sans éprouver d'opposition : la garde nationale de Paris y suivit la cour : à cette époque, on présenta de nouveaux projets d'évasion; rien n'était plus facile alors que de les exécuter. Le roi avait obtenu de sortir sans gardes, et de n'être accompagné que par un aide-de-camp de M. de La Fayette. La reine en avait de même un de service auprès d'elle, ainsi que M. le dauphin. Le roi et la reine sortaient souvent à quatre heures après-midi, et ne rentraient qu'à huit ou neuf heures du soir.

Voici un projet de départ que la reine me communiqua, et dont l'exécution paraissait infaillible. La famille royale devait se rendre dans un bois à quatre lieues de distance de Saint-Cloud; des personnes bien dévouées eussent accompagné le roi, qui, d'ailleurs, était toujours suivi de ses écuyers et de ses pages; la reine l'eût rejoint avec sa fille et madame Élisabeth : ces princesses avaient, de même que la reine, des écuyers et des pages dont les sentimens n'étaient pas douteux. Le dauphin eût été, de son côté, au rendez-vous avec madame de Tourzel : une grande berline et une chaise de suite suffisaient pour toute la famille; on aurait pu alors gagner les aides-de-camp, ou les soumettre. Le roi devait laisser sur son bureau, à Saint-Cloud, une lettre pour le président de l'Assemblée nationale. Le service du roi et de la reine aurait attendu sans inquiétude jusqu'à neuf heures du soir, puisque la famille ne rentrait quelquefois qu'à cette heure-là. Cette lettre ne pouvait être remise à Paris que vers dix heures au plus tôt. L'Assemblée alors n'était pas réunie; il eût fallu trouver le président chez lui ou dans une autre maison; on aurait atteint minuit, avant que l'Assemblée eût été convoquée, et qu'on eût fait partir des courriers pour faire arrêter la famille royale, qui aurait déjà eu l'avance de six ou sept heures, étant partie à six lieues de distance de Paris ; et, à cette époque, on voyageait encore très-facilement en France. La reine avait approuvé ce plan; mais je ne me permettais pas de la questionner, et je pensais même, que s'il s'exécutait, elle me le laisserait ignorer. Un soir du mois de juin, à neuf heures, les gens du château, ne voyant pas revenir le roi, se promenaient avec inquiétude dans les cours. Je croyais au départ, et respirais à peine dans le trouble de mes vœux, lorsque j'entendis le bruit des voitures. J'avouai à la reine que je l'avais crue partie; elle me dit qu'il fallait d'abord attendre que

Mesdames fussent sorties de France, et voir ensuite si le projet pourrait s'accorder avec ceux du dehors (1).

---

(1) Au retour d'un voyage de Saint-Cloud, le roi écrivait à la duchesse de Polignac :

« J'arrive de la campagne; l'air nous a fait du bien; mais que
» ce séjour nous a paru changé! Le salon du déjeuner, qu'il était
» triste! Aucun de vous n'y était. Je ne perds pas l'espoir de
» nous y retrouver ensemble : dans quel temps? je l'ignore. Que
» de choses nous aurons à nous dire! La santé de votre amie
» se soutient malgré toutes les peines qui l'accablent. Adieu,
» Madame la duchesse, parlez de moi à votre mari, et à tout ce
» qui vous entoure. Dites-vous bien que je ne serai heureux
» que le jour où je me retrouverai avec mes anciens amis. »

« Plus la première Assemblée nationale avançait dans ses travaux, ajoute Montjoie qui rapporte cette lettre, et plus la reine se voyait malheureuse. On en a une preuve dans ce peu de mots d'un autre billet de Louis XVI à madame la duchesse de Polignac :

« Depuis dix-huit mois, il n'y a ici que des choses bien tristes
» à voir et à entendre : on ne prend pas d'humeur, mais on est
» peiné, attristé d'être contrarié partout, et surtout d'être mal
» jugé. »

Dans une première lettre du roi à la duchesse, on trouve ces mots :

« Votre amie est malheureuse et bien mal jugée; mais je me
» flatte qu'un jour on lui rendra justice. Cependant les méchans
» sont bien actifs; on les croit plus que les bons; vous en êtes
» bien une preuve. » (*Histoire de Marie-Antoinette*, par Montjoie, page 262.)

(*Note de l'édit.*)

CHAPITRE XVII.

Première fédération. — Tentatives d'assassinat contre la reine. — Autre projet formé pour l'empoisonner. — Paroles remarquables de cette princesse. — Scène touchante. — Relation de l'affaire de Nancy écrite par madame Campan, la nuit dans la salle du conseil, sous la dictée du roi. — Madame Campan devient l'objet de dénonciations calomnieuses. — Marques de confiance que lui donne la reine. — Entrevue de cette princesse avec Mirabeau, dans les jardins de Saint-Cloud. — Il traite avec la cour. — Dérisions du parti révolutionnaire. — Pierres de la Bastille offertes au dauphin. — La reine sent augmenter son aversion pour M. de La Fayette. — Projet qu'avaient les princes de rentrer en France par Lyon. — Imprudences des personnes dévouées à la reine. — Anecdote relative à M. de La Fayette. — Départ de Mesdames. — Mort de Mirabeau.

On se rendit à Paris pour la première fédération, le 14 juillet, anniversaire de la prise de la Bastille. Quelle étonnante réunion que celle de quatre cent mille hommes, dont il n'y en avait peut-être pas deux cents qui ne crussent que le roi trouvait son bonheur et sa gloire dans l'ordre de choses qui s'établissait ! L'amour qu'on lui portait, à l'exception de ceux qui avaient médité sa ruine, était encore dans toute sa force dans le cœur de tous les Français des départemens ; mais si j'en juge par ceux que j'ai eu occasion de voir, il était totalement impossible de les éclairer et de les faire sortir de leur enchantement; ils aimaient autant le roi que la constitution, et la constitution autant que le roi; et l'on ne pouvait plus, dans leur esprit et dans leur cœur, séparer l'un de l'autre (1).

---

(1) Aux détails que renferment les *Mémoires de Ferrières*, sur la fédération, je joindrai ceux qu'on va lire. Ils peignent, d'une part, l'enthousiasme que cette fête excitait même chez les Anglais, et caractérisent de l'autre la gaieté par trop licencieuse de leur théâtre.

« Deux députés nantais, envoyés en Angleterre pour resserrer les nœuds fraternels qui unissent le club de la révolution de Londres avec tous les amis de la constitution française, écrivirent la lettre suivante :

« D'après tout ce que nous avons vu et su, nous pouvons vous
» assurer que le peuple de Londres est, pour le moins, aussi
» enthousiaste de la révolution française que le peuple de France.
» Nous fûmes voir, hier, l'opéra de *la Confédération des Fran-*
» *çais au Champ-de-Mars*. Depuis six semaines, on joue cette
» pièce tous les jours. La salle est pleine à cinq heures, quoi-
» que l'on ne commence qu'à sept. Il n'y avait plus de place
» lorsque nous arrivâmes ; mais, aussitôt qu'on nous entendit
» parler français, on s'empressa de nous placer sur le devant des
» loges, sans nous connaître; on eut pour nous toutes les atten-
» tions possibles, on nous força d'accepter des rafraîchissemens.

» Le premier acte de cet opéra présente l'arrivée de plusieurs
» personnes à Paris pour la fédération.

» Le second, les travaux du Champ-de-Mars.

» Le troisième, la Confédération même.

» Dans le second acte, on voit des capucins en bonnets de
» grenadiers, des filles qui caressent des abbés, le roi qui vient

La cour revint à Saint-Cloud après la fédération : un scélérat, nommé Rotondo, s'y introduisit dans le dessein d'assassiner la reine. On a su qu'il avait pénétré jusque dans les jardins intérieurs : la pluie empêcha Sa Majesté de sortir ce jour-là. M. de La Fayette, qui avait eu connaissance de ce complot, donna les consignes les plus sévères à tous les factionnaires; et le signalement de ce monstre fut répandu dans le palais, par l'ordre du général. J'ignore comment on parvint à le soustraire au supplice. Une contre-police, qui appartenait au roi, découvrit aussi qu'il se tramait un projet d'empoisonner la reine. Elle m'en parla sans la moindre émotion, ainsi qu'à son premier médecin, M. Vicq-d'Azyr. Mais nous cherchâmes, lui et moi, quelles précautions il fallait prendre : il se reposait beaucoup sur l'extrême sobriété de la reine; cependant, il me conseilla d'avoir toujours à ma portée une bouteille d'huile d'amandes douces, que je fe-

---

» donner un coup de hache, et tout le monde travaillant en
» chantant : *Ça ira, ça ira.*

» Au troisième acte, les officiers municipaux en écharpe,
» l'Assemblée nationale, les gardes nationales, les officians en
» habits pontificaux, et des prêtres qui chantent. Un régiment
» d'enfans, chantant : *Moi, je suis soldat pour la patrie*, en fran-
» çais et en anglais. Tout cela nous paraît très-nouveau au bord
» de la Tamise, et chaque couplet est redemandé et applaudi
» jusqu'au délire. » (*Anecdotes du règne de Louis XVI*, tome IV, pag. 93-94.)

(*Note de l'édit.*)

rais renouveler de temps en temps; cette huile et le lait étant, comme on sait, le contre-poison le plus sûr pour les déchiremens qu'excitent les corrosifs. La reine avait une habitude qui inquiétait particulièrement M. Vicq-d'Azyr: du sucre en poudre se trouvait toujours sur la commode de la chambre de Sa Majesté; et souvent, sans même appeler personne, elle en mettait des cuillerées dans un verre d'eau, lorsqu'elle voulait boire. Il fut convenu que je ferais râper une grande quantité de sucre chez moi; que j'en aurais toujours des cornets dans mon sac, et que trois ou quatre fois dans le jour, lorsque je me trouverais seule dans la chambre de Sa Majesté, je le substituerais à celui du sucrier. Nous savions que la reine eût empêché toute précaution de ce genre, mais nous ignorions son motif. Un jour, elle me surprit seule, faisant l'échange dont je viens de parler, et me dit qu'elle jugeait bien que c'était une opération concertée entre moi et M. Vicq-d'Azyr; mais que je prenais une peine bien inutile. « Souve-
» nez-vous, ajouta-t-elle, qu'on n'emploiera pas un
» grain de poison contre moi. Les Brinvilliers ne
» sont pas de ce siècle-ci; on a la calomnie qui vaut
» beaucoup mieux pour tuer les gens; et c'est par
» elle qu'on me fera périr. »

Pendant que des avertissemens aussi tristes et les projets les plus criminels affligeaient et flétrissaient le cœur de cette infortunée princesse, des témoignages les plus sincères d'attachement pour sa personne et pour la cause du roi, venaient souvent lui offrir d'agréables illusions, ou le spectacle touchant des larmes que ses malheurs faisaient répandre. Un jour, pendant ce même voyage de Saint-Cloud, je fus témoin d'une scène bien attendrissante, et que nous eûmes soin de ne pas divulguer. Il était quatre heures après-midi, la garde n'était pas montée, il n'y avait presque personne ce jour-là à Saint-Cloud, et je faisais une lecture à la reine qui travaillait à son métier dans une pièce de son appartement dont un balcon donnait sur la cour. Les fenêtres étaient fermées; nous entendîmes cependant un bruit sourd formé par un grand nombre de voix qui semblaient n'articuler que des sons étouffés. La reine me dit d'aller voir ce que c'était; je levai le rideau de mousseline, et j'aperçus, au-dessous du balcon, plus de cinquante personnes : cette réunion était composée de femmes, jeunes et vieilles, parfaitement mises dans le costume en usage à la campagne; de vieux chevaliers de Saint-Louis, de jeunes chevaliers de Malte et de quelques ecclésiastiques. Je dis à la reine que c'était probablement une réunion de plusieurs sociétés des campagnes voisines, qui désiraient la voir. Elle se leva, ouvrit la fenêtre et parut sur le balcon : voilà tous ces braves gens qui lui disent à voix basse : « Ayez du courage, Madame, les bons » Français souffrent pour vous et avec vous; ils » prient pour vous, le Ciel les exaucera; nous vous » aimons, nous vous respectons, nous révérons » notre vertueux roi. » La reine fondait en larmes,

et avait porté son mouchoir sur les yeux. « Pauvre
» reine! elle pleure! » disaient les femmes et les
jeunes filles : mais la crainte de compromettre Sa
Majesté et même les personnes qui lui montraient
tant d'amour, m'inspira de prendre la main de Sa
Majesté, avec le signe de vouloir la faire rentrer
dans sa chambre; et, en levant les yeux, je fis entendre à cette estimable société que la prudence dictait ma démarche. On le jugea ainsi, car j'entendis :
Elle a raison cette dame; et puis des : *Adieu, Madame;* et tout cela avec des accens d'un sentiment
si vrai et si douloureux, qu'en me les rappelant, au
bout de vingt ans, j'en suis encore attendrie.

Quelques jours après arriva l'insurrection de
Nancy. On n'en a connu que le motif apparent; il y
en avait un autre dont j'aurais pu être bien infor-
mée, si le trouble extrême que j'éprouvai à ce sujet
ne m'eût pas ôté la faculté d'y faire attention : je
vais tâcher de m'expliquer. Dans les premiers jours
de septembre, la reine, en se couchant, m'ordonna
de laisser sortir tout son service, et de rester près
d'elle : lorsque nous fûmes seules, elle me dit : « A
» minuit le roi viendra ici. Vous savez qu'il vous a
» toujours distinguée; il vous donne la marque de
» confiance de vous choisir pour écrire, sous sa dic-
» tée, tout le récit de l'affaire de Nancy. Il faut qu'il
» en ait plusieurs copies. » A minuit, le roi entra chez
la reine, et me dit en souriant : « Vous ne vous
» attendiez pas à être mon secrétaire, et cela pen-
» dant la nuit. » Je suivis le roi; il me conduisit

dans la salle du conseil. J'y trouvai un cahier de papier, un encrier, des plumes, tout cela préparé. Il s'assit à côté de moi, et me dictait le rapport du marquis de Bouillé, qu'il copiait en même temps. Ma main tremblait, j'avais de la peine à écrire; mes réflexions me laissaient à peine l'attention nécessaire pour écouter le roi. Cette grande table, ce tapis de velours, ces siéges qui ne devaient servir qu'aux premiers conseillers du souverain; ce qu'avait été ce séjour, ce qu'il était dans ce moment où le roi employait une femme à des fonctions qui avaient si peu de rapport avec ses devoirs ordinaires; les malheurs qui l'avaient amené à cette nécessité; ceux que mon amour et mes craintes pour mes souverains me faisaient encore redouter: toutes ces idées me firent une telle impression, que, rentrée dans l'appartement de la reine, je ne pus, du reste de la nuit, retrouver le sommeil, ni me ressouvenir de ce que j'avais écrit.

Plus je voyais que j'avais le bonheur d'être de quelque utilité à mes maîtres, plus j'observais de vivre seulement avec ma famille, et jamais je ne me permettais aucun entretien qui pût faire connaître l'intimité dans laquelle j'étais admise; mais rien ne reste ignoré à la cour, et je me vis bientôt de nombreux ennemis. Les moyens de desservir, surtout auprès des rois, ne sont que trop faciles; ils l'étaient devenus bien plus encore, depuis que le seul soupçon de communication avec des partisans de la révolution pouvait faire perdre l'estime et la confiance du roi et de la reine : heureusement que ma conduite me préservait auprès d'eux des dangers de la calomnie. J'avais quitté Saint-Cloud depuis deux jours, lorsque je reçus, à Paris, un billet de la reine, qui contenait ces mots : « Venez de suite à Saint-Cloud, j'ai à vous communiquer quelque chose qui vous intéresse. » Je partis à l'instant. Sa Majesté me dit qu'elle avait un sacrifice à me demander : je lui répondis qu'il était fait. Elle me dit qu'il s'agissait de renoncer à la société d'un ami ; que cela était pénible, mais qu'il le fallait essentiellement pour moi ; que pour elle, peut-être lui aurait-il convenu qu'un député, homme d'esprit, fût reçu habituellement chez moi, ce qui pouvait lui être fort utile ; mais qu'elle ne pensait en ce moment qu'à mes propres intérêts. La reine m'apprit alors que les dames du palais, la veille au soir, l'avaient assurée que M. de Beaumetz, député de la noblesse d'Artois, qui s'était rangé du côté gauche de l'Assemblée, passait sa vie chez moi. Voyant sur quelles fausses bases on avait voulu me rendre un mauvais service, je répondis respectueusement, mais en souriant, qu'il m'était impossible de faire à Sa Majesté le sacrifice qu'elle exigeait de moi ; que M. de Beaumetz, homme de beaucoup d'esprit, n'avait pas pris la résolution de se ranger au côté gauche de l'Assemblée pour venir se dépopulariser, en passant son temps chez la première femme de la reine, et que depuis le 1er octobre 1789, je ne l'avais aperçu qu'au spectacle et dans les promenades, sans même qu'il fût venu m'y parler; que cette conduite m'avait paru toute naturelle; que, voulant plaire au parti populaire, ou se faire gagner par la cour, il ne devait pas agir autrement à mon égard. La reine termina cette explication en disant: « Oh! c'est juste, cent fois » juste! On a fort mal choisi cette occasion de vous » nuire; mais observez-vous dans vos moindres dé- » marches. Vous voyez que la confiance que nous » vous accordons, le roi et moi, vous fait de puis- » sans ennemis. »

Les communications secrètes qui existaient toujours entre la cour et Mirabeau, finirent par l'amener à une entrevue avec la reine dans les jardins de Saint-Cloud (1). Il partit de Paris, à cheval, sous prétexte de se rendre à la campagne, chez un de ses amis, M. de Clavières; mais il s'arrêta à une porte des jardins de Saint-Cloud, et fut conduit, je ne sais par qui, vers un endroit où la reine l'attendait seule, dans la partie la plus élevée de ses jardins particuliers. Elle me raconta qu'elle l'avait abordé en lui disant: « Auprès d'un en- » nemi ordinaire, d'un homme qui aurait juré la

---

(1) Ce n'est pas dans son appartement, comme le dit M. de Lacretelle, que la reine reçut Mirabeau; sa personne était trop généralement connue; elle se rendit seule dans son jardin, à un rond-point qui est encore sur les hauteurs du jardin particulier de Saint-Cloud.

(*Note de madame Campan.*)

» perte de la monarchie, sans apprécier l'utilité
» dont elle est pour un grand peuple, je ferais
» en ce moment la démarche la plus déplacée ;
» mais quand on parle à un Mirabeau, etc...... »
Cette pauvre reine était charmée d'avoir trouvé
cette manière de le placer au-dessus de tous, et,
en me confiant les détails de cette entrevue, elle
me disait : « Savez-vous que ces mots, *un Mirabeau*,
» ont paru le flatter infiniment. » Cependant, selon moi, c'était le flatter bien peu, car son esprit
a fait plus de mal qu'il n'eût jamais pu faire de bien.
Il avait quitté la reine en lui disant avec enthousiasme : « Madame, la monarchie est sauvée (1) ! »
Ce fut bientôt après que Mirabeau dut recevoir
des sommes très-considérables. Il le laissa trop
apercevoir par l'augmentation de sa dépense. Déjà
quelques-uns de ses propos, sur la nécessité d'arrêter les factieux, circulaient dans la société. Invité
un jour à dîner avec une personne très-attachée à
la reine, il sut que cette personne s'était retirée en
apprenant qu'il était un des convives ; les maîtres
de la maison se plurent à le lui dire, et l'on fut
très-étonné de l'entendre louer le convive absent, et
assurer qu'à sa place, il en aurait fait autant ; mais
il ajouta qu'on n'avait qu'à inviter de nouveau cette
personne dans quelques mois, et qu'on la ferait dîner

---

(1) Voyez l'anecdote racontée dans les *Mémoires de Weber*,
tome II, pag. 37, au sujet de cette entrevue.

(*Note de l'édit.*)

avec le restaurateur de la monarchie. Mirabeau oubliait que le mal était plus aisé à faire que le bien, et se croyait en politique l'Atlas du monde entier.

Les outrages et même la moquerie se mêlaient sans cesse à la marche audacieuse des révolutionnaires : l'usage était de donner des aubades sous les fenêtres du roi le jour de l'an. La musique de la garde nationale s'y rendit ce jour-là 1791 : voulant faire allusion à la liquidation des dettes de l'État, décrétée par l'Assemblée, elle joua uniquement, à plusieurs reprises, l'air de l'opéra-comique *des Dettes*, dont le refrain est : *Mais nos créanciers sont payés; c'est ce qui nous console.*

Ce même jour, des *vainqueurs de la Bastille*, grenadiers de la garde parisienne, précédés d'une musique militaire, vinrent présenter pour étrennes au jeune dauphin un domino fait de pierre et de marbre de cette prison d'État. La reine me donna ce sinistre bijou, en me disant de le conserver, qu'il serait curieux pour l'histoire du temps de la révolution. Sur le couvercle étaient gravés de mauvais vers dont voici le sens : *Des pierres de ces murailles, qui renfermaient d'innocentes victimes du pouvoir arbitraire, ont été transformées en jouet pour vous être offert, Monseigneur, comme un hommage de l'amour du peuple, et pour vous apprendre quelle est sa puissance.*

La reine disait que la passion de la popularité condamnait M. de La Fayette à se prêter indistinctement à toutes les impertinences populaires. Son aversion pour ce général augmentait de jour en jour, au point que, vers la fin de la révolution, lorsqu'il parut vouloir soutenir le trône ébranlé, elle ne voulut jamais tenir de lui un si grand service.

L'émigration avait déjà beaucoup éloigné de monde; des gens qui, avant cette époque, n'auraient jamais osé prétendre à quelque emploi distingué, cherchaient, sous prétexte de zèle pour la cause du roi, à s'approcher de l'intérieur des Tuileries. J'ai connu beaucoup de ces gens-là; quelques-uns n'étaient que de misérables intrigans; d'autres avaient de bonnes intentions, mais manquaient des lumières qui auraient pu les rendre utiles.

M. de J***, colonel attaché à l'état-major de l'armée, eut le bonheur de rendre plusieurs services à la reine, et s'acquitta avec la discrétion et la dignité convenables de plusieurs missions importantes (1). Leurs Majestés avaient la plus grande confiance en lui, quoique souvent la sagesse de ses craintes, quand il s'agissait de projets inconsidérés, l'eût fait taxer, par des imprudens et

---

(1) Pendant la détention de la reine au Temple, il s'introduisit dans cette prison sous les sales vêtemens de l'allumeur de quinquets, et y remplit ses fonctions sans être découvert. Ce trait de dévouement n'est encore connu que de sa famille et de quelques amis très-intimes.

(*Note de madame Campan.*)

des ennemis, de suivre les principes des constitutionnels. Envoyé à Turin, il eut de la peine à dissuader les princes du projet qu'ils avaient, à cette époque, de rentrer en France par Lyon, avec une très-faible armée; et lorsque, dans un conseil qui se prolongea jusqu'à trois heures du matin, il eut fait voir ses instructions, et démontré que cette démarche exposerait le roi, le seul comte d'Artois se prononça contre le plan, qui était de M. le prince de Condé.

Parmi les employés d'un ordre subalterne, que les circonstances critiques initièrent dans les affaires importantes, s'était introduit un M. de Goguelat, ingénieur géographe à Versailles, très-bon dessinateur. Il avait fait pour la reine des plans de Saint-Cloud et de Trianon; elle en fut très-contente, et fit admettre cet ingénieur dans le corps de l'état-major de l'armée. Au commencement de la révolution, il fut envoyé au comte d'Esterhazy, à Valenciennes, en qualité d'aide-de-camp. Ce dernier grade lui avait été donné uniquement pour l'éloigner de Versailles, où, pendant les premiers mois de l'assemblée des états-généraux, il avait compromis la reine. Voulant faire remarquer son dévouement pour les intérêts du roi, il allait sans cesse aux tribunes de l'assemblée, y frondait tout haut les motions des députés, et revenait aux antichambres de la reine, où il répétait tout ce qu'il venait d'entendre, ou ce qu'il avait eu l'imprudence de dire.

J'avais averti la reine du mauvais effet que produisait l'exaltation de cet officier; elle partagea mon opinion sur les dangers que j'y voyais. Mais, malheureusement, en éloignant M. de Goguelat, elle conserva l'idée que, dans un cas périlleux et qui exigerait un grand dévouement, cet homme serait utile à employer. On lui donna, en 1791, la commission de contribuer, de concert avec M. le marquis de Bouillé, à l'évasion du roi (1).

Non-seulement beaucoup d'hommes à projets cherchaient à s'introduire auprès de la reine, mais madame Élisabeth avait aussi des communications avec plusieurs particuliers qui se mêlaient de faire des plans pour la conduite de la cour. Le baron de Gilliers, M. de Vanoise, étaient de ce nombre; ils se rendaient chez la baronne de Mackau, où la princesse passait presque toutes les soirées. La reine n'aimait pas ces réunions où madame Élisabeth pouvait adopter des vues qui étaient manifestement opposées aux intentions du roi ou aux siennes.

La reine donnait souvent des audiences à M. de La Fayette. Un jour qu'il était dans ses cabinets intérieurs, ses aides-de-camp se promenaient en l'attendant dans le grand cabinet où se tenait le

---

(1) Consultez, sur la conduite de cet officier, les *Mémoires de M. de Bouillé*, ceux de M. le duc de Choiseul, et la relation du voyage de Varennes, par M. de Fontanges, dans les *Mémoires de Weber*.

(*Note de l'édit.*)

service. Quelques jeunes femmes imprudentes se plaisaient à dire, avec le projet d'être entendues par ces officiers, qu'il était bien inquiétant de voir la reine seule avec un rebelle et un brigand. Je souffrais de ces inconséquences qui produisaient toujours de mauvais effets, et je leur imposai silence. Une d'elles insistait sur la dénomination de brigand. Je lui dis que pour rebelle, M. de La Fayette méritait bien ce titre; mais que celui de chef de parti était donné par l'histoire à tout homme qui commandait à quarante mille hommes, à une capitale, et à quarante lieues de pays; que souvent les rois avaient traité avec des chefs de parti; et que s'il convenait à la reine de le faire, il ne nous appartenait à nous que de nous taire et de respecter ses actions. Le lendemain, la reine, d'un ton sérieux, mais avec la plus grande bonté, me demanda ce que j'avais dit la veille au sujet de M. de La Fayette, ajoutant qu'on l'avait assurée que j'avais imposé silence à ses femmes, parce qu'elles ne l'aimaient pas, et que j'avais pris son parti. Je répétai à la reine, mot pour mot, ce qui s'était passé. Elle voulut bien me dire que j'avais parfaitement raison.

Toutes les fois que la jalousie lui faisait parvenir de faux rapports sur moi, elle avait la bonté de m'en prévenir, et ils ne portaient aucune atteinte à la confiance dont elle n'a cessé de m'honorer, et que je me suis trouvée heureuse de justifier, même au péril de ma vie.

CHAPITRE XVII.

Mesdames, tantes du roi, partirent de Bellevue au commencement de l'année 1791 (1). Je fus prendre

---

(1) Alexandre Berthier, prince de Neufchâtel, alors colonel dans l'état-major de l'armée, et commandant la garde nationale de Versailles, favorisa le départ de Mesdames. Les jacobins de cette ville le firent destituer, et il courut les plus grands périls pour avoir rendu ce service à ces princesses*.

(*Note de madame Campan.*)

* Le départ de Mesdames eut l'importance d'un événement. C'en était un véritablement que cet essai fait par la cour des moyens à prendre pour quitter Paris: Je rapporterai ici, d'après les Mémoires consacrés à l'histoire de ces princesses, ce qui concerne le général Berthier (depuis prince de Wagram), et son intervention dans le départ de Mesdames. On trouvera dans les éclaircissemens (lettre H) des discours, des faits, des délibérations qui prouvent les soupçons qu'avait conçus le parti national, et les intentions cachées de l'administration.

« Une foule de femmes se rendirent à Bellevue pour s'opposer au passage de Mesdames. Arrivées au château, on leur dit que Mesdames n'y étaient plus, et qu'elles étaient parties avec une suite de vingt personnes. La nouvelle de ce départ causa une grande fermentation au Palais-Royal. Tous les clubs avertis donnèrent l'ordre aux chefs de mettre sur pied leurs troupes légères. Le département de Seine-et-Oise prit un arrêté portant qu'il n'y avait pas lieu de retenir les effets de ces princesses. La municipalité de Versailles fut chargée de requérir le commandant de la garde nationale et des troupes de ligne de prêter main-forte. Elle devait s'entendre avec les municipalités de Sèvres et de Meudon, pour faire cesser tous les obstacles.

» Le général Berthier avait justifié la confiance du monarque par une conduite ferme et prudente qui devait l'élever aux premiers honneurs militaires, et fixer l'estime du guerrier dont il partagea la fortune, les périls et la gloire. Il s'était rendu à Bellevue, à minuit, le jour même que l'ordre avait été expédié. Dès que les municipalités de Sèvres et de Meudon furent instruites de son arrivée au château,

congé de madame Victoire. Je ne croyais pas voir, pour la dernière fois de ma vie, cette auguste et vertueuse protectrice de ma première jeunesse. Elle me reçut seule dans ses cabinets, et m'assura qu'elle espérait, autant qu'elle le désirait, rentrer bientôt en France ; que les Français seraient trop à plaindre,

---

elles prirent, l'une et l'autre, un arrêté par lequel elles s'en remettaient entièrement à ce général pour l'exécution de celui du département ; mais, afin de lever les doutes sur leurs propres sentimens pour Mesdames, ces deux municipalités relatèrent la disposition qui prescrivait de ne permettre aucune fouille dans le château ni dans les dépendances.

» Les postes furent relevés avec assez de tranquillité ; mais, lorsqu'il fallut faire partir les voitures, les murmures éclatèrent, et la résistance fut excessive. Une partie de la force-armée et des groupes non armés déclarèrent que Mesdames ne partiraient pas, et proférèrent contre ces princesses d'horribles imprécations. Un sapeur de la garde nationale de Sèvres, un officier de la même garde et un officier de chasseurs de la première division se distinguèrent par une désobéissance formelle et opiniâtre ; plusieurs canonniers, au lieu d'en imposer en restant à leurs pièces, coupèrent les traits d'une des voitures. Telle était l'impuissance des lois, que le général Berthier, quoique investi de tous les pouvoirs par des actes réitérés du département et des municipalités de Versailles et de Meudon, ne put faire partir les équipages. Cet officier, plein d'honneur et doué du plus grand courage, fut enfermé dans les cours de Bellevue par sa propre troupe ; il courut risque d'être égorgé. Ce ne fut que le 14 mars qu'il put parvenir à faire exécuter la loi. Et l'on verra, plus bas, quels obstacles il eut à vaincre, à quels dangers il fut exposé. Il dut son salut à son sang-froid, et sut éviter le carnage qu'il eût pu faire des factieux. (Voyez la note de la page suivante et les éclaircissemens indiqués sous la lettre (H). (*Mémoires de Mesdames*, par Montigny, tome I.)

(*Note de l'édit.*)

si les excès de la révolution arrivaient à un degré qui dût lui faire prolonger son absence. Je savais par la reine que le départ de Mesdames avait été jugé nécessaire, pour laisser le roi libre dans ses démarches, lorsqu'il serait contraint de s'éloigner avec sa famille. La constitution du clergé ne pouvant être qu'en opposition directe avec les principes de religion de Mesdames, l'on pensait que leur voyage à Rome ne serait attribué qu'à leur seule piété. Cependant il était difficile de tromper une Assemblée qui devait peser les moindres actions de la famille royale, et, dès ce moment, on eut plus que jamais les yeux ouverts sur ce qui se passait aux Tuileries.

Mesdames désiraient emmener madame Élisabeth à Rome. Le libre exercice de la religion, le bonheur de se réfugier près d'un chef de l'Église, et de vivre avec sécurité auprès de ses tantes qu'elle aimait tendrement, tout fut sacrifié par cette vertueuse princesse à son attachement pour la personne du roi (1).

Le serment exigé des prêtres par la constitution civile du clergé, avait amené, dans l'Église de

---

(1) La *Chronique de Paris*, journal écrit sous l'influence du parti constitutionnel, fit paraître, au sujet du départ de Mesdames, l'article suivant :

« Deux princesses, sédentaires par état, par âge et par goût,
» se trouvent tout-à-coup possédées de la manie de voyager et
» de courir le monde.... *C'est singulier, mais c'est possible.* Elles

France, une division qui augmentait les dangers multipliés dont le roi était déjà environné. Mirabeau passa une nuit entière chez le curé de Saint-Eustache, confesseur du roi et de la reine, pour le décider à faire le serment exigé par cette constitution. Leurs Majestés choisirent un autre confesseur qui resta inconnu.

Quelques mois après, ce trop fameux Mirabeau, démocrate mercenaire et royaliste vénal, termina sa carrière. La reine le regretta, et s'étonnait elle-même en parlant de ses regrets; mais elle avait espéré que celui-là seulement, qui avait eu l'adresse

---

» vont, dit-on, baiser la mule du pape.... *C'est drôle,* mais *c'est*
» *édifiant.*

» Trente-deux sections et tous les bons citoyens se mettent
» entre elles et Rome.... *C'est tout simple.*

» Mesdames, et surtout madame Adélaïde, veulent user des
» droits de l'homme.... *C'est naturel.*

» Elles ne partent pas, disent-elles, avec des intentions op-
» posées à la révolution.... *C'est possible,* mais *c'est difficile.*

» Ces belles voyageuses traînent à leur suite quatre-vingts
» personnes.... *C'est beau;* mais elles emportent douze millions....
» *C'est fort laid.*

» Elles ont besoin de changer d'air.... *C'est l'usage.* Mais ce
» déplacement inquiète leurs créanciers..... *C'est aussi l'usage.*

» Elles brûlent de voyager (désir de fille est un feu qui dé-
» vore).... *C'est l'usage.* On brûle de les retenir; *c'est aussi*
» *l'usage.*

» Mesdames soutiennent qu'elles sont libres d'aller où bon
« leur semble.... *C'est juste.* »

(*Note de l'édit.*)

et la force de tout désorganiser, aurait pu avoir celle de réparer le mal causé par son funeste génie. On a beaucoup parlé sur le genre de mort de Mirabeau. M. Cabanis, son ami et son médecin, niait qu'il eût été empoisonné. Voici ce que j'ai entendu dire à la reine par M. Vicq-d'Azyr, le jour même de l'ouverture du cadavre. Ce médecin l'assura que le procès-verbal qui avait été fait sur l'état des intestins, était aussi applicable à une mort produite par des remèdes violens, que par le poison. Il disait aussi que les gens de l'art avaient été fidèles dans leur rapport; mais qu'il était plus prudent de le conclure par la mort naturelle, puisque, dans l'état de crise où était la France, un parti, innocent d'un tel crime, pourrait être victime de la vengeance publique.

CHAPITRE XVIII.

Préparatifs du voyage de Varennes.—Par qui la reine est observée et trahie.—Anecdotes diverses.—Le départ de madame Campan pour l'Auvergne précède celui de la famille royale pour Varennes.—Madame Campan apprend l'arrestation du roi.—Billet que lui écrit la reine aussitôt son retour à Paris. —Anecdotes.—Mesures prises pour garder le roi aux Tuileries : elles sont insultantes.—Adoucissemens qu'y apportent plusieurs officiers de la garde nationale.—Les chagrins blanchissent les cheveux de la reine.—Barnave, pendant le retour de Varennes, s'attire l'estime et la confiance de Marie-Antoinette.—Sa conduite honorable et respectueuse : elle contraste avec celle de Pétion.—Trait courageux de Barnave. —Ses conseils à la reine.—Particularités sur le voyage de Varennes.

Au commencement du printemps de 1791, le roi, fatigué du séjour des Tuileries, voulut retourner à Saint-Cloud. Déjà toute sa maison était partie, et son dîner y était préparé. Il monta en voiture à une heure ; la garde se révolta, ferma les grilles, et déclara qu'elle ne le laisserait point partir. Ce coup était certainement monté sur des indices d'un projet d'évasion. Deux personnes, qui s'approchèrent de la voiture du roi, furent très-maltraitées. Mon beau-père fut saisi avec violence par les gardes qui lui enlevèrent son épée. Le roi et sa famille furent forcés de descendre de voiture et de rentrer dans leurs appartemens. Cet outrage ne leur fut pas intérieurement très-sensible; ils y virent un motif de légitimer, aux yeux du peuple même, le projet qu'ils avaient de s'éloigner de Paris.

Dès le mois de mars de la même année, la reine s'occupa des préparatifs de son départ. Je passai ce mois auprès d'elle, et j'exécutai une grande partie des ordres secrets qu'elle me donna à ce sujet. Je la voyais avec peine occupée de soins qui me semblaient inutiles et même dangereux, et lui fis observer que la reine de France trouverait des chemises et des robes partout. Mes observations furent infructueuses : elle voulut avoir à Bruxelles un trousseau complet, tant pour elle que pour ses enfans. Je sortais seule, et presque déguisée, pour acheter et faire faire ce trousseau.

Je commandais six chemises dans une boutique de lingère, six dans une autre, des robes, des peignoirs, etc. Ma sœur fit faire un trousseau complet pour Madame, sur les mesures des hardes de sa fille aînée, et je commandai des habits pour M. le dauphin, sur celles de mon fils. Je remplis une malle entière de tous ces objets, et l'adressai, par ordre de la reine, à une de ses femmes, veuve du major d'Arras où elle se trouvait en congé illimité, afin qu'elle fût prête à partir pour Bruxelles ou pour tout autre lieu, lorsqu'elle en recevrait l'ordre. Cette dame avait des terres dans la partie de la Flandre autrichienne, et pouvait quitter Arras sans que cela fût observé.

La reine ne devait emmener de Paris que sa première femme de service. Elle m'avait prévenue que, si je n'étais pas en fonction à l'instant du départ, elle s'arrangerait pour que je pusse la rejoindre. Elle voulait aussi emporter son nécessaire de voyage. Elle me demanda le moyen de le faire partir, sous le prétexte d'en faire présent à l'archiduchesse Christine, gouvernante des Pays-Bas. J'osai m'opposer fortement à ce projet, et lui représentai qu'au milieu de tant de gens qui épiaient ses moindres actions, on devait raisonnablement prévoir qu'il s'en trouverait d'assez clairvoyans pour deviner que ce présent n'était qu'un prétexte de faire partir ce meuble avant son départ; elle persista dans cette idée, et tout ce que je pus obtenir, fut que le nécessaire ne disparaîtrait pas de sa chambre, et de convenir avec M. de ***, chargé d'affaires de la cour de Vienne pendant l'absence du comte de Merci, qu'il viendrait à sa toilette lui demander, en présence de toute sa chambre, de vouloir bien commander, pour madame la gouvernante des Pays-Bas, un nécessaire absolument semblable au sien. La reine m'ordonna donc, devant le chargé d'affaires, de commander ce meuble. Cette manière d'exécuter sa volonté n'avait que le léger inconvénient d'une dépense de cinq cents louis, et parut devoir éloigner tout soupçon. Si je n'omets aucune circonstance sur ce qui concerne ce nécessaire,

CHAPITRE XVIII.

c'est que ces minutieux détails ont leur importance, puisque ces premiers préparatifs de voyage furent découverts par une femme dont je soupçonnais depuis long-temps la conduite, et dont je redoutais même les délations. C'était une femme de garde-robe ; son service durait toute l'année sans interruption. Placée auprès de la reine, dès le temps du mariage, Sa Majesté, accoutumée à la voir, aimait son adresse et son intelligence. Son sort était au-dessus de celui que devait avoir une femme de sa classe ; ses appointemens et ses profits s'étaient successivement accrus, jusqu'à lui procurer un revenu de plus de douze mille francs. Elle était belle, recevait chez elle, dans les entresols au-dessus de la reine, des députés du tiers, et avait pour amant M. de Gouvion, aide-de-camp de M. de La Fayette. On verra bientôt à quel excès la porta son ingratitude.

Vers le milieu de mai 1791, un mois après que la reine m'eut donné l'ordre de commander le nécessaire, elle me demanda s'il serait bientôt fini. J'envoyai chercher l'ébéniste qui en était chargé. Il ne pouvait le livrer qu'au bout de six semaines ; j'en rendis compte à la reine, qui me dit qu'elle n'avait pas le temps de l'attendre, devant partir dans le courant de juin. Elle ajouta qu'ayant commandé le nécessaire de sa sœur en présence de toute sa chambre, cette précaution suffisait, surtout en disant que sa sœur s'impatientait de ne pas le recevoir ; qu'il fallait donc faire vider et nettoyer le sien, et l'envoyer au chargé d'affaires qui le ferait partir. J'exécutai cet ordre sans paraître le cacher par le moindre mystère. J'ordonnai à la femme de garde-robe d'ôter tout ce que contenait le nécessaire, parce que celui destiné à madame l'archiduchesse ne pouvait être achevé de long-temps; et d'avoir grand soin de ne laisser aucune trace des parfums qui pouvaient ne pas convenir à cette princesse. J'anticiperai sur l'ordre des événemens pour faire voir que toutes ces précautions ne furent pas moins inutiles que dangereuses.

Après le retour de Varennes, le maire de Paris remit à la reine une dénonciation de la femme de garde-robe, datée du 21 mai, où elle déclarait qu'il se faisait des préparatifs aux Tuileries pour un départ; qu'on avait cru qu'elle ne devinerait pas le motif de l'envoi du nécessaire de la reine à Bruxelles, mais que l'annonce d'un présent fait par Sa Majesté à sa sœur, n'était qu'un prétexte; que Sa Majesté était trop attachée à ce meuble pour s'en priver, et qu'elle avait dit souvent qu'il lui serait très-utile en cas de voyage. Elle déclara aussi que j'étais restée une soirée entière enfermée avec la reine, et occupée à emballer de nouveau tous ses diamans; qu'elle les avait trouvés épars avec du coton sur le canapé de l'entresol de la reine aux Tuileries. Cette dénonciation fit juger à la reine que cette femme avait, à son insu, une double clef de ce cabinet. Sa Majesté avait, à la vérité, interrompu l'arrangement de ses diamans, un soir, à sept heures, pour se rendre à son jeu, et avait ôté la clef de son cabinet, en me disant qu'elle reviendrait le lendemain après son lever, achever cet emballage avec moi; qu'une sentinelle était sous sa fenêtre; qu'elle avait la clef de son cabinet dans sa poche, et ne voyait aucun danger pour ses bijoux. C'était donc le soir, après que nous eûmes quitté ce cabinet, ou le lendemain matin de très-bonne heure, que cette malheureuse avait surpris ces préparatifs secrets. Le coffre des diamans fut remis à Léonard, coiffeur de la reine (1), qui partit avec M. le duc de Choiseul, et ce dépôt fut laissé à Bruxelles. Déjà Leurs Majestés avaient livré à des commissaires de l'Assemblée les diamans de la couronne qui étaient à leur usage; ceux que la reine avait fait sortir de France lui appartenaient en propre.

Ce fut lors de ces préparatifs de départ que la reine me dit qu'elle avait un dépôt bien précieux à me confier, et qu'il fallait que je trouvasse des gens honnêtes, d'une existence indépendante, et entièrement dévoués à leurs souverains, auxquels je confierais un porte-feuille qu'elle me remettrait. J'eus l'idée de choisir madame Vallayer Coster, peintre de l'Académie, logée aux galeries du Louvre, et à laquelle je trouvai, ainsi qu'à son mari, toutes les qualités que la reine exigeait dans les personnes qui se chargeraient de ce

---

(1) Ce malheureux rentra en France après avoir émigré quelque temps, et périt sur l'échafaud.

(*Note de l'édit.*)

dépôt. Ils furent aussi fidèles que je l'avais annoncé. Ce ne fut qu'en septembre 1791, après l'acceptation de la constitution, qu'ils me remirent ce porte-feuille. La femme criminelle, dont je n'ai eu que trop à parler, avait fait aussi quelques délations sur ce fait. Elle disait qu'elle avait vu un porte-feuille sur un fauteuil où jamais il n'y en avait eu de placé; que la reine me parlait bas en me le montrant, et que, depuis ce moment, il avait disparu. M. Bailly, qui remit deux pages entières de ces dénonciations à la reine, n'en avait fait aucun usage qui eût pu nuire à Sa Majesté.

Madame la duchesse d'Angoulême a dû avoir tous les diamans de la reine. Sa Majesté ne garda qu'une parure de perles, une paire de boucles d'oreilles, composées d'un anneau et de deux poires d'un seul diamant. Ces boucles et beaucoup de bijoux de fantaisie qui ne valaient pas la peine d'être emballés, étaient restés dans la commode de la chambre de Sa Majesté aux Tuileries, et ont sûrement été saisis par le comité qui s'empara du palais le 10 août.

Après avoir fait tous les préparatifs dont j'ai parlé, j'eus encore à remplir diverses commissions secrètes et toutes relatives au départ. J'étais à la veille de quitter moi-même Paris avec mon beau-père. La reine, n'ayant pas voulu qu'il y restât, dans la crainte des excès où le peuple pourrait se porter, au moment de son évasion, contre ceux dont le dévouement à sa personne était connu, avait dit à M. Vicq-d'Azyr de lui ordonner les eaux du Mont-d'Or. Sa Majesté eut aussi la bonté de regretter que mon service ne me mît pas dans la position de pouvoir partir avec elle, et voulut me donner cinq cents louis pour le voyage que j'avais à faire, jusqu'au jour où je pourrais la rejoindre. J'avais tout l'argent nécessaire, et je savais d'ailleurs combien il lui était important d'en conserver le plus possible; je ne les acceptai point. Au reste, elle m'assura que le roi n'allait qu'aux frontières pour traiter de-là avec l'Assemblée, et ne quitterait la France que dans le cas où son plan et ses propositions ne produiraient pas l'effet espéré. Elle comptait sur un parti nombreux dans l'Assemblée, où beaucoup de gens, disait-elle, étaient guéris de leur première exaltation. Je partis donc le 1er juin, et j'arrivai le 6 au Mont-d'Or, attendant de jour en jour la nouvelle du départ. Enfin elle nous parvint. J'avais déjà préparé ce qui devait assurer ma sortie; mais les mesures prises par l'Assemblée après le départ de Leurs Majestés eussent rendu cette sortie plus difficile que la reine ne l'avait pensé. J'étais prête à me mettre en route, lorsque j'entendis un courrier, venu de la petite ville de Besse, crier aux habitans du Mont-d'Or, avec des transports de joie, que le roi et la reine étaient arrêtés (1). Le soir même,

---

(1) Voyez plus bas la note de la page 160, et dans les éclaircissemens fournis par madame Campan, ceux qui sont indiqués [***].

(*Note de l'édit.*)

cette nouvelle nous fut confirmée, et deux jours après nous reçûmes une lettre de la reine, écrite sous sa dictée par un de ses huissiers (1), dont elle connaissait le dévouement et la discrétion. Elle contenait ces mots : « Je vous fais écrire de mon » bain où je viens de me mettre pour soulager » au moins mes forces physiques. Je ne puis rien » dire sur l'état de mon ame; nous existons, voilà » tout. Ne revenez ici que sur une lettre de moi, » cela est bien important. » Cette lettre, non signée, portait la date du jour de l'arrivée de la reine à Paris. Nous reconnûmes la main de celui qui l'avait écrite, et nous fûmes pénétrés d'attendrissement en voyant que dans un moment pareil, cette infortunée princesse avait daigné penser à nous. Après avoir reçu cette lettre, je retournai à Clermont où le comité de surveillance de l'Assemblée voulait nous faire arrêter ; mais, comme il fut prouvé que M. Campan était véritablement malade au moment de son départ de Paris, cette rigoureuse mesure n'eut pas lieu. Vers les premiers jours d'août, la reine me demanda de rentrer à Paris ; qu'elle n'y voyait plus de danger pour moi, et que mon prompt retour lui serait agréable. Je ne pourrai donc donner d'autres détails sur l'évasion de Leurs Majestés que ceux que j'ai entendu raconter par la

---

(1) Cet officier fut massacré dans la chambre de la reine, le 10 août 1792.

(*Note de madame Campan.*)

reine et par les personnes qui furent témoins de son retour dans son intérieur.

Lorsque la famille royale fut ramenée de Varennes aux Tuileries, le service de la reine éprouva les plus grandes difficultés pour arriver jusqu'à son appartement : tout avait été arrangé pour que la femme de garde-robe qui avait servi d'espion restât seule chargée de son service; elle y devait être aidée par sa sœur et sa fille.

M. de Gouvion, aide-de-camp de M. de La Fayette, avait fait placer le portrait de cette femme au bas de l'escalier qui conduisait chez la reine, afin que la sentinelle ne permît pas à d'autres femmes d'y pénétrer. Aussitôt que la reine fut instruite de cette pitoyable consigne, elle l'apprit au roi qui, ne pouvant le croire, envoya au bas de l'escalier pour s'assurer du fait. Sa Majesté fit donc demander M. de La Fayette, réclama la liberté de son intérieur, et surtout de celui de la reine, et lui ordonna de faire sortir du palais une femme à laquelle lui seul pouvait donner de la confiance. M. de La Fayette fut obligé d'y consentir (1).

---

(1) La consigne qui écartait toutes les femmes attachées au service de la reine avait été forcée par le peuple d'une manière qui peint ce changement subit que des choses frappantes ne manquent jamais d'amener dans les attroupemens. Le jour que l'on attendait le retour des infortunés voyageurs, les voitures ne circulaient pas dans les rues de Paris. Cinq ou six femmes de la reine, après avoir été refusées à toutes les portes, se trouvaient à celle des Feuillans avec une de mes sœurs qui avait

Les mesures prises pour garder le roi étaient à la fois rigoureuses pour l'entrée dans le palais, et insultantes dans son intérieur. Les commandans de bataillon, placés dans le salon qu'on appelait *grand-cabinet*, et qui précédait la chambre à coucher de la reine, avaient l'ordre d'en tenir toujours la porte ouverte, afin d'avoir les yeux sur la famille royale. Le roi ferma un jour cette porte. L'officier de garde l'ouvrit et lui dit que telle était sa consigne, et qu'il l'ouvrirait toujours; qu'ainsi Sa Majesté, en la fermant, prenait une peine inutile. Elle restait même ouverte la nuit, quand la reine était dans son lit; et

---

l'honneur d'être attachée à Sa Majesté, insistant avec force pour que la sentinelle leur permît d'entrer. Les poissardes les attaquèrent sur l'audace qu'elles avaient de résister à une consigne. Une d'elles va saisir ma sœur par le bras en l'appelant esclave de l'Autrichienne. « Écoutez, lui dit ma sœur d'une voix forte et avec le véritable accent du sentiment qui l'inspirait, je suis attachée à la reine depuis l'âge de quinze ans; elle m'a dotée et mariée; je l'ai servie puissante et heureuse. Elle est infortunée en ce moment! dois-je l'abandonner? — Elle a raison, s'écrièrent ces furies, elle ne doit pas abandonner sa maîtresse; faisons-les entrer. » A l'instant elles entourent la sentinelle, forcent le passage, et introduisent les femmes de la reine, en les accompagnant jusque sur la terrasse des Feuillans. Une de ces furies, que la moindre impulsion eût portée à déchirer ma sœur, la prenant alors sous sa protection, lui donna quelques avis pour arriver sûrement jusqu'au palais. « Otez surtout, lui dit-elle, ma chère amie, cette ceinture de ruban vert; c'est la ceinture de ce d'Artois auquel nous ne pardonnerons jamais. »

(*Note de madame Campan.*)

l'officier se plaçait dans un fauteuil, entre les deux portes, la tête tournée du côté de Sa Majesté. On obtint seulement que la porte intérieure serait fermée quand la reine se lèverait et s'habillerait. La reine fit placer le lit de sa première femme très-près du sien; ce lit, roulant et garni de rideaux, la préservait d'être vue par l'officier.

Madame de Jarjaïe, ma compagne, qui continua ses fonctions pendant tout le temps de mon absence, m'a raconté qu'une nuit le commandant de bataillon, qui couchait entre les deux portes, voyant qu'elle dormait profondément, et que la reine veillait, quitta son poste et s'approcha de Sa Majesté pour lui donner des avis sur la conduite qu'elle devait tenir. Quoiqu'elle eût la bonté de lui dire de parler plus bas, pour ne pas troubler le sommeil de sa première femme, celle-ci fut éveillée et pensa mourir de saisissement en voyant un homme en uniforme de la garde parisienne si près du lit de la reine. Sa Majesté la rassura, lui dit de ne pas se lever, que la personne qu'elle voyait était un bon Français, trompé sur les intentions et sur la position de son souverain et de la sienne, mais dont les discours annonçaient un véritable attachement pour le roi. Il y avait une sentinelle dans le corridor noir qui règne derrière cet appartement, et où se trouve un escalier, qui alors était intérieur et servait au roi et à la reine pour communiquer librement. Ce poste très-désagréable, puisqu'il fallait le garder vingt-quatre heures, fut souvent réclamé par Saint-Prix, acteur des Français. Il s'y était en quelque sorte dévoué pour favoriser de courts entretiens que le roi et la reine avaient dans ce corridor. Il s'éloignait d'eux et les avertissait s'il entendait le moindre bruit. M. Collot, commandant de bataillon de la garde nationale, chargé du service militaire de l'intérieur de la reine, allégea de même, avec prudence, toutes les consignes révoltantes qu'il avait reçues; par exemple, celle de suivre la reine jusqu'à la porte de sa garde-robe, ce qui ne fut jamais exécuté. Un officier de la garde parisienne osa parler de la reine avec insolence dans son propre appartement. M. Collot voulut en porter plainte à M. de La Fayette, et le faire casser. La reine s'y opposa, et daigna dire à cet homme quelques mots de raison et de bonté ; il devint à l'instant même un de ses partisans les plus dévoués.

La première fois que je revis Sa Majesté, après la funeste catastrophe du voyage de Varennes, je la trouvai sortant de son lit; ses traits n'étaient pas extrêmement altérés; mais, après les premiers mots de bonté qu'elle m'adressa, elle ôta son bonnet, et me dit de voir l'effet que la douleur avait produit sur ses cheveux. En une seule nuit, ils étaient devenus blancs comme ceux d'une femme de soixante-dix ans. Je ne peindrai point ici les sentimens qui déchirèrent mon cœur. Il serait trop peu convenable de parler de mes peines, quand je retrace une si grande infortune. Sa Majesté me fit voir une bague qu'elle venait de faire monter pour la princesse de Lamballe : c'était une gerbe de ses cheveux blancs avec cette inscription: *blanchis par le malheur*. A l'époque de l'acceptation de la constitution, la princesse voulut rentrer en France. La reine, qui ne croyait nullement au retour de la tranquillité, s'y opposa; mais l'attachement que lui avait voué madame de Lamballe lui fit venir chercher la mort.

Lorsque je rentrai à Paris, la plus grande partie des mesures de rigueur était levée; les portes ne restaient pas ouvertes; on donnait plus de témoignages de respect au souverain; on savait que la constitution, bientôt terminée, serait acceptée, et on espérait un meilleur ordre de choses.

Dès le jour de mon arrivée, la reine me fit entrer dans son cabinet pour me dire qu'elle aurait grand besoin de moi pour des relations qu'elle avait établies avec MM. Barnave, Duport et Alexandre Lameth. Elle m'apprit que M. de J*** (1) était son intermédiaire avec ces débris du parti constitutionnel, qui avaient de bonnes intentions malheureusement trop tardives; et me dit que Barnave était un homme digne d'inspirer de l'estime. Je fus étonnée d'entendre prononcer ce nom de Barnave avec tant de bienveillance. Quand j'avais quitté Paris, un grand nombre de personnes n'en parlaient qu'avec horreur. Je lui fis cette remarque, elle ne s'en

---

(1) C'était la reine qui avait ordonné à M. J*** de voir ces trois députés.

(*Note de madame Campan.*)

étonna point, mais elle me dit qu'il était bien changé; que ce jeune homme, plein d'esprit et de sentimens nobles, était de cette classe distinguée par l'éducation et seulement égarée par l'ambition que fait naître un mérite réel. « Un sentiment d'orgueil que je ne saurais trop blâmer dans un jeune homme du tiers-état, disait la reine en parlant de Barnave, lui a fait applaudir à tout ce qui aplanissait la route des honneurs et de la gloire, pour la classe dans laquelle il est né : si jamais la puissance revient dans nos mains, le pardon de Barnave est d'avance écrit dans nos cœurs. » La reine ajoutait qu'il n'en était pas de même à l'égard des nobles qui s'étaient jetés dans le parti de la révolution, eux qui obtenaient toutes les faveurs, et souvent au détriment des gens d'un ordre inférieur, parmi lesquels se trouvaient les plus grands talens : enfin que les nobles, nés pour être le rempart de la monarchie, étaient trop coupables d'avoir trahi sa cause pour mériter leur pardon. La reine m'étonnait de plus en plus par la chaleur avec laquelle elle justifiait l'opinion favorable qu'elle avait conçue de Barnave. Alors elle me dit que sa conduite en route avait été parfaite, tandis que la rudesse républicaine de Pétion avait été outrageante; qu'il mangeait, buvait dans la berline du roi, avec malpropreté, jetant les os de volailles par la portière, au risque de les envoyer jusque sur le visage du roi; haussant son verre, sans dire un mot, quand madame Élisabeth lui versait du vin, pour indiquer qu'il en avait

CHAPITRE XVIII.

assez; que ce ton offensant était calculé, puisque cet homme avait reçu de l'éducation; que Barnave en avait été révolté. Pressé par la reine de prendre quelque chose : « Madame, répondit Barnave, les députés de l'Assemblée nationale, dans une circonstance aussi solennelle, ne doivent occuper Vos Majestés que de leur mission, et nullement de leurs besoins. » Enfin ses respectueux égards, ses attentions délicates et toutes ses paroles avaient gagné non-seulement sa bienveillance, mais celle de madame Élisabeth.

Le roi avait commencé à parler à Pétion sur la situation de la France et sur les motifs de sa conduite, qui étaient fondés sur la nécessité de donner au pouvoir exécutif une force nécessaire à son action pour le bien même de l'acte constitutionnel, puisque la France ne pouvait être république..... « Pas en-
» core, à la vérité, lui répondit Pétion, parce que
» les Français ne sont pas assez mûrs pour cela. »
Cette audacieuse et cruelle réponse imposa silence au roi qui le garda jusqu'à son arrivée à Paris. Pétion tenait sur ses genoux le petit dauphin; il se plaisait à rouler sur ses doigts les beaux cheveux blonds de l'intéressant enfant; et, parlant avec action, il tirait ses boucles assez fort pour le faire crier..... « Donnez-moi mon fils, lui dit la reine, il est accoutumé à des soins, à des égards qui le disposent peu à tant de familiarités. »

Le chevalier de Dampierre avait été tué près de la voiture du roi, en sortant de Varennes. Un pauvre curé de village, à quelques lieues de l'endroit où ce crime venait d'être commis, eut l'imprudence de s'approcher pour parler au roi ; les cannibales qui environnaient la voiture se jettent sur lui. « Tigres, » leur cria Barnave, avez-vous cessé d'être Fran- » çais ? Nation de braves, êtes-vous devenue un » peuple d'assassins?... » Ces seules paroles sauvè- rent d'une mort certaine le curé déjà terrassé. Bar- nave, en les prononçant, s'était jeté presque hors la portière, et madame Élisabeth, touchée de ce noble élan, le retenait par la basque de son habit. La reine disait, en parlant de cet événement, que dans les momens des plus grandes crises, les con- trastes bizarres la frappaient toujours ; et que, dans cette circonstance, la pieuse Élisabeth, retenant Barnave par le pan de son habit, lui avait paru la chose la plus surprenante. Ce député avait éprouvé un autre genre d'étonnement. Les dissertations de madame Élisabeth sur la situation de la France, son éloquence douce et persuasive, la noble sim- plicité avec laquelle elle entretenait Barnave, sans s'écarter en rien de sa dignité, tout lui parut cé- leste dans cette divine princesse, et son cœur, dis- posé sans doute à de nobles sentimens, s'il n'eût pas suivi le chemin de l'erreur, fut soumis par la plus touchante admiration. La conduite des deux députés fit connaître à la reine la séparation totale entre le parti républicain et le parti constitutionnel. Dans les auberges où elle descendait, elle eut quel- ques entretiens particuliers avec Barnave. Celui-ci parla beaucoup des fautes des royalistes dans la révolution, et dit qu'il avait trouvé les intérêts de la cour si faiblement, si mal défendus, qu'il avait été tenté plusieurs fois d'aller lui offrir un athlète courageux qui connût l'esprit du siècle et celui de la nation. La reine lui demanda quels auraient été les moyens qu'il lui aurait conseillé d'employer. « La » popularité, Madame. — Et comment pouvais-je en » avoir, repartit Sa Majesté, elle m'était enlevée? » — Ah! Madame, il vous était bien plus facile de » la reconquérir qu'à moi de l'obtenir. » Cette assertion fournirait matière à commentaire; je me borne à rapporter ce curieux entretien (1).

---

(1) La conduite de Barnave, après le retour de la famille royale à Paris, fut d'accord avec les sentimens qu'il avait fait paraître pendant le voyage. On peut en juger par les détails suivans, et qui sont extraits de la Biographie de Bruxelles.

« Nommé, avec MM. de Latour-Maubourg et Pétion, commissaire de l'Assemblée pour assurer le retour du roi, Barnave porta, dans cette mission pénible, et que sa conduite antérieure rendait plus délicate encore, les égards les plus attentifs et le sentiment le plus recherché de toutes les convenances. Cette circonstance acheva dans Barnave le grand changement que la réflexion et l'expérience avaient commencé; il fit décréter, à son retour, la formation d'un comité chargé de revoir la rédaction et le classement des lois. C'est à ce comité, devenu depuis, sous le nom de comité de révision, l'objet de la haine du parti qui, dès-lors, voulait renverser le trône, que Barnave fit renvoyer le Mémoire dans lequel le roi exprimait les motifs qui l'avaient porté à s'éloigner de Paris. On décida, en même temps, que ce Mémoire serait signé par M. de Laporte, intendant de la liste

La reine attribuait essentiellement à M. Goguelat l'arrestation à Varennes ; elle disait qu'il avait

civile, avant d'être adressé au comité. Barnave rendit ensuite le compte le plus simple et le plus noble de la mission qu'il venait de remplir, et ne l'accompagna d'aucune réflexion. Dans la discussion qui s'ouvrit peu après, sur la suite des articles constitutionnels, Barnave s'expliqua avec autant de logique que d'énergie, sur la nécessité de déclarer inviolable la personne du roi; mais cette opinion, essentiellement conservatrice, fut accueillie par les huées des tribunes devenues dès-lors les instrumens des factieux qui s'essayaient à dominer l'Assemblée. Barnave jeta sur elles un regard de mépris dont l'expression est encore présente à notre mémoire; son courage et son talent parurent en prendre des forces nouvelles; et, cette fois, l'Assemblée, n'écoutant que les éternelles lois de la raison, de l'expérience et de la politique, consacra, malgré les sots et les factieux, ce grand principe sans lequel il ne saurait exister de société monarchique. La discussion qui s'établit, peu de jours après, sur la proposition désorganisatrice d'accorder quinze jours aux soldats pour apporter leurs dénonciations contre les officiers qu'ils auraient forcés d'abandonner leurs corps, acheva de prouver combien Barnave s'éloignait de plus en plus des théories qu'il avait apportées à la tribune nationale, pendant les premiers orages de la révolution. Il s'opposa avec force au projet du comité militaire, déclara que les officiers qui avaient été expulsés de leurs corps ne l'avaient pas toujours été par esprit de patriotisme, et demanda le rejet de ceux des articles sur la discipline de l'armée qui accordaient aux soldats le droit de dénoncer leurs chefs. A peu de distance, on entendit Barnave combattre un projet de décret contre les prêtres appelés réfractaires, et accuser les factieux de vouloir entraver la marche de l'Assemblée, en jetant la division et l'inquiétude parmi ses membres. Si la popularité de Barnave succomba sous tant d'atmal calculé le temps que devait durer le voyage. Il avait fait celui de Montmédy à Paris, seul dans une chaise de poste, avant de venir prendre les derniers ordres du roi, et avait établi tous ses calculs sur le temps qu'il avait mis à faire le trajet. On en a fait depuis l'épreuve, et une voiture légère sans courrier a mis près de trois heures de moins qu'une voiture lourde et précédée d'un courrier.

La reine lui reprochait aussi d'avoir quitté la grande route à Pont-de-Sommevelle, où la voiture devait rencontrer les quarante hussards qu'il commandait. Elle pensait qu'il aurait dû fondre sur une très-petite quantité de peuple à Varennes, et ne pas demander aux hussards s'ils étaient pour le roi ou pour la nation; que surtout il devait éviter de prendre les ordres du roi, ayant eu connaissance de la réponse faite à M. d'Inisdal, lorsqu'il fut question d'un enlèvement; que le roi ayant dit à Goguelat: *Si on emploie la force, cela sera-t-il chaud?* il avait répondu: *Très-chaud, Sire:* ce qui suffisait pour que le roi donnât vingt contre-ordres. Comment concevoir qu'on ait aussi négligé d'envoyer un courrier à M. de Bouillé qui aurait eu le temps d'arriver à Varennes avec une force

---

teintes, sa réputation s'accrut aux yeux de tous les gens de bien; toutefois il n'était plus en son pouvoir de réparer des maux devenus irréparables... »

(*Note de l'édit.*)

imposante, et qu'on n'ait pas même pensé à faire arrêter les courriers qui suivraient le roi(1)? Leurs Majestés descendues chez un épicier, maire de Varennes, nommé M. Sauce, le roi lui avait parlé long-temps sur les motifs qui l'éloignaient de Paris, et désirait lui prouver l'utilité de sa démarche, qui, loin d'être hostile, avait été prescrite par son amour pour ses sujets. Ce maire eût pu sauver le roi. La reine était assise dans la boutique entre deux ballots de chandelles, et parlait à madame Sauce qui paraissait une femme prépondérante dans son ménage, et que M. Sauce regardait de temps en temps comme pour la consulter; mais la reine obtenait pour toute réponse : « Que voulez-vous, » Madame; votre position est bien fâcheuse; mais » voyez-vous, cela exposerait M. Sauce, on lui » couperait la tête. Une femme doit penser pour

---

(1) L'affaire de Varennes, l'un des événemens de la révolution qu'il importe le plus d'éclaircir parce qu'il fut un des plus décisifs, a fait naître une foule de relations qui se contrarient ou se fortifient l'une l'autre, mais qui toutes ont leur genre d'intérêt. Les Relations de M. le marquis de Bouillé, de M. de Fontanges (*Mémoires de Weber*), de M. le duc de Choiseul, ont déjà paru dans la Collection des Mémoires sur la révolution. La 11ᵉ livraison de ce recueil contient encore les Mémoires particuliers de M. le comte Louis, aujourd'hui marquis de Bouillé, et les Relations de MM. les comtes de Raigecourt, de Damas et de Valory, qui tous ont été acteurs ou témoins dans cette scène historique.

(*Note de l'édit.*)

» son mari. — Eh bien! lui répondait la reine, le » mien est votre roi; il a fait votre bonheur pen- » dant long-temps, il veut le faire encore. » Madame Sauce reparlait des dangers de son mari : les aides-de-camp arrivèrent dans ce moment, et le retour à Paris fut décidé.

La première femme de chambre du dauphin, jugeant que quelque délai pouvait donner à M. de Bouillé le temps d'amener des forces, se jeta sur un lit, et se mit à crier qu'elle se mourait d'une colique affreuse. La reine s'approcha d'elle, et cette dame lui serra la main pour lui faire juger son motif. Sa Majesté dit qu'elle ne pouvait abandonner, dans un semblable état, une femme qui s'était dévouée pour la suivre dans un voyage dangereux, et qu'elle lui devait des soins; mais on devina probablement cette innocente ruse, et l'on n'accorda pas le moindre délai (1).

Après tout ce que la reine m'avait dit des fautes commises par M. Goguelat, je le croyais disgracié.

---

(1) La reine me raconta, en me parlant de tous les événemens de ce funeste voyage, que, deux lieues avant d'arriver à Varennes, un inconnu, allant au grand galop, avait passé près de la voiture du roi, en criant quelques mots que le bruit des roues sur le pavé les avait empêchés d'entendre, mais que, depuis l'événement de leur arrestation, en se rappelant le son des paroles de cet inconnu, le roi et elle avaient jugé qu'il leur disait : *Vous êtes reconnus*, ou *vous êtes découverts*.

(*Note de madame Campan.*)

Quel fut mon étonnement, lorsqu'ayant été mis en liberté, après l'amnistie qui suivit l'acceptation de la constitution, il se présenta chez la reine et fut reçu avec les témoignages de la plus grande bonté! Elle disait qu'il avait fait ce qu'il avait pu, et que le zèle le plus sincère devait faire excuser le reste (1).

---

(1) On a vu à la page 25 de ce volume que madame Campan avait raconté deux fois l'affaire du collier, et que les deux récits, quoique essentiellement pareils, différaient par la nature et l'intérêt des circonstances. Ses manuscrits contenaient également deux relations du voyage de Varennes. La relation que je place dans les éclaircissemens [***], contient, sur les préparatifs du départ, sur l'espionage dont la reine était l'objet, sur le prix et la richesse de ses écrins, sur le caractère de noblesse et de fierté qu'elle fit paraître au moment de l'arrestation, sur le voyage et le retour, des particularités qu'il importe de conserver à l'Histoire ; elles servent à former son jugement. J'ajouterai que ces détails sur les lieux, les personnes, les plus légères circonstances, sont un des plus grands charmes attachés à la lecture des Mémoires, et qu'ils se trouvent répandus avec moins de correction, peut-être, mais en plus grande abondance, dans la seconde version que pourra consulter le lecteur. *(Note de l'édit.)*

CHAPITRE XIX.

Acceptation de la constitution. — Avis de Barnave et de ses amis partagé par la cour de Vienne. — Politique secrète de la cour. — L'Assemblée législative délibère sur le cérémonial à suivre pour recevoir le roi. — Motion insultante. — Louis XVI est reçu avec transport par l'Assemblée. — Il laisse éclater dans son intérieur une douleur profonde. — Anecdote. — Fêtes et réjouissances publiques; voix sinistre qui se mêle aux acclamations. — Entretien de M. de Montmorin avec madame Campan sur les imprudences continuelles des gens de la cour. — La famille royale va aux Français. — Spectacle changé; par quel motif. — On se bat au parterre des Italiens. — Double correspondance de la cour avec l'étranger. — Maison civile. — Barnave insiste pour sa formation; la reine s'y oppose. — Ses malheurs n'altèrent point la douceur de son caractère. — Anecdote sur l'abbé Grégoire. — Plan adopté par la reine pour sa correspondance secrète. — Conduite de madame Campan en butte aux attaques des deux partis. — Détails sur la conduite de M. Genet, son frère, chargé des affaires de France en Russie. — Lettre remarquable qu'elle reçoit de lui. — Témoignage écrit rendu par la reine au zèle et à la fidélité de madame Campan. — Le roi vient la voir et lui confirme ces témoignages de confiance et de satisfaction. — Projet d'entrevue entre Louis XVI et Barnave; ce qui fait manquer l'entretien. — Tentatives d'empoisonnement contre Louis XVI. — Précautions prises. — La reine consulte Pitt sur la révolution. — Sa réponse; la reine n'y voit rien que de sinistre. — Les émigrés s'opposent à toute alliance avec les constitutionnels. — Lettre de Barnave à la reine. — Elle est sans résultat.

Arrivée à Paris, le 25 août, j'y avais trouvé des dispositions beaucoup plus calmes que je n'osais l'espérer : on parlait du moment de l'acceptation de la constitution, des fêtes qui auraient lieu à cette occasion. La reine commençait à espérer un meilleur ordre de choses. La rixe entre les jacobins et les constitutionnels, le 17 juillet, lui avait cependant fait passer des momens affreux ; et le canon du Champ-de-Mars, tirant contre un parti qui demandait le jugement du roi, et dont les chefs étaient au sein même de l'Assemblée, avait laissé, dans l'esprit de la reine, les plus sinistres impressions.

Les constitutionnels, avec lesquels ses relations ne s'étaient pas ralenties par l'entremise des trois membres déjà nommés, avaient parfaitement servi la famille royale pendant sa détention.

« Nous tenons encore les fils qui font mouvoir » cette masse populaire, » dit un jour Barnave à M. de J......., en lui montrant un gros volume sur lequel étaient enregistrés les noms de tous les gens que l'on faisait agir à volonté par la seule puissance de l'or. Il était en ce moment question d'en payer un nombre considérable pour s'assurer d'acclamations bien prononcées, lorsque le roi et sa famille reparaîtraient au spectacle à l'époque de l'acceptation de la constitution. Ce jour, qui pouvait faire entrevoir l'espérance du calme, arriva le 14 septembre ; les fêtes furent brillantes ; mais déjà de nouvelles alarmes empêchaient justement la famille de se livrer à aucun sentiment consolateur.

L'Assemblée législative, qui venait remplacer la Constituante, apportait, pour base de conduite, les principes républicains les plus exagérés. Formée au sein des assemblées populaires, elle était uniquement pénétrée de l'esprit qui les animait. La constitution avait été, comme je l'ai dit, présentée au roi le 3 septembre; je reviens sur cette présentation, parce qu'elle offrait un sujet de délibération bien important. Tous les ministres, excepté M. de Montmorin, insistèrent sur la nécessité d'accepter l'acte constitutionnel dans son entier. Ce fut aussi l'avis du prince de Kaunitz. Malouet désirait que le roi s'expliquât avec sincérité sur les vices et les dangers qu'il remarquait dans la constitution. Mais Duport et Barnave, alarmés de l'esprit qui régnait dans la société des jacobins, et même dans l'Assemblée où Roberspiere les avait déjà dénoncés comme traîtres à la patrie, et craignant de grands malheurs, unirent leurs avis à ceux de la majorité des ministres et de M. de Kaunitz. Ceux qui voulaient franchement maintenir la constitution conseillaient de ne point l'accepter purement et simplement; de ce nombre étaient, comme je l'ai dit, MM. Montmorin et Malouet. Le roi paraissait goûter leur avis; et c'est une des plus grandes preuves de la sincérité de l'infortuné monarque (1).

---

(1) Pour confirmer le jugement que madame Campan porte en cet endroit sur les intentions de Louis XVI, je crois devoir donner le récit fait par Bertrand de Molleville de sa première entrevue avec ce prince.

« Comme c'était la première fois que j'avais l'honneur de me

Alexandre Lameth, Duport et Barnave, comptant encore sur les ressources de leur parti, espé-

trouver aussi près du roi et tête-à-tête avec lui, la timidité la plus stupide s'empara de moi à un tel point, que, si j'avais dû parler le premier, il m'eût été impossible d'achever une phrase; mais je repris courage, quand je vis le roi, bien plus embarrassé que moi, balbutier à peine quelques mots sans suite : il se rassura à son tour en me voyant à mon aise, et notre conversation devint bientôt très-intéressante.

» Après quelques observations générales sur la difficulté des circonstances, le roi me dit : « Hé bien! vous reste-t-il encore
» quelque objection?—Non, Sire; le désir d'obéir et de plaire
» à Votre Majesté est le seul sentiment que j'éprouve; mais,
» pour savoir si je peux la servir utilement, il serait nécessaire
» qu'elle eût la bonté de me faire connaître quel est son plan
» relativement à la constitution, et quelle est la conduite qu'elle
» désire que tiennent ses ministres. — C'est juste, répondit le
» roi; voici ce que je pense : je ne regarde pas cette constitu-
» tion comme un chef-d'œuvre, à beaucoup près; je crois qu'il
» y a de très-grands défauts, et que, si j'avais eu la liberté d'y
» faire des observations, on y aurait fait des réformes avanta-
» geuses. Mais aujourd'hui il n'est plus temps; je l'ai jurée telle
» qu'elle est; je veux et je dois être strictement fidèle à mon ser-
» ment, d'autant plus que je crois que l'exécution la plus exacte
» de la constitution est le moyen le plus sûr de faire connaître à la
» nation et de lui faire apercevoir les changemens qu'il convient
» d'y faire. Je n'ai ni ne puis avoir d'autre plan que celui-là; je
» ne m'en écarterai certainement pas, et je désire que mes mi-
» nistres s'y conforment. — Ce plan me paraît infiniment sage,
» Sire; je me sens en état de le remplir, et j'en prends l'engage-
» ment. Je n'ai pas assez étudié la constitution dans son ensemble
» et dans ses détails pour avoir une opinion arrêtée, et je m'abs-
» tiendrai d'en avoir une, quelle qu'elle soit, avant que son

raient avoir la gloire de diriger le roi par l'influence qu'ils croyaient avoir acquise sur l'esprit de la reine. On fit aussi consulter des gens connus par leurs lumières, mais qui n'étaient d'aucun conseil ni d'aucune assemblée. De ce nombre fut un M. Dubucq, ancien intendant de la marine et des colonies. Il répondit par cette seule ligne : *Empêchez le désordre de s'organiser.*

Les opinions semblables à celles du sentencieux et laconique M. Dubucq tenaient à l'esprit du parti aristocratique, qui préférait tout, même les jacobins, à l'établissement des lois constitutionnelles, et qui appréhendait essentiellement qu'une acceptation

---

» exécution ait mis la nation à portée de l'apprécier par ses
» effets. Mais me serait-il permis de demander au roi si l'opinion
» de la reine, sur ce point, est conforme à la sienne? — Oui,
» certainement; elle vous le dira elle-même. » Un moment après je descendis chez la reine, qui après m'avoir témoigné avec une extrême bonté combien elle partageait l'obligation que le roi m'avait d'accepter le ministère dans des circonstances aussi difficiles, ajouta ces mots : « Le roi vous a fait connaître ses
» intentions relativement à la constitution; ne pensez-vous pas
» que le seul plan à suivre est d'être fidèle à son serment? —
» Oui, certainement, Madame. — Hé bien, soyez sûr qu'on ne
» nous fera pas changer. Allons, allons, M. Bertrand, du cou-
» rage; j'espère qu'avec de la patience, de la fermeté et de la
» suite, tout n'est pas encore perdu. » (*Mémoires particuliers pour servir à la fin du règne de Louis XVI*, par M. Bertrand de Molleville, ministre et secrétaire d'État sous ce règne, tome I, p. 101-103.)

(*Note de l'édit.*)

qui porterait un caractère autre que celui de la contrainte, ne fût une véritable sanction, capable de maintenir le nouveau gouvernement. Les désordres les plus effrénés paraissaient préférables, parce qu'ils entretenaient l'espoir d'un changement total; et vingt fois, quand les gens peu instruits de la politique secrète de la cour se permettaient de témoigner l'effroi que leur inspiraient les sociétés populaires, les initiés répondaient qu'un sincère royaliste devait chérir les jacobins. Mon opinion sur la terreur qu'ils m'inspiraient m'a souvent attiré cette repartie, et m'aura sûrement mérité de même le titre de constitutionnelle; tandis que, par principes et par manque des lumières qui, je crois, ne devaient pas même appartenir aux personnes de mon sexe, je n'étais occupée que de chérir et bien servir la princesse infortunée à laquelle était liée ma destinée.

La lettre que le roi écrivit à l'Assemblée, pour demander d'accepter la constitution dans le lieu même où elle avait été formée, et où il annonçait qu'il se rendrait le 14, à midi, fut reçue avec transport, et de nombreux applaudissemens en interrompirent plusieurs fois la lecture. La séance fut terminée par l'élan de l'enthousiasme. M. de La Fayette obtint la mise en liberté de tous les gens détenus à raison du départ du roi; l'abolition immédiate de toutes les procédures relatives aux événemens de la révolution; l'anéantissement de l'usage des passe-ports et de toutes les gênes momentanées apportées à la libre circulation, tant au-dedans qu'au-dehors. Tout fut accordé avec acclamation. Soixante membres furent nommés pour aller exprimer au roi toute la satisfaction que la lettre de Sa Majesté avait occasionée. Le garde-des-sceaux sortit de la salle, au bruit des applaudissemens, pour précéder chez le roi la députation.

Le roi répondit au discours qui lui fut prononcé, et termina en disant à l'Assemblée qu'un décret qui, le matin, avait aboli l'ordre du Saint-Esprit, lui laissait seulement la liberté d'en être décoré ainsi que son fils; mais qu'un ordre n'ayant à ses yeux d'autre prix que le pouvoir de le communiquer, il n'en ferait plus usage.

La reine, son fils et Madame se tinrent à la porte de la salle où l'on avait admis la députation. Le roi dit aux députés : « Voilà ma femme et mes enfans » qui partagent mes sentimens; » et la reine confirma elle-même l'assurance que le roi leur donnait. Ces marques apparentes de confiance étaient bien éloignées de l'état d'agitation de son ame. « Ces » gens ne veulent point de souverains, disait-elle. » Nous succomberons à leur tactique perfide, mais » très-bien suivie; ils démolissent la monarchie » pierre par pierre. »

Le lendemain du jour de la députation, les détails de la réception du roi furent reportés à l'Assemblée; ils y excitèrent de vifs applaudissemens. Mais le président ayant mis en délibération si l'Assemblée ne devait pas rester assise pendant que le

roi prononcerait son serment : « Sans doute, s'écria
» un grand nombre de voix; *et le roi debout, tête
» nue.* » M. Malouet observa qu'il n'y avait pas de
circonstance où la nation, assemblée en présence
du roi, ne le reconnût pas pour son chef; que c'était
manquer à la nation autant qu'au monarque, que
de ne pas traiter le chef de l'État avec le respect
qui lui était dû. Il demanda que le roi devant prêter son serment debout, l'Assemblée l'entendît aussi
dans la même attitude. Sur les remarques de
M. Malouet, le décret avait été rapporté; mais un
député breton s'écria d'une voix perçante : « Qu'il
» avait à proposer un amendement qui mettrait
» tout le monde d'accord. Décrétons, dit-il, qu'il
» sera permis à M. Malouet, et à quiconque en
» aura envie, de recevoir le roi à genoux; mais
» maintenons le décret. »

Le roi se rendit à la salle à midi. Son discours
fut suivi de plusieurs minutes d'applaudissemens.
Après la signature de l'acte constitutionnel, tout le
monde s'assit. Le président se leva pour prononcer
son discours; mais, après avoir commencé, voyant
que le roi ne se levait pas pour l'écouter, il s'assit
à son tour. Son discours fit une grande sensation; la
phrase qui le terminait enleva de nouveaux applaudissemens, des *bravos*, des cris de *vive le roi!* « Sire,
» disait-il, qu'elle doit être grande à nos yeux et
» chère à nos cœurs; qu'elle sera sublime, dans
» notre histoire, l'époque de cette régénération, qui
» donne à la France des citoyens, aux Français une

» patrie; et à vous, comme roi, un nouveau titre
» de grandeur et de gloire; à vous encore, comme
» homme, une nouvelle source de jouissances et
» de nouvelles sensations. »

L'Assemblée en corps reconduisit le roi au milieu des cris d'allégresse du peuple, d'une musique militaire et des salves d'artillerie.

Enfin, j'espérais revoir sur le visage de mes augustes maîtres ce calme qui, depuis si long-temps, en était effacé. La suite les quitta dans le salon; la reine salua les dames avec précipitation, et rentra fort émue. Le roi la suivait, et, se jetant dans un fauteuil, il porta un mouchoir sur ses yeux. « Ah!
» Madame, s'écria-t-il avec une voix entrecoupée
» par ses larmes, pourquoi avez-vous assisté à
» cette séance, pour être témoin?.... » Je n'entendis que ces mots; pénétrée de leur douleur et de la nécessité d'en respecter l'effusion, je me retirai, frappée du contraste de ces cris de joie au-dehors du palais avec la douleur profonde qui existait dans l'intérieur du souverain (1). Une demi-heure après

---

(1) Madame Campan, dans un de ses manuscrits, raconte d'une manière plus touchante encore l'anecdote qu'on vient de lire.

« La reine avait assisté à cette séance dans une loge particulière. A son retour, j'avais remarqué son silence absolu et son air profondément triste.

» Le roi arriva chez elle par l'intérieur : il était pâle; ses traits étaient extrêmement altérés; la reine fit un cri d'étonnement en le voyant ainsi. Je crus qu'il se trouvait mal : mais

la reine me fit appeler. Elle faisait demander M. Goguelat pour lui annoncer son départ, dans la nuit même, pour Vienne. Les nouvelles atteintes à la dignité du trône, qui s'étaient manifestées dans cette séance; l'esprit d'une assemblée pire que la précédente; le monarque traité à l'instar du président, sans aucune déférence pour le trône : tout annonçait trop ouvertement que l'on en voulait à la souveraineté. La reine ne voyait plus d'espoir dans l'intérieur. Le roi venait d'écrire à l'empereur; elle me dit qu'elle porterait elle-même, à minuit, dans mon appartement, la lettre que M. Goguelat porterait à l'empereur. Pendant tout le reste de la journée, le château et les Tuileries furent remplis d'une foule prodigieuse; les illuminations étaient magnifiques. On invita le roi et la reine à se promener en voiture dans les Champs-Élysées, escortés par les aides-de-camp et les chefs de l'armée parisienne, la garde constitutionnelle n'étant point

---

quelle fut ma douleur, quand j'entendis cet infortuné monarque s'écrier, en se jetant dans un fauteuil et mettant son mouchoir sur ses yeux : « Tout est perdu! Ah! Madame, et vous avez été » témoin de cette humiliation! Quoi! vous êtes venue en France » pour voir.... » Ces paroles étaient coupées par ses sanglots; la reine se jeta à genoux devant lui, et le serra dans ses bras. Je restais, non par une blâmable curiosité, mais par une stupeur qui me rendait incapable de juger ce que je devais faire. La reine me dit : *Ah! sortez, sortez!* avec un accent qui disait seulement : « Ne restez pas spectatrice de l'abattement et du désespoir de votre souverain! »   (*Note de l'édit.*)

CHAPITRE XIX.

encore organisée. Beaucoup de *vive le roi!* se firent entendre; mais à chaque fois que ces cris cessaient, un homme du peuple, qui ne quitta pas un seul instant la portière du roi, criait seul avec une voix de Stentor : *Non, ne les croyez pas : vive la nation!* Cette voix sinistre frappa la reine de terreur; elle ne crut pas devoir s'en plaindre, et parut confondre avec les acclamations publiques le cri séparé de ce fanatique ou de ce vil stipendié.

Peu de jours après, M. de Montmorin m'écrivit quelques lignes pour me dire qu'il avait à me parler; qu'il se rendrait chez moi, s'il ne craignait que cela ne fût remarqué, et qu'il trouvait plus naturel de me voir dans le grand cabinet de la reine à une heure qu'il m'indiqua et où il n'y avait personne. Je m'y trouvai. Après m'avoir dit des choses obligeantes sur les services que j'avais déjà rendus et pouvais rendre encore à mes maîtres dans ces circonstances, il me parla du danger imminent où était le roi, des complots qui se tramaient, de la mauvaise composition de l'Assemblée législative; mais essentiellement de la nécessité de paraître tenir le plus possible par la sagesse des discours, à l'acte que le roi venait d'accepter. Je lui dis que cela ne pouvait se faire qu'en se compromettant aux yeux du parti royaliste, auquel la modération paraissait un crime; qu'il était affligeant de s'entendre taxer d'être constitutionnelle, quand on pensait que la seule constitution qui convenait à la gloire du roi, au bonheur et à la tranquillité de son peuple, était le pouvoir entier du souverain; que c'était là ma profession de foi, et qu'il était pénible de faire soupçonner d'y manquer. « Avez-vous jamais pu croire, me dit-il, » que je désirasse un autre ordre de choses ? Dou-» tez-vous de mon attachement pour la personne » du roi, et pour le maintien de ses droits? — Je » le sais, M. le comte, lui répondis-je, mais vous » ne l'ignorez pas, vous passez pour avoir adopté » des idées révolutionnaires. — Eh bien! Madame, » ayez le courage de dissimuler et de cacher vos » véritables sentimens; jamais la dissimulation ne » fut plus nécessaire: on travaille à paralyser au-» tant que possible les mauvaises intentions des » factieux; mais il ne faut pas que l'on nous déjoue » ici en disant des choses très-dangereuses qui cir-» culent dans Paris, comme venant du roi et de la » reine. » Je lui dis que j'avais déjà été frappée du mal que peuvent faire les propos passionnés de l'impuissance, et qu'ayant plusieurs fois imposé silence au service de la reine, d'une manière très-prononcée, j'en avais éprouvé du désagrément. « Je sais cela, me dit le comte, la reine m'en a ins-» truit, et c'est ce qui m'a décidé à venir vous prier » de maintenir, autant que vous le pourrez, l'es-» prit de prudence qui est si nécessaire. »

Pendant que l'intérieur du roi et de la reine était livré à toutes ces alarmes, les fêtes pour l'acceptation de la constitution continuaient. Leurs Majestés furent à l'Opéra. Tout ce qui était attaché au parti du roi composa l'assemblée, et l'on put jouir ce jour-là du bonheur de le voir quelques instans environné de sujets fidèles; les acclamations furent sincères.

On avait choisi, pour la représentation aux Français, *la Coquette corrigée*, uniquement parce que c'était le triomphe de mademoiselle Contat. Cependant l'opinion qu'avaient répandue les ennemis de la reine, venant s'unir dans ma pensée au titre de cette comédie, j'en trouvais le choix très-maladroit, et ne savais comment le dire à Sa Majesté. Mais l'attachement sincère donne du courage; je m'expliquai; elle m'en sut gré, et fit demander une autre comédie : on donna *la Gouvernante*.

La reine, Madame fille du roi, madame Élisabeth, furent de même très-accueillies à ce spectacle. Il est vrai que l'opinion et les sentimens de tous les spectateurs qui remplissaient les loges, ne pouvaient qu'être favorables; on s'était occupé, avant ces deux représentations, de bien composer le parterre. Mais les jacobins, à leur tour, prirent la précaution contraire avec tant d'avantage, au théâtre Italien, que le tumulte y fut extrême. On donnait *les Événemens imprévus* de Grétry; madame Dugazon eut malheureusement l'idée de s'incliner vers la reine, en chantant dans un duo ces paroles : *Ah! comme j'aime ma maîtresse!* A l'instant plus de vingt voix s'élèvent du parterre, en criant : *Pas de maîtresse! pas de maître! liberté!* Quelques hommes répondent des loges et des balcons : *Vive la reine! vive le roi! vive à jamais le roi et la reine!* On répond

dans le parterre : *Point de maître, point de reine!*
La querelle s'échauffe, le parterre se partage, on se
bat, et les jacobins eurent le dessous. Leurs touffes
de cheveux noirs volaient dans la salle (1); une
garde nombreuse arrive; le faubourg Saint-Antoine,
averti de ce qui se passait aux Italiens, s'attroupait
et parlait déjà de marcher vers ce spectacle. La reine
conservait le maintien le plus noble et le plus calme;
les commandans de la garde l'environnaient et la
rassuraient. Leur conduite fut active et prudente; il
n'arriva aucun malheur. La reine, en sortant, reçut
de nombreux applaudissemens. C'est la dernière
fois qu'elle soit entrée dans une salle de spectacle.

Pendant que les courriers portaient les lettres
confidentielles du roi aux princes ses frères et aux
princes étrangers, l'Assemblée fit inviter le roi à
écrire aux princes pour les engager à rentrer en
France. Le roi chargea l'abbé de Montesquiou de
lui faire la lettre qu'il voulait envoyer. Cette lettre,
parfaitement écrite, d'un style touchant et simple,
analogue au caractère de Louis XVI, et remplie
d'argumens très-forts sur l'avantage de se rallier aux
principes de la constitution, me fut confiée par le
roi, qui me chargea de lui en faire une copie.

A cette époque, M. Mor...., un des intendans de
la maison de Monsieur, obtint de l'Assemblée un

---

(1) Eux seuls à cette époque avaient quitté l'usage de se poudrer les cheveux.

(*Note de madame Campan.*)

passe-port pour se rendre près du prince, à raison d'un travail indispensable sur sa maison. La reine le choisit pour porter cette lettre; elle voulut la lui remettre elle-même, et lui fit connaître le motif. Le choix de ce courrier m'étonnait : la reine m'assura qu'il était parfait, qu'elle comptait même sur son indiscrétion, et qu'il était *seulement essentiel* que l'on eût connaissance de la lettre du roi à ses frères. Les princes étaient sans doute prévenus par la correspondance particulière. Monsieur montra cependant quelque surprise; et le messager revint plus affligé que satisfait d'une semblable marque de confiance, qui pensa lui coûter la vie pendant les années de terreur.

Parmi les inquiétudes de la reine, elle en avait une trop bien fondée, c'était la légèreté des Français qu'elle envoyait dans des cours étrangères: Elle disait que, pour tirer vanité de la confiance dont ils étaient honorés, dès qu'ils avaient passé les frontières, ils ne cachaient plus les choses les plus secrètes sur les sentimens intimes du roi, et que les chefs de la révolution en étaient instruits par leurs agens dont plusieurs étaient des Français soi-disant émigrés pour la cause de leur roi.

Après l'acceptation de la constitution, on s'occupa de former la maison du roi, tant militaire que civile. Le duc de Brissac eut le commandement de la garde constitutionnelle qui fut composée d'officiers et de soldats choisis dans les régimens, et de plusieurs officiers tirés de la garde nationale de

Paris. Le roi était content des sentimens et de la tenue de cette troupe qui, comme on le sait, exista fort peu de temps.

La nouvelle constitution détruisait ce qu'on appelait les honneurs, et les prérogatives qui y étaient attachées. La duchesse de Duras donna sa démission de la place de dame du palais, ne voulant pas perdre à la cour son droit au tabouret. Cette démarche affligea la reine qui se voyait abandonnée pour des priviléges perdus, quand ses droits étaient si violemment attaqués. Plusieurs grandes dames s'éloignèrent de la cour par le même motif. Cependant le roi et la reine n'osaient former leur maison pour la partie civile, dans la crainte de constater, par les nouvelles dénominations des charges, l'anéantissement des anciennes, et aussi pour ne pas admettre, dans les emplois les plus élevés, des gens qui n'étaient pas faits pour les remplir. Cette question, si l'on formerait ou non *cette maison sans chevaliers et sans dames d'honneur*, occupa pendant quelque temps. Les conseillers constitutionnels de la reine pensaient que l'Assemblée, ayant décrété une liste civile suffisante à la splendeur du trône, serait mécontente de voir le roi ne prendre que la maison militaire, et ne pas former sa maison civile sur le nouveau plan constitutionnel. « Comment voulez-vous, Madame, écrivait Barnave à la reine, parvenir à donner le moindre doute à ces gens-ci sur vos sentimens? lorsqu'ils vous décrètent une maison militaire et une maison civile, semblable au jeune Achille parmi les filles de Lycomède, vous saisissez avec empressement le sabre pour dédaigner de simples ornemens. » La reine persista à ne pas vouloir de maison civile. « Si cette maison constitutionnelle était formée, disait-elle, il ne resterait pas un noble près de nous; et quand les choses changeraient, il faudrait congédier les gens que nous aurions admis à leur place. »

« Peut-être, ajouta-t-elle, peut-être un jour aurais-je *sauvé* la noblesse, si j'avais eu quelque temps le courage de l'affliger; je ne l'ai point. Quand on obtient de nous une démarche qui la blesse, je suis boudée; personne ne vient à mon jeu; le coucher du roi est solitaire. On ne veut pas juger les nécessités politiques : on nous punit de nos malheurs (1). »

---

(1) L'opinion de Barnave et de ses amis était alors partagée par la majorité des ministres : Bertrand de Molleville, qui l'était alors, en convient lui-même dans ses Mémoires. On y lit ce qui suit :

« La formation de la maison civile du roi et de la reine, dont les ministres avaient abandonné le projet, à raison de la difficulté qu'ils avaient trouvée à remplir, à cet égard, la tâche que le roi avait imposée à chacun d'eux, leur parut alors une mesure d'une extrême importance, surtout si, comme on s'en flattait, on pouvait déterminer Leurs Majestés à n'y admettre que des personnes d'un patriotisme bien connu. En conséquence, le comité des ministres reprit cette affaire, et quelques-uns d'entre eux proposèrent des plans et des listes. J'en instruisis

La reine écrivait presque toute la journée et passait une partie des nuits à lire: son courage soutenait ses forces physiques; son caractère n'était nullement aigri par l'infortune, et jamais on ne lui vit un moment d'humeur. C'était pourtant la même personne que l'on peignait au peuple comme emportée, furieuse toutes les fois qu'elle voyait attaquer les droits de la couronne.

J'étais un jour près d'elle, derrière une de ses fenêtres. Nous vîmes un homme, vêtu avec la sim-

---

Sa Majesté le lendemain 13 février par la lettre suivante rapportée page 122 du troisième recueil des pièces du procès du roi, pièce 98.

« Il a été fort question, au comité d'hier soir, de la maison
» civile du roi. On a déjà formé un projet de liste composée de
» trente personnes; la discussion sur le plan de la maison civile
» est renvoyée au comité de mardi. On doit consulter l'ancien
» Almanach de Versailles et celui de la cour de Londres.

» Comme je n'ai d'autre désir, à cet égard, que de présenter
» au roi un plan et des personnes qui lui conviennent, j'ose
» supplier Sa Majesté de vouloir bien me faire connaître ses in-
» tentions; je ne négligerai rien pour les faire prévaloir au co-
» mité, sans laisser soupçonner le moins du monde que le roi
» m'ait donné cette marque de confiance que je n'ambitionne
» que pour pouvoir donner à Sa Majesté une nouvelle preuve
» de mon respect et de mon dévouement sans bornes. »

» Le roi ne répondit point par écrit à cette lettre; mais lorsque je me présentai le même jour à son lever, le roi s'approcha de l'embrâsure de la fenêtre où j'étais, et me dit tout bas, en ayant l'air de regarder dans la cour du château : « J'ai reçu
» votre lettre, laissez-les faire. »

(*Note de l'édit.*)

plicité d'un ecclésiastique, environné d'une foule immense. La reine crut que c'était un abbé que l'on allait jeter dans le bassin des Tuileries ; elle ouvrit sa fenêtre avec précipitation, et envoya un valet de chambre savoir ce qui se passait dans le jardin. C'était l'abbé Grégoire que les hommes et les femmes des tribunes reconduisaient en triomphe pour une motion qu'il venait de faire à l'Assemblée nationale contre l'autorité royale. Le lendemain, les journalistes démocrates peignaient la reine témoin de ce triomphe, montrant à sa fenêtre, par des gestes expressifs, combien elle était outragée des honneurs rendus à ce patriote.

La correspondance de la reine avec l'étranger se faisait en chiffres. Celui qu'elle avait préféré ne peut jamais être deviné, mais il faut une patience extrême pour en faire usage. Chaque correspondant doit avoir un ouvrage de la même édition. *Paul et Virginie* était celui qu'elle avait choisi. On indique par des chiffres convenus la page, la ligne où se trouvent les lettres que l'on cherche et quelquefois un mot d'une seule syllabe. Je l'aidais dans ce travail à chercher les lettres ; et très-souvent je lui faisais une copie exacte de tout ce qu'elle avait chiffré sans savoir un mot de ce qui avait été écrit.

Il y avait toujours dans Paris plusieurs comités secrets occupés d'éclairer le roi sur les démarches des factieux, et d'influencer quelques-uns des comités de l'Assemblée.

M. Bertrand de Molleville eut de grandes relations avec la reine (1). Le roi employa M. Talon et d'autres personnes ; il y eut beaucoup d'argent versé de ce côté pour les frais qu'exigeaient leurs démarches secrètes. La reine n'avait pas de confiance en eux. M. de Laporte, ministre de la liste civile et de la maison, s'occupait aussi de diriger l'opinion publique par des écrits payés ; mais ces écrits n'avaient d'influence que sur le parti royaliste, qui n'avait pas besoin d'être influencé. M. de Laporte avait une police particulière qui donnait d'utiles avis.

J'étais décidée à me sacrifier à mes devoirs et nullement à l'intrigue, et je pensais que, dans une pareille circonstance, je devais me borner à obéir aux ordres de la reine. Je faisais très-souvent partir des courriers pour les pays étrangers, et jamais ils ne furent découverts, tant je prenais de précautions. J'ai dû surtout mon existence au soin que je pris de n'admettre chez moi aucun député quelconque, et de refuser toutes les entrevues que me demandaient souvent les gens les plus marquans. Cette conduite m'avait paru la seule convenable à mon sexe et à ma place à la cour ; mais elle me laissait

---

(1) Bertrand de Molleville s'occupa, vers le même temps, avec plus de succès, des moyens de contrebalancer l'influence des tribunes par des spectateurs et des applaudissemens dirigés dans un sens favorable à la cour. Voyez, lettre (I), le succès de cette tentative et les circonstances qui le forcèrent d'y renoncer.

(*Note de l'édit.*)

en butte à toutes les malveillances, et, le même jour, je me vis dénoncée par Prud'homme, dans sa *gazette révolutionnaire*, comme capable de faire une aristocrate de la mère des Gracques, si elle avait eu dans son intérieur une femme aussi dangereuse que je l'étais; et par la *gazette royaliste* de Gauthier, comme une *monarchienne*, une *constitutionnelle*, plus dangereuse aux intérêts de la reine qu'une jacobine.

A cette époque, un événement qui m'était étranger vint me mettre dans une position beaucoup plus critique encore. Mon frère (M. Genet) avait commencé sa carrière diplomatique avec succès. Dès l'âge de dix-huit ans, il fut attaché à l'ambassade de Vienne; à vingt ans, il avait été nommé premier secrétaire de légation en Angleterre pour la paix de 1783. Un mémoire qu'il présenta à M. de Vergennes, sur les dangers du traité de commerce fait à cette époque avec l'Angleterre, avait offensé M. de Calonne, partisan de ce traité, et surtout M. Gérard de Rayneval, premier commis des affaires étrangères. Tant que M. de Vergennes vécut, s'étant déclaré, à la mort de mon père, le protecteur de mon frère, il le soutint contre les ennemis que lui avait faits son mémoire. Mais, à sa mort, M. de Montmorin, ayant grand besoin de la longue habitude des affaires, qu'il trouvait dans M. de Rayneval, ne se conduisit que par lui et à son instigation. Le bureau dont mon frère était chef fut détruit et réuni aux autres bureaux des affaires étrangères. Il partit pour Pétersbourg, fortement recommandé à M. le comte de Ségur, ministre de France dans cette cour, qui le fit nommer secrétaire de légation. Quelque temps après, le comte de Ségur le laissa à Saint-Pétersbourg chargé des affaires de France (1).

Mon frère avait quitté Versailles, le cœur profondément blessé d'avoir perdu un état considérable pour avoir écrit un mémoire que son zèle seul avait dicté, et dont l'importance ne fut que trop reconnue dans la suite. Je m'étais aperçue dans sa correspondance qu'il penchait pour quelques-unes des idées nouvelles, et j'en étais alarmée, lorsqu'il m'écrivit une lettre qui ne me laissa plus de doute sur ses opinions. Il me disait qu'il ne devait pas me cacher qu'il embrassait le parti constitutionnel; que le roi lui en avait fait donner

---

(1) M. Genet fut nommé, depuis son retour de Russie, ambassadeur auprès des États-Unis par la faction dite des Girondins, les députés qui la dominaient étant du département de la Gironde. Peu après, il fut rappelé par le parti de Robespierre qui renversa cette première faction le 31 mai 1793, et condamné à paraître à la barre de la Convention, c'est-à-dire à monter sur l'échafaud. Le vice-président Clinton, alors gouverneur de New-York, lui offrit à cette époque un asile dans sa maison et la main de sa fille, Cornélie Clinton. Le crime de M. Genet était d'avoir exécuté les instructions qu'en partant il avait reçues du parti qui dominait alors. Il s'est fixé en Amérique, et y vit en riche cultivateur et en père de famille estimé.

(*Note de madame Campan.*)

l'ordre, après avoir accepté lui-même la constitution ; qu'il marcherait ferme sur cette ligne, parce que, dans ce cas, la ruse serait funeste, et qu'il embrassait ce parti parce qu'il lui était démontré que les puissances étrangères ne serviraient pas la cause du roi sans se prévaloir de prétentions dictées par les plus anciens intérêts, et qui resteraient toujours dans l'esprit de leur conseil; qu'il ne voyait de salut pour le roi et pour la reine que dans l'intérieur de la France, en cherchant tous les moyens de calmer les craintes et de réunir les esprits; qu'il allait servir le roi constitutionnel, comme il le servait avant que la révolution eût amené la nécessité de fixer les destinées de la France par un nouveau code. Enfin il me priait de faire connaître à la reine les véritables sentimens d'un des agens de Sa Majesté dans une cour étrangère. A l'instant même, j'entrai chez la reine et lui remis la lettre de mon frère; elle la lut avec attention, et me dit : « Cette lettre est d'un jeune homme que le mécontentement et l'ambition ont égaré; je sais que vous ne pensez pas comme lui; ne craignez pas de perdre ma confiance et celle du roi. » Je lui proposai de cesser toute correspondance avec mon frère; elle s'y opposa en me disant que cela serait dangereux. Alors je la priai de vouloir bien me permettre de lui montrer à l'avenir mes lettres et les siennes; elle y consentit. J'écrivis avec force à mon frère contre le parti qu'il prenait. Je faisais passer mes lettres par des occasions sûres : il

me répondait par la poste, et ne me parlait plus que de ses affaires de famille. Une fois seulement il me manda qu'il ne me répondrait plus quand je lui écrirais sur les affaires du temps. « Servez votre
» auguste maîtresse avec le dévouément sans bornes
» que vous lui devez, me disait-il, et faisons chacun
» notre devoir : je vous observerai seulement que
» souvent à Paris les brouillards de la Seine em-
» pêchent, même du pavillon de Flore, de voir
» cette immense capitale, et je la vois plus clai-
» rement de Pétersbourg. » La reine dit en lisant cette lettre : « Peut-être n'a-t-il que trop raison :
» qui peut juger une position aussi désastreuse que
» la nôtre l'est devenue ? » Le jour même où j'avais fait lire à la reine la première lettre de mon frère, elle eut plusieurs audiences à donner à des dames et à d'autres personnes de la cour, qui vinrent exprès lui apprendre que mon frère était constitutionnel et révolutionnaire déclaré. La reine leur répondit : « Je le sais, madame Campan est venue
» me le dire. » Les gens jaloux de ma position, et quelques têtes exaltées, m'ayant fait éprouver des dégoûts, et mes peines se renouvelant chaque jour, je demandai à la reine de me retirer de la cour. Elle se récria contre une semblable idée, me la fit voir comme très-dangereuse pour ma propre réputation, et eut la bonté d'ajouter qu'elle n'y consentirait jamais, ni pour moi ni pour elle. Après cet entretien, pendant lequel j'étais aux genoux de Sa Majesté, baignant ses mains de mes larmes,

je me retirai dans mon appartement. Un instant après un valet de pied vint m'apporter de sa part un billet conçu en ces termes : « Je n'ai cessé de
» vous distinguer et de vous donner, à vous et aux
» vôtres, des preuves de mon attachement; je veux
» vous dire par écrit que je crois à votre honneur
» et à votre fidélité, autant qu'à vos autres bonnes
» qualités, et que je compte toujours sur le zèle et
» l'intelligence que vous employez à me servir (1). »

---

(1) Je venais de recevoir cette lettre de la reine, lorsque M. de la Chapelle, commissaire-général de la maison du roi et chef des bureaux de M. de Laporte, ministre de la liste civile, vint me voir. Le palais ayant déjà été forcé le 20 juin par les brigands, il me proposa de lui confier cet écrit pour le mettre en un lieu plus sûr que ne l'était l'appartement de la malheureuse reine. Rentré dans ses bureaux, il plaça la lettre qu'elle avait daigné m'écrire derrière un grand tableau qui était dans son cabinet; mais au 10 août, M. de la Chapelle fut jeté dans les prisons de l'Abbaye, et le comité de salut public s'établit dans ses bureaux, d'où il dicta tous les arrêts de mort. C'est là qu'un infâme valet de M. de Laporte vint déclarer qu'il y avait, dans l'appartement de ce ministre, une feuille de parquet sous laquelle se trouvaient beaucoup de papiers. Ils en furent retirés, et M. de Laporte fut envoyé le premier de tous à l'échafaud, où il périt *pour avoir trahi l'État en servant son maître et son souverain.* M. de la Chapelle fut sauvé, comme par miracle, des massacres du 2 septembre. Le comité de salut public ayant quitté ses bureaux pour s'installer aux Tuileries dans l'appartement du roi, M. de la Chapelle eut la permission de rentrer dans ses cabinets pour y prendre quelques effets qui lui appartenaient. Ayant retourné le tableau derrière lequel il avait caché la lettre de la reine, il la retrouva à la place où il l'avait glissée, et, ravi de

A l'instant où j'allais sortir pour exprimer à la reine toute la reconnaissance dont j'étais pénétrée, j'entendis gratter à ma porte qui donnait sur le corridor intérieur de la reine; j'ouvris : c'était le roi. J'en fus saisie ; il s'en aperçut, et me dit avec un air de bonté : « Je vous fais peur, Madame
» Campan; je viens pourtant vous rassurer; la
» reine m'a dit combien vous étiez affligée de l'in-
» justice de beaucoup de gens à votre égard. Mais
» comment vous plaignez-vous de l'injustice et de
» la calomnie, quand vous nous en voyez les
» victimes? De la part de quelques-unes de vos
» compagnes, c'est jalousie; de la part des gens
» de la cour, c'est inquiétude. Notre position est
» si fâcheuse; nous avons trouvé tant d'ingrats
» et tant de traîtres, que les craintes des gens qui
» nous aiment sont excusables ! Je pourrais les
» rassurer en leur disant les services secrets que
» vous nous rendez tous les jours ; mais je ne veux
» pas le faire. Par bonne volonté pour vous, ils
» répèteraient ce que j'aurais dit, et vous seriez
» perdue auprès de l'Assemblée. Il vaut bien mieux
» pour vous et pour nous, qu'on vous croie cons-
» titutionnelle ; on m'en a déjà parlé vingt fois ; je
» ne l'ai jamais démenti, mais je viens vous donner

---

voir que j'étais à l'abri du mal que la découverte de ce papier eût pu me faire, il le brûla à l'instant même. Dans les temps de trouble, un rien sauve la vie ou peut la perdre.

(*Note de madame Campan.*)

CHAPITRE XIX.

» ma parole que, si nous avons le bonheur de voir
» tout ceci terminé, je dirai chez la reine, en pré-
» sence de mes frères, tous les services importans
» que vous nous avez rendus, et je vous en récom-
» penserai vous et votre fils. » Je me jetai aux pieds
du roi, et baisai sa main. Il me releva en disant: « Al-
» lons, allons, ne vous chagrinez pas; la reine qui vous
» aime croit à vos sentimens aussi bien que moi. »

Les occasions de services mystérieux et secrets se renouvelaient à chaque instant. Des trois députés coalisés, Barnave était le seul qui n'avait pas vu le roi et la reine depuis le voyage de Varennes. On redoutait, plus pour lui que pour tout autre, l'espionnage de l'Assemblée.

Jusqu'au jour de l'acceptation, il fut impossible d'introduire Barnave dans l'intérieur du palais; mais étant quitte de la garde intérieure, la reine lui fit dire qu'elle le verrait. Les précautions extrêmes que ce député devait prendre pour soustraire ses relations avec le roi et la reine, les forcèrent de passer deux heures à l'attendre inutilement dans un des corridors des Tuileries. Le premier jour qu'il devait être admis, un homme que Barnave savait être suspect l'ayant rencontré dans la cour du palais, il crut devoir la traverser sans s'arrêter, et se promena ostensiblement dans les jardins. J'avais été chargée d'attendre Barnave à une petite porte des entresols du palais, la main posée sur la serrure ouverte. J'étais dans cette position depuis une heure. Le roi venait m'y visiter souvent, et toujours pour me parler de l'inquiétude que lui donnait un garçon du château, patriote. Il revint me demander encore si j'avais entendu ouvrir la porte de Decret. L'ayant assuré que personne n'avait passé dans le corridor, il fut tranquillisé. Il craignait vivement que l'on ne découvrît ses relations avec Barnave. « Ce serait, » dit le roi, un sujet de graves dénonciations, et le » malheureux serait perdu. » Je me permis alors de représenter à Sa Majesté que, n'étant pas la seule dans le secret des affaires qui l'amenaient près de Leurs Majestés, un de ses collègues pouvait être tenté de parler d'un rapprochement dont ils devaient être honorés, et que l'on risquerait de dégager ces messieurs d'une partie de la responsabilité du secret, en leur faisant connaître par ma présence que j'en étais instruite. Sur cette remarque, le roi me quitta brusquement et revint un moment après avec la reine. « Donnez-moi votre poste, me dit-» elle. Je vais l'attendre à mon tour. Vous avez » convaincu le roi. Il ne faut pas augmenter, à leurs » yeux, le nombre des personnes instruites de leurs » communications avec nous. »

La police de M. de Laporte, intendant de la liste civile, le fit prévenir, dès la fin de 1791, qu'un homme des offices du roi, qui s'était établi pâtissier au Palais-Royal, allait rentrer dans les fonctions de sa charge que lui rendait la mort d'un survivancier; que c'était un jacobin si effréné, qu'il avait osé dire que l'on ferait un grand bien à la France en abrégeant les jours du roi. Ses fonctions se bornaient aux seuls détails de la pâtisserie; il était très-observé par les chefs de la bouche, gens dévoués à Sa Majesté; mais un poison subtil peut être si aisément introduit dans les mets, qu'il fut décidé que le roi et la reine ne mangeraient plus que du rôti; que leur pain serait apporté par M. Thierry de Villedavray, intendant des petits appartemens, et qu'il se chargerait de même de fournir le vin. Le roi aimait les pâtisseries; j'eus ordre d'en commander, comme pour moi, tantôt chez un pâtissier, tantôt chez un autre. Le sucre râpé était de même dans ma chambre. Le roi, la reine, madame Élisabeth, mangeaient ensemble, et il ne restait personne du service. Ils avaient chacun une servante d'acajou, et une sonnette pour faire entrer quand ils le désiraient. M. Thierry venait lui-même m'apporter le pain et le vin de Leurs Majestés, et je serrais tous ces objets dans une armoire particulière du cabinet du roi, au rez-de-chaussée. Aussitôt que le roi était à table, j'apportais la pâtisserie et le pain. Tout se cachait sous la table, dans la crainte que l'on eût besoin de faire entrer le service. Le roi pensait qu'il était aussi dangereux qu'affligeant de montrer cette crainte d'attentats contre sa personne, et cette défiance du service de sa bouche. Comme il ne buvait jamais une bouteille de vin entière à ses repas (les princesses ne buvaient que de l'eau), il remplissait celle dont il avait bu à peu près la moitié avec la bouteille servie par les officiers de son gobelet. Je l'emportais après le dîner.

Quoiqu'on ne mangeât d'autre pâtisserie que celle que j'avais apportée, on observait de même de paraître avoir mangé de celle qui était servie sur la table. La dame qui me remplaça trouva ce service secret organisé et l'exécuta de même; jamais on ne sut dans le public ces détails, ni les craintes qui y avaient donné lieu. Au bout de trois ou quatre mois, les avis de la même police furent que l'on n'avait plus à redouter ce genre de complot contre les jours du roi; que le plan était entièrement changé; que les coups que l'on voulait porter seraient autant dirigés contre le trône que contre la personne du souverain (1).

D'autres que moi ont su que, dans ce temps-là, une des choses que la reine désirait le plus de savoir, était l'opinion du célèbre Pitt. Quelquefois, elle me disait : « Je ne prononce pas le nom de *Pitt*, que la
» petite mort ne me passe sur le dos. (Je répète ici
» ses propres expressions.) Cet homme est l'ennemi
» mortel de la France; il prend une cruelle re-
» vanche de l'impolitique appui que le cabinet de
» Versailles a donné aux insurgés américains. Il
» veut, par notre destruction, garantir à jamais la

---

(1) Les détails dans lesquels madame Campan vient d'entrer, donnent du prix aux différens renseignemens qu'elle avait eu soin de rassembler sur l'administration de la maison de la reine, sur le service de la table, les dépenses de bouche, etc. etc. On trouvera ces renseignemens dans les pièces [****].

(*Note de l'édit.*)

» puissance maritime de son pays des efforts que
» le roi a faits pour relever sa marine, et des résul-
» tats heureux qui en ont été la suite pendant la
» dernière guerre. Il sait que c'est non-seulement
» la politique, mais l'inclination particulière du
» roi, de s'occuper de la marine; que la démarche
» la plus marquante qu'il ait faite, pendant son
» règne, a été d'aller visiter le port de Cherbourg.
» Pitt a servi la révolution française dès les pre-
» miers troubles; il la servira peut-être jusqu'à
» son anéantissement. Je veux essayer de savoir
» jusqu'où il compte nous mener, et pour cela
» j'envoie à Londres M.*** (1). Il a été lié intime-
» ment avec Pitt; souvent ils ont eu ensemble
» des entretiens politiques sur le gouvernement
» français. Je veux qu'il le fasse parler, du moins
» autant que peut parler un pareil homme. »

Quelque temps après, la reine me dit que son envoyé secret était revenu de Londres, que tout ce qu'il avait pu arracher à Pitt, dans lequel il n'avait trouvé qu'une réserve alarmante, était *qu'il ne laisserait pas périr la monarchie française;* que ce serait une grande faute pour la tranquillité

---

(1) J'avais long-temps pensé que cet agent secret était M. Crawford. Ses Mémoires, que je me suis empressée de lire, m'ont fait perdre cette idée, parce qu'il aurait parlé de cette mission, et j'ai oublié le nom de la personne que la reine avait envoyée à Londres, quoiqu'elle ait eu la bonté de me le confier.

(*Note de madame Campan.*)

de toute l'Europe, de laisser l'esprit révolutionnaire amener en France une république organisée. « Toutes les fois que Pitt, disait-elle, s'est pro-
» noncé sur la nécessité de maintenir en France
» une *monarchie*, il a gardé le plus absolu silence
» sur ce qui concerne le monarque. Le résultat de
» ces entretiens n'a rien que de sinistre; mais cette
» monarchie même qu'il veut sauver, en nous lais-
» sant succomber, en aura-t-il les moyens et la
» force ? »

La mort de l'empereur Léopold arriva le 1er mars 1792. La reine était sortie lorsque la nouvelle en parvint aux Tuileries. A son retour, je lui remis la lettre qui la lui annonçait. Elle s'écria que l'empereur avait été empoisonné; qu'elle avait remarqué et conservé une gazette où, dans un article de la séance des jacobins, à l'époque où l'empereur Léopold s'était déclaré pour la coalition, on disait, en parlant de lui, *qu'une croûte de pâté* pourrait arranger cette affaire. Dès ce moment, la reine avait regardé cette phrase comme échappée aux propagandistes. Elle regretta son frère. L'éducation de François II, dirigée par l'empereur Joseph, lui donnait cependant de nouvelles espérances : elle pensait qu'il devait avoir hérité de ses sentimens pour elle, et ne doutait pas qu'il n'eût puisé, près de son oncle, cet esprit de valeur si nécessaire au soutien des couronnes. A cette époque, Barnave avait obtenu de la reine de lire toutes les lettres qu'elle écrirait. Il craignait les correspondances particulières qui pouvaient entraver le plan qui lui était tracé : il se défiait de la sincérité de Sa Majesté sur cet article, et malheureusement ce qui entraînait le plus rapidement la cour vers sa perte, était la diversité des conseils, et la nécessité de condescendre d'un côté à une partie des vues des constitutionnels, de l'autre à celles des princes français et même des cours étrangères.

La reine aurait voulu pouvoir montrer à Barnave la lettre de condoléance qu'elle écrivait à François II. Cette lettre devait être communiquée à son *triumvirat* (c'est ainsi qu'elle désignait quelquefois les trois députés que j'ai nommés). Elle ne voulait pas qu'il s'y trouvât un seul mot qui, en contrariant leurs plans, empêchât sa lettre de partir ; elle craignait aussi d'y insérer quelque chose de contraire à ses sentimens secrets que l'empereur pouvait connaître par d'autres voies. « Mettez-vous
» à cette table, me dit-elle, et faites-moi un brouil-
» lon; insistez sur ce que je vois en mon neveu l'é-
» lève de Joseph. Si votre lettre est mieux que les
» miennes, vous me la dicterez. » Je l'écrivis ; elle en fit la lecture et me dit : « C'est cela même, la
» chose me touchait de trop près pour que j'eusse
» pu saisir le juste degré que vous y avez mis. »

Le parti des princes, ayant été instruit du rapprochement des débris du parti constitutionnel avec la reine, en fut très-alarmé. De son côté, la reine redoutait toujours le parti des princes et les prétentions des Français qui le formaient. Elle rendait justice au comte d'Artois, et disait souvent que son parti agirait dans un sens opposé à ses propres sentimens pour le roi son frère et pour elle; mais qu'il serait entraîné par des gens sur lesquels Calonne avait le plus funeste ascendant. Elle reprochait au comte d'Esterhazy, qu'elle avait fait combler de grâces, de s'être rangé dans le parti de Calonne, au point qu'elle pouvait même le regarder comme un ennemi.

Cependant les émigrés faisaient entrevoir une grande crainte sur tout ce qui pouvait se faire dans l'intérieur, par le rapprochement avec les constitutionnels qu'ils peignaient comme n'existant plus qu'en idée, et comme nuls dans les moyens de réparer leurs fautes. Les jacobins leur étaient préférés, parce que, disait-on, il n'y auraiet à traiter avec personne, au moment où l'on retirerait le roi et sa famille de l'abîme où ils étaient plongés.

Je lisais souvent à la reine les lettres que Barnave lui adressait. Une, entre autres, m'a beaucoup frappée, et je crois en avoir retenu l'esprit assez ponctuellement pour le rendre avec fidélité. Il disait à la reine qu'elle était trop en défiance sur les forces qui restaient au parti constitutionnel; qu'à la vérité leur drapeau était déchiré, mais qu'on y lisait encore le mot *constitution*; que ce mot retrouverait sa force, si le roi et ses amis s'y ralliaient de bonne foi; que les auteurs de cette constitution, éclairés sur leurs propres erreurs, pouvaient encore la relever, et rendre au trône sa splendeur; qu'il ne fallait pas que la reine crût que les jacobins eussent le vœu public; que les faibles s'y ralliaient parce qu'il n'y avait de force que là; mais que le vœu général était toujours pour la constitution; qu'on ne devait pas compter sur le parti des princes français entravés malheureusement par la politique des cours étrangères; que la plupart des émigrés avaient déjà perdu, par des fautes de conduite, beaucoup de l'intérêt que leurs malheurs devaient inspirer; qu'il ne fallait pas non plus donner une confiance entière aux puissances étrangères dirigées par la politique de leurs cabinets, et non par les liens du sang; que l'intérieur seul pouvait maintenir l'intégrité du royaume. Il terminait cette lettre en disant qu'il mettait aux pieds de Sa Majesté le seul parti national qui existât encore; que la dénomination lui en faisait peur; mais qu'elle ne devait pas oublier que les princes étrangers n'avaient pas aidé Henri IV à reconquérir ses États, et qu'il était monté sur un trône catholique, après avoir combattu à la tête d'un parti protestant.

Barnave et ses amis présumaient trop de leurs forces; ils les avaient épuisées en combattant la cour. La reine le savait, et si elle paraissait avoir en eux de la confiance, c'était probablement par des motifs d'une politique qui, je l'avoue, ne pouvait que lui être funeste.

CHAPITRE XX.

Nouveau libelle de la femme Lamotte. — On propose à la reine de lui vendre le manuscrit : elle refuse. — Le roi l'achète. — Anecdote. — La reine fait ses pâques en secret, en 1792. — Elle n'ose accorder sa confiance au général Dumouriez. — Derniers avis de Barnave. — Il quitte Paris et la reine qui lui donne, pour récompense, sa main à baiser. — Grossière insulte faite à la reine par un homme du peuple. — Abattement du roi. — Journée du 20 juin. — Détails, anecdotes. — Plastron porté par le roi lors de la seconde fédération. — Ses pressentimens funestes : sa résignation héroïque. — Douleur déchirante de la reine, en songeant à ses enfans. — Elle refuse de porter un plastron pour la cérémonie du 14 juillet 1792. — Bonté du roi pour madame Campan. — Armoire de fer. — Porte-feuille confié par Louis XVI à madame Campan. — Importance des pièces qu'il contenait. — Démarche de M. de La Fayette : pourquoi elle est sans succès. — Un assassin se cache dans les appartemens de la reine. — Trait honorable de cette princesse.

Au commencement de 1792, un prêtre fort estimable me fit demander un entretien particulier. Il avait connaissance du manuscrit d'un nouveau libelle de madame Lamotte. Il me dit qu'il n'avait remarqué, dans les gens qui venaient de Londres pour le faire imprimer à Paris, que le seul appât du gain, et qu'ils étaient prêts à lui livrer ce ma-

CHAPITRE XX.

nuscrit pour mille louis, s'il pouvait trouver quelque amie de la reine disposée à faire ce sacrifice à sa tranquillité ; qu'il avait pensé à moi, et que, si Sa Majesté voulait lui donner les vingt-quatre mille francs, il me remettrait le manuscrit en les touchant.

Je communiquai cette proposition à la reine qui la refusa et m'ordonna de répondre que, dans les temps où il eût été possible de punir les colporteurs de ces libelles, elle les avait jugés si atroces et si invraisemblables, qu'elle avait dédaigné les moyens d'en arrêter le cours ; que, si elle avait l'imprudence et la faiblesse d'en acheter un seul, l'actif espionnage des jacobins pourrait le découvrir ; que ce libelle acheté n'en serait pas moins imprimé, et deviendrait bien plus dangereux, quand ils apprendraient au public le moyen qu'elle avait employé pour lui en ôter la connaissance.

Le baron d'Aubier, gentilhomme ordinaire du roi et mon ami particulier, avait une mémoire facile et une manière précise et nette de me transmettre le sens des délibérations, des débats, des décrets de l'Assemblée nationale. J'entrais chaque jour chez la reine, pour en rendre compte au roi qui disait en me voyant : « Ah ! voilà le postillon par Calais (1). »

Un jour M. d'Aubier vint me dire : « L'Assemblée

---

(1) Nom d'un journal du temps.

» a été très-occupée d'une dénonciation faite par
» les ouvriers de la manufacture de Sèvres. Ils ont
» apporté, sur le bureau du président, une liasse
» de brochures qu'ils ont dit être la vie de Marie-
» Antoinette. Le directeur de la manufacture a
» été mandé à la barre, et il a déclaré avoir reçu
» l'ordre de brûler ces imprimés dans les fours
» qui servent à la cuisson des pâtes de ses porce-
» laines. »

Pendant que je rendais ce compte à la reine, le roi
rougit et baissa la tête sur son assiette. La reine lui
dit : « Monsieur, avez-vous connaissance de cela ? »
Le roi ne répondit rien. Madame Élisabeth lui demanda de lui expliquer ce que cela signifiait ;
même silence. Je me retirai promptement. Peu
d'instans après, la reine vint chez moi, et m'apprit
que c'était le roi qui, par intérêt pour elle, avait
fait acheter la totalité de l'édition imprimée d'après
le manuscrit que je lui avais proposé ; et que M. de
Laporte n'avait pas trouvé de manière plus mysté-
rieuse d'anéantir la totalité de l'ouvrage, qu'en le
faisant brûler à Sèvres parmi deux cents ouvriers
dont cent quatre-vingts devaient être jacobins.
Elle me dit qu'elle avait caché sa douleur au roi ;
qu'il était consterné et qu'elle n'avait rien à dire,
quand sa tendresse et sa bonne volonté pour elle
étaient cause de cet accident (1).

---

(1) Bertrand de Molleville, dans ses Mémoires particuliers,
donne, sur cette anecdote, les détails suivans :

« M. de Laporte avait fait acheter, par ordre du roi, l'édition

CHAPITRE XX.

Quelque temps après, l'Assemblée reçut une dénonciation contre M. de Montmorin. On accusait

---

entière des Mémoires de la fameuse madame Lamotte contre la reine. Au lieu de les brûler sur-le-champ, ou de les faire mettre au pilon, il les avait renfermés dans un des cabinets de son hôtel. Les progrès alarmans et rapides que faisait l'esprit de révolte, l'arrogance de cette foule de brigands qui dirigeaient et composaient, en grande partie, la populace de Paris, et les nouveaux excès qui en résultaient chaque jour, firent craindre à l'intendant de la liste civile que quelque attroupement ne fît une irruption chez lui dans le moment où il s'y attendrait le moins, n'enlevât ces Mémoires et ne les répandit dans le public. Pour prévenir cet inconvénient, il donna l'ordre de brûler ces Mémoires avec toutes les précautions et le secret nécessaires; et le commis qui reçut cet ordre, en confia l'exécution au nommé Riston, intrigant dangereux, sujet détestable, ci-devant avocat de Nancy, échappé un an auparavant à la potence, à la faveur des nouveaux principes et du patriotisme des nouveaux tribunaux, quoique convaincu de falsification du grand sceau et de fabrication d'arrêts du conseil, dans une procédure poursuivie aux requêtes de l'hôtel du souverain, où j'avais fait les récolemens et confrontations, au péril d'être assassiné non-seulement par l'accusé, qui, dans une des séances, poussa la fureur jusqu'à se précipiter vers moi un couteau à la main, mais encore par les brigands à sa solde, dont la salle d'audience était remplie, et qui enrageaient de voir que leurs hurlemens menaçans ne m'empêchaient pas de réprimer les insultes que l'accusé faisait sans cesse aux témoins qui le chargeaient.

» Ce même Riston, qui était encore, un an auparavant, dans les liens d'une accusation capitale intentée contre lui au nom et par ordre du roi, se trouvant chargé d'une commission qui intéressait Sa Majesté, et dont le mystère annonçait l'importance, s'occupa moins de la bien remplir que de faire parade de

cet ex-ministre d'avoir laissé quarante dépêches de M. Genet, chargé des affaires de France en Russie, sans les avoir même décachetées, parce que M. Genet marchait dans le sens constitutionnel. M. de Montmorin était venu à la barre pour répondre à cette accusation. Quelle que fût la peine que j'éprouvais en ce moment à m'acquitter de l'ordre que j'avais reçu du roi, de venir lui rendre compte de la séance, je crus devoir n'y pas manquer. Mais, au lieu de donner à mon frère son nom de famille, je dis simplement *le chargé d'affaires de votre Majesté à Saint-Pétersbourg.* Le roi me fit la grâce de me dire qu'il remarquait dans mon récit une

---

cette marque de confiance. Le 30 mai, à dix heures du matin, il fit transporter ces imprimés à la manufacture de porcelaine à Sèvres, dans une charrette qu'il accompagna, et en fit faire un grand feu en présence de tous les ouvriers de la manufacture, auxquels il était expressément défendu d'en approcher. Toutes ces précautions et les soupçons qu'elles devaient faire naître dans des circonstances aussi critiques, donnèrent une telle publicité à ce mystère, que la dénonciation en fut faite le même soir à l'Assemblée. Brissot et tout le parti jacobin soutinrent, avec autant d'effronterie que de véhémence, que ces papiers brûlés si secrètement n'étaient et ne pouvaient être autre chose que les registres et les pièces de la correspondance du comité autrichien. M. de Laporte fut mandé à la barre, et y rendit le compte le plus exact des faits. Riston y fut aussi appelé, et confirma le récit fait par M. de Laporte. Mais ces éclaircissemens, quelque satisfaisans qu'ils fussent, n'apaisèrent point la fermentation violente que cette affaire avait excitée dans l'Assemblée. »

(*Note de l'édit.*)

mesure qu'il approuvait. La reine voulut bien ajouter quelques mots obligeans à ceux du roi, dont j'étais déjà si touchée que je me retirai très-émue. Cependant mes fonctions de journaliste venaient de me donner un si vif chagrin, que, m'en étant acquittée encore quelques jours, je saisis une occasion où le roi me témoignait sa satisfaction sur la manière précise dont je lui rendais ce compte journalier, pour lui dire que le mérite en était uniquement à M. d'Aubier qui assistait à toutes les séances pour m'en faire le résumé; et j'osai demander au roi que ce brave homme vînt lui-même rendre compte des séances. Je me permis d'ajouter que, dans un temps où le cœur du roi était déchiré par la conduite de tant de sujets infidèles, il me semblait que des hommes aussi dévoués que l'était M. d'Aubier, méritaient l'honneur d'être rapprochés de Sa Majesté. J'assurai le roi que, s'il le permettait, ce gentilhomme pouvait, sans être vu, entrer chez la reine par la porte de mon appartement; le roi y consentit. Dès-lors M. d'Aubier fut admis dans cet intérieur, et donna au roi des preuves multipliées de zèle et d'attachement, unies à beaucoup d'intelligence.

La reine n'avait plus M. le curé de Saint-Eustache pour confesseur, depuis qu'il avait prêté le serment constitutionnel. Je ne me rappelle pas le nom de l'ecclésiastique qui lui succéda dans cette fonction; je sais seulement qu'il était introduit chez elle avec le plus grand mystère. Leurs Majestés ne faisaient plus leurs pâques publiquement, parce qu'elles ne pouvaient se prononcer pour le clergé constitutionnel, ni agir de manière à prouver qu'elles lui fussent contraires.

La reine fit ses pâques en 1792; mais elle se rendit seule avec moi à la chapelle. Elle m'avait chargée de prévenir un de mes parens, qui était son chapelain, de lui dire une messe à cinq heures du matin. Il faisait encore nuit; elle me donnait le bras, et je l'éclairais avec un bougeoir. Je la laissai absolument seule à la porte de la chapelle; elle ne revint chez elle que lorsque le petit jour commençait à poindre. Ces pâques, aussi mystérieusement faites, ne pouvaient servir à l'édification publique, mais prouvent en faveur des principes religieux de la reine.

Le danger augmentait chaque jour. L'Assemblée se fortifiait, aux yeux du peuple, par les hostilités des armées étrangères et de l'armée des princes. La communication avec ce dernier parti devenait plus active; la reine écrivait presque tout le jour. M. de Goguelat avait sa confiance pour toute sa correspondance avec l'étranger, et j'étais forcée de l'avoir chez moi, la reine le demandant très-souvent et à des heures qu'elle ne pouvait indiquer.

Tous les partis s'agitaient, soit pour perdre le roi, soit pour le sauver. Un jour je trouvai la reine extrêmement troublée; elle me dit qu'elle ne savait plus où elle en était; que les chefs des jacobins se faisaient offrir à elle par l'organe de Dumouriez, ou que Dumouriez, abandonnant le parti des jacobins, était venu s'offrir à elle; qu'elle lui avait donné une audience; que, seul avec elle, il s'était jeté à ses pieds, et lui avait dit qu'il avait enfoncé le bonnet rouge jusque sur ses oreilles, mais qu'il n'était, ni ne pouvait être jacobin; qu'on avait laissé rouler la révolution jusqu'à cette canaille de désorganisateurs qui, n'aspirant qu'après le pillage, était capable de tout, et pourrait donner à l'Assemblée une armée formidable, prête à saper les restes d'un trône déjà trop ébranlé. En parlant avec une chaleur extrême, il s'était jeté sur la main de la reine et la baisait avec transport, lui criant : *Laissez-vous sauver.* La reine me dit que l'on ne pouvait croire aux protestations d'un traître; que toute sa conduite était si bien connue, que le plus sage était sans contredit de ne point s'y fier (1); que d'ailleurs les princes recommandaient essentiellement de n'avoir confiance à aucune proposition de l'intérieur; que les forces du dehors devenaient imposantes; qu'il fallait compter sur leurs

---

(1) La sincérité du général Dumouriez ne peut, dans cette circonstance, être l'objet d'un doute. On verra, dans le second volume de ses Mémoires, combien la défiance de la reine et ses reproches étaient injustes. Marie-Antoinette, en rejetant ses offres et ses services, se priva de l'unique appui qui lui restait encore. Celui qui sauva la France dans les défilés d'Argonne, eût peut-être, s'il eût obtenu la confiance entière de Louis XVI et de la reine, sauvé la France avant le 20 juin.

(*Note de l'édit.*)

succès et sur la protection que le ciel devait à un souverain aussi vertueux que l'était Louis XVI, et à une cause aussi juste.

Les constitutionnels, de leur côté, voyaient qu'on avait seulement feint de les écouter. Les derniers avis de Barnave avaient été donnés sur les moyens de conserver, quelques semaines de plus, la garde constitutionnelle dénoncée à l'Assemblée, et qui devait être cassée. Les dénonciations contre la garde constitutionnelle ne concernaient que *l'état-major de cette garde et le duc de Brissac.* Barnave écrivit à la reine que l'état-major de la garde était déjà attaqué; que l'Assemblée allait rendre un décret pour le casser; qu'il la suppliait, à l'instant même où le décret paraîtrait, d'obtenir du roi de recréer cet état-major et de le composer des gens dont il lui envoyait les noms. Je n'ai pas vu cette liste, mais Barnave disait que tous ceux qui la composaient passaient pour être jacobins prononcés, et ne l'étaient pas; qu'ils étaient, ainsi que lui, désolés de voir porter atteinte au gouvernement monarchique; qu'ils avaient su dissimuler leurs sentimens, et que l'Assemblée serait quinze jours au moins avant de pouvoir les bien connaître, et surtout avant d'avoir pu les dépopulariser; qu'il fallait profiter de ce court espace de temps pour s'éloigner de Paris, et cela dans les premiers jours de la nomination de ceux qu'il désignait. La reine crut ne pas devoir céder à cet avis. M. le duc de Brissac fut envoyé à Orléans, et la garde fut cassée.

Barnave, voyant que la reine n'adoptait aucun de ses avis, et jugeant qu'elle mettait toutes ses espérances dans les secours du dehors, résolut de s'éloigner de Paris. Il obtint une dernière audience. « Vos malheurs, Madame, et ceux que je prévois
» pour la France, m'avaient déterminé à me dé-
» vouer à vous servir. Je vois que mes avis ne ré-
» pondent pas aux vues de Vos Majestés. J'augure
» peu de succès du plan que l'on vous fait suivre;
» vous êtes trop loin des secours; vous serez perdus
» avant qu'ils parviennent à vous. Je désire ardem-
» ment me tromper dans une si douloureuse pré-
» diction; mais je suis bien sûr de payer de ma tête
» l'intérêt que vos malheurs m'ont inspiré, et les
» services que j'ai voulu vous rendre. Je demande
» pour toute récompense l'honneur de baiser votre
» main. » La reine lui accorda cette faveur, les yeux baignés de pleurs, et conserva l'idée la plus favorable de l'élévation des sentimens de ce député. Madame Élisabeth les partageait, et les deux princesses s'entretenaient souvent de Barnave avec intérêt. Elle avait aussi reçu plusieurs fois M. Duport, mais avec moins de mystère. Ses relations avec les députés constitutionnels furent connues. Alexandre de Lameth fut le seul des trois qui survécut à la vengeance des jacobins (1).

---

(1) Après ce qu'on vient de lire sur Barnave, après ce qu'on sait de ses travaux pour la liberté, de ses efforts pour le maintien du trône, de ses talens, de son éloquence, l'intérêt qu'il

La garde nationale qui remplaça celle du roi s'étant emparée des portes des Tuileries, tout ce qui

---

inspire donne un grand prix aux dernières circonstances de sa vie. La Biographie de Bruxelles les raconte en ces mots :

« Lorsqu'après la révolution du 10 août 1792, l'armoire de fer du château des Tuileries eut été découverte et forcée, un grand nombre de pièces qu'on y avait imprudemment conservées, et qui furent communiquées à la Convention par Gohier qui venait de remplacer Danton au ministère de la justice, donnèrent la preuve que la cour avait établi et entretenu, pendant les derniers mois de la session de l'Assemblée constituante, et depuis la réunion de l'Assemblée législative, des relations constantes avec les membres les plus influens de ces Assemblées. Décrété d'accusation, le 15 août 1792, avec MM. Alexandre de Lameth, ex-membre de l'Assemblée constituante, Bertrand de Molleville, Duport du Tertre, Duportail, Montmorin et Tarbé, ex-ministres de la marine, de la justice, de la guerre, des affaires étrangères et des contributions publiques, Barnave fut arrêté à Grenoble et enfermé dans les prisons de cette ville. Il y demeura quinze mois, et ses amis concevaient l'espérance de l'y voir oublié, lorsque l'ordre arriva de le faire conduire à Paris. D'abord prisonnier à l'Abbaye, il fut transféré, peu de jours après, à la Conciergerie, et traduit presque aussitôt devant le tribunal révolutionnaire. Il s'y présenta avec une fermeté admirable, rappela, avec son éloquence accoutumée et sans rien perdre de la dignité du malheur, les services qu'il avait rendus à la liberté, et produisit une telle impression sur le nombreux auditoire qui assistait aux débats, que cette multitude, accoutumée à ne voir que des conspirateurs dignes de mort dans tous ceux qui comparaissaient devant le tribunal, regardait elle-même son absolution comme assurée. Un silence profond accompagna la lecture de l'arrêt de mort ; mais la fermeté de Barnave fut inébranlable. Lorsqu'il sortit de

venait chez la reine fut sans cesse impunément insulté.

Les motions les plus menaçantes se proclamaient jusque dans les Tuileries; elles appelaient à la destruction du trône et au meurtre du prince. Les insultes avaient pris le caractère de celles de la plus vile populace. Un jour la reine, entendant rire aux éclats sous ses fenêtres, me dit de regarder ce que ce pouvait être. Je vis un homme presque déshabillé et tournant le dos à son appartement; je fis un mouvement d'étonnement et d'indignation. La reine se leva pour s'approcher; je la retins en lui disant que c'était la plus grossière des insultes faite par un homme du peuple.

A cette époque, le roi tomba dans un découragement qui allait jusqu'à l'abattement physique. Il fut dix jours de suite sans articuler un mot, même au sein de sa famille, si ce n'est qu'à une partie de trictrac qu'il faisait avec madame Élisabeth après

---

l'audience, il promena sur les juges, les jurés et le public, des regards où se peignaient l'ironie et l'indignation. Il fut conduit au supplice avec le respectable Duport du Tertre, l'un des derniers ministres de Louis XVI. Monté sur l'échafaud, Barnave frappa du pied, leva les yeux au ciel et s'écria : « Voilà donc le prix de tout ce que j'ai fait pour la liberté! » Il périt le 29 octobre 1793, âgé de trente-deux ans; son buste est maintenant dans le Musée de Grenoble. Le gouvernement consulaire avait fait placer sa statue auprès de celle de Vergniaud, dans le grand escalier du palais du sénat. »

(*Note de l'édit.*)

son dîner, il était obligé de prononcer les mots indispensables à ce jeu. La reine le tira de cette position si funeste dans un état de crise où chaque minute amenait la nécessité d'agir, en se jetant à ses pieds, en employant tantôt des images faites pour l'effrayer, tantôt les expressions de sa tendresse pour lui. Elle réclamait aussi celle qu'il devait à sa famille, et alla jusqu'à lui dire que, s'il fallait périr, ce devait être avec honneur et sans attendre qu'on vînt les étouffer l'un et l'autre sur le parquet de leur appartement.

Vers le 15 juin, le roi refusa sa sanction aux deux décrets qui ordonnaient la déportation des prêtres et la formation d'un camp de vingt mille hommes sous les murs de Paris. Il avait voulu les sanctionner, et disait que l'insurrection générale attendait la première occasion d'éclater (1) : la reine insista sur le

---

(1) Cette assertion contrarie le témoignage presque unanime des historiens. Quand on réfléchit sur le caractère pieux de Louis XVI, sur son respect pour la religion, sur la déférence qu'il montra toujours envers ses ministres, on hésite à croire que madame Campan ait été bien instruite sur ce fait. Sans parler de Dumouriez qui dit précisément le contraire, Bertrand de Molleville entre à ce sujet dans quelques détails qui ne peuvent laisser aucun doute.

» L'Assemblée, dont le crédit se soutenait toujours, dit-il, par des actes de violence, avait rendu un décret contre les prêtres non constitutionnels, pour les obliger à prêter un nouveau serment ou à sortir du royaume. Les évêques, qui étaient alors à Paris, se réunirent pour rédiger un mémoire contre ce décret,

véto, et se le reprochait amèrement lorsque ce dernier acte de l'autorité constitutionnelle eut amené la journée du 20 juin.

---

convaincus que le roi, qui avait déjà manifesté les regrets les plus amers d'avoir sanctionné les décrets relatifs au clergé, serait bien aise qu'on lui indiquât les motifs et les moyens de refuser sa sanction à celui-là. Lorsque ce mémoire fut rédigé, ils s'adressèrent à moi pour le faire parvenir à Sa Majesté; et l'évêque d'Uzès eut, à cette occasion, une correspondance secrète avec moi. Car, à cette époque, un ministre n'aurait pu recevoir publiquement un évêque sans se rendre très-suspect *à la nation*.

» Le roi, après avoir lu ce mémoire, en parut vivement touché, et me dit, avec cette énergie qu'il avait toujours lorsqu'il s'agissait de la religion : « On peut bien être sûr que je » ne sanctionnerai jamais celui-là. Mais l'embarras est de sa- » voir si je dois motiver mon refus, ou le faire pur et simple, » suivant la formule ordinaire ; ou si, à raison des circon- » stances, il n'est pas plus prudent de temporiser. Tâchez de » découvrir ce qu'en pensent vos collègues, avant qu'il en soit » question au conseil. » Je fis observer au roi que la Constitution le dispensait de motiver son refus de sanctionner; et que, quoique l'Assemblée dût être satisfaite de voir Sa Majesté se départir d'une prérogative aussi importante, elle était si mal disposée, qu'elle était capable de pousser l'insolence jusqu'à refuser au roi d'entendre ses motifs, et lui reprocherait même cette contravention à la Constitution, comme une violation manifeste de son serment; que, quant au parti de temporiser, c'était montrer de la faiblesse et inviter cette Assemblée, déjà très-entreprenante, à le devenir davantage; qu'ainsi le refus de sanction pur et simple était le parti le plus sûr et le plus convenable.

» Cette affaire fut discutée le lendemain au conseil des mi-

Quelques jours auparavant, plus de vingt mille hommes s'étaient rendus à la commune pour annoncer que, le 20, ils iraient planter l'arbre de la liberté à la porte de l'Assemblée nationale, et présenter au roi une pétition sur le *véto* qu'il avait mis au décret pour la déportation des prêtres. Cette horrible armée traversa le jardin des Tuileries et défila sous les fenêtres de la reine. Elle était composée de gens qui s'appelaient les citoyens des faubourgs Saint-Antoine et Saint-Marceau. Couverts de mauvais vêtemens, tous avaient les figures les plus effrayantes; et leur émanation infectait l'air. Chacun se demandait où résidait une pareille armée:

---

nistres. Ils reconnurent tous la nécessité indispensable du refus de la sanction, et, dans le conseil suivant, ils proposèrent unanimement ce parti au roi, qui l'adopta avec une satisfaction extrême. Mais ce moment de bonheur fut troublé par la proposition que lui fit le ministre de l'intérieur de composer sur-le-champ sa chapelle et celle de la reine de prêtres constitutionnels, comme le moyen le plus sûr de fermer la bouche aux malveillans, et d'achever de convaincre le peuple de son sincère attachement à la Constitution : « Non, Monsieur, non, répondit le roi sur le ton le plus ferme, ne m'en parlez pas; qu'on me laisse tranquille sur cet article. Quand on a établi la liberté du culte, on l'a rendue générale; je dois par conséquent en jouir. » L'énergie avec laquelle le roi prononça ces paroles, nous étonna tous et ferma la bouche à M. Cahier de Gerville. » Voyez sur ce sujet, et en général sur les sentimens religieux de Louis XVI, les particularités intéressantes que renferme le troisième volume de ces Mémoires.

(*Note de l'édit.*)

rien d'aussi dégoûtant n'avait encore paru dans Paris.

Le 20 juin, cette troupe, encore plus nombreuse, armée de piques, de haches et d'instrumens meurtriers de toutes sortes, garnis de rubans aux couleurs de la nation, se porta vers le palais des Tuileries, criant : *Vive la nation! à bas le véto !* Le roi était sans gardes. Une partie de ces énergumènes monte à son appartement. La porte allait être enfoncée; le roi ordonna qu'on l'ouvrît. MM. de Bougainville, d'Hervilly, de Parois, d'Aubier, Acloque (1), Gentil, et d'autres braves gens qui étaient chez M. de Septeuil, premier valet de chambre du roi, entrèrent à l'instant dans l'appartement de Sa Majesté. M. de Bougainville, voyant le flot s'avancer avec fureur, cria : « Mettez le roi dans » l'embrâsure de la fenêtre, et des banquettes de- » vant lui. » Six grenadiers royalistes du bataillon des Filles-Saint-Thomas pénètrent par un escalier intérieur, et se rangent devant les banquettes. L'ordre donné par M. de Bougainville sauva le roi du fer des assassins, parmi lesquels se trouvait un nommé Lazousky, Polonais, qui devait porter les premiers coups. Les braves défenseurs du roi di

---

(1) Citoyen de Paris, commandant de bataillon, qui, pendant toute la durée de la révolution fut, par ses vertus et sa conduite, en opposition avec le régicide Santerre*.

(*Note de madame Campan.*)

* Son fils est aujourd'hui major de la garde nationale de Paris.

(*Note de l'édit.*)

saient : « Sire, ne craignez rien. » On sait la réponse du roi : « Mettez la main sur mon cœur, vous ver-
» rez si j'ai peur. » M. Vanot, commandant de bataillon, avait détourné l'arme d'un scélérat, dirigée contre la personne du roi ; un grenadier des Filles-Saint-Thomas para un coup d'épée dont la direction annonçait le même dessein. Madame Élisabeth était accourue chez son frère. Dès la porte de la chambre, elle entend des cris de mort contre la reine : on demande la tête de l'Autrichienne. « Ah!
» laissez-leur croire que je suis la reine, dit-elle à
» ceux qui l'environnaient, afin qu'elle ait le temps
» de se sauver. »

La reine n'avait pu parvenir jusqu'au roi ; elle était dans la salle du conseil, et on avait eu de même l'idée de la placer derrière la grande table, pour la garantir, autant que possible, de l'approche de ces barbares. Dans cette horrible situation, conservant un maintien noble et décent, elle tenait le dauphin devant elle, assis sur la table. Madame était à ses côtés ; madame la princesse de Lamballe, la princesse de Tarente, mesdames de La Roche-Aymon, de Tourzel et de Mackau, l'environnaient. Elle avait attaché à sa tête une cocarde aux trois couleurs, qu'un garde national lui avait donnée. Le pauvre petit dauphin était, ainsi que le roi, affublé d'un énorme bonnet rouge (1).

---

(1) « Une des circonstances de la journée du 20 juin, qui avait le plus affligé les amis du roi, dit Bertrand de Molleville, étant

La horde défila devant cette table ; les espèces d'étendards qu'elle portait étaient des symboles de la plus atroce barbarie. Il y en avait un qui représentait une potence à laquelle une méchante poupée était suspendue ; ces mots étaient écrits au bas : *Marie-Antoinette à la lanterne.* Un autre était une planche sur laquelle on avait fixé un cœur de bœuf,

---

celle du bonnet rouge resté sur sa tête pendant près de trois heures, je me permis de lui demander quelques éclaircissemens sur ce fait qui contrastait si fort avec l'intrépidité et le courage extraordinaire que Sa Majesté avait montrés dans cette horrible journée. Voici quelle fut sa réponse : « Les cris de *vive la nation!* augmentant avec violence autour de moi, et paraissant m'être adressés, je répondis que la nation n'avait pas de meilleur ami que moi. Alors un homme de mauvaise mine, perçant la foule, s'avança jusqu'à moi, et me dit sur un ton assez grossier : Eh bien! si vous dites vrai, prouvez-nous-le en mettant ce bonnet rouge. — J'y consens, répondis-je. Aussitôt un ou deux de ces gens-là s'avancèrent, et placèrent ce bonnet sur mes cheveux : car il était trop petit pour que ma tête pût y entrer. J'étais convaincu, je ne sais pourquoi, que leur intention était seulement de poser ce bonnet un moment sur ma tête, et de le retirer ; et j'étais si préoccupé de ce qui se passait sous mes yeux, que je ne sentis pas si ce bonnet était ou n'était pas resté sur mes cheveux. Je le sentais si peu, que, rentré dans ma chambre, je ne m'aperçus que je l'avais encore que parce qu'on m'en avertit. Je fus très-étonné de le trouver sur ma tête, et j'en fus d'autant plus fâché, que j'aurais pu l'ôter sur-le-champ sans la moindre difficulté. Mais je suis convaincu que si j'avais hésité à consentir qu'il fût mis sur ma tête, l'homme ivre qui me le présentait m'eût enfoncé sa pique dans l'estomac. »

(*Note de l'édit.*)

autour duquel était écrit : *Cœur de Louis XVI*. Enfin un troisième offrait les cornes d'un bœuf avec une légende obscène.

L'une des plus furieuses jacobines qui défilaient avec ces misérables, s'arrêta pour vomir mille imprécations contre la reine. Sa Majesté lui demanda si elle l'avait jamais vue : elle lui répondit que non ; si elle lui avait fait quelque mal personnel : sa réponse fut la même, mais elle ajouta : « C'est vous » qui faites le malheur de la nation.—On vous l'a » dit, reprit la reine ; on vous a trompée. Épouse » d'un roi de France, mère du dauphin, je suis » Française, jamais je ne reverrai mon pays, je ne » puis être heureuse ou malheureuse qu'en France ; » j'étais heureuse quand vous m'aimiez. » Cette mégère se mit à pleurer, à lui demander pardon, à lui dire : « C'est que je ne vous connaissais pas ; » je vois que vous êtes bien bonne. »

Santerre, le roi des faubourgs, faisait défiler ses sujets le plus promptement qu'il pouvoit ; et l'on a cru dans le temps qu'il avait ignoré le but de cette insurrection, qui était le meurtre de la famille royale (1). Cependant il était huit heures du

---

(1) L'un des écrivains royalistes les plus prononcés, Montjoie, s'exprime ainsi sur Santerre dans l'histoire de Marie-Antoinette ; et ce témoignage paraît d'autant plus remarquable qu'il est moins attendu.

« Les formes épaisses de sa taille élevée, le son rauque de sa voix, ses manières brutales, son éloquence facile et grossière,

soir quand le palais fut entièrement évacué. Douze députés, guidés par leur attachement à la personne du roi, étaient venus se ranger auprès de lui, dès le commencement de l'insurrection; mais la députation de l'Assemblée n'arriva aux Tuileries qu'à six heures du soir; toutes les portes des appartemens étaient brisées. La reine montrait aux députés l'état dans lequel était le palais du roi, et la manière outrageante dont on avait violé son asile sous les yeux même de l'Assemblée : elle s'aperçut, pendant qu'elle parlait, que Merlin de Thionville était attendri au point de verser des larmes. « Vous
» pleurez, M. Merlin, lui dit-elle, de voir le roi et
» sa famille traités si cruellement par un peuple
» qu'il a toujours voulu rendre heureux. — Il est
» vrai, Madame, lui répondit Merlin; je pleure sur
» les malheurs d'une femme belle, sensible et mère
» de famille; mais ne vous y méprenez point, il n'y
» a pas une de mes larmes pour le roi ni pour la
» reine; je hais les rois et les reines; c'est le seul

---

en faisaient naturellement un héros de la petite populace. Aussi s'était-il, acquis sur la lie du faubourg, un empire despotique. Il la faisait mouvoir à son gré; mais c'était aussi tout ce qu'il savait et pouvait faire, car, du reste, il n'était ni méchant ni cruel. Il entrait en aveugle dans toutes les conspirations, mais jamais il ne se rendait coupable de l'exécution, ni par lui-même, ni par ceux qui lui obéissaient. Un malheureux, de quelque parti qu'il fût, intéressait toujours son cœur. L'affliction et les larmes désarmaient ses mains. » (*Histoire de Marie-Antoinette*, par Montjoie, pages 295 et 296.) (*Note de l'édit.*)

» sentiment qu'ils m'inspirent, c'est ma religion. »
La reine ne pouvait s'expliquer une semblable frénésie, et voyait tout ce qu'on devait redouter de gens qui en étaient possédés.

Tout espoir était perdu, on ne pensait plus qu'aux secours étrangers. La reine implorait sa famille et les frères du roi ; ses lettres devenaient probablement plus pressantes, et exprimaient ses craintes sur la lenteur des secours. Sa Majesté m'en lut une de l'archiduchesse Christine, gouvernante des Pays-Bas : elle lui reprochait quelques-unes de ses expressions, et lui disait que, hors de la France, on était au moins aussi alarmé qu'elle sur la position du roi et sur la sienne ; mais que la manière de la secourir pouvait amener son salut ou sa perte ; et que, chargée d'intérêts aussi chers, la coalition devait agir avec prudence.

Le 14 juillet, destiné par la constitution à l'anniversaire de l'indépendance de la nation, approchait. Le roi et la reine étaient contraints d'y paraître ; sachant que le complot du 20 juin avait leur assassinat pour but, ils ne doutèrent pas que leur mort ne fût arrêtée pour le jour de cette fête nationale. On conseilla à la reine, pour donner aux amis du roi le temps de les défendre, si l'attaque avait lieu, de le garantir du premier coup de poignard en lui faisant porter un plastron. J'eus ordre d'en faire faire un chez moi : il était composé de quinze épaisseurs de taffetas d'Italie, et consistait en un gilet et une large ceinture. L'essai de ce plastron fut fait ; il résistait aux coups de stylet, et plusieurs balles s'y amortirent. Lorsque l'ouvrage commandé fut terminé, la difficulté fut de le faire essayer au roi sans concourir le risque d'être surpris. Je portai cet énorme et pesant gilet, en jupe de dessous, pendant trois jours, sans pouvoir rencontrer le moment favorable. Enfin, le roi put un matin, dans la chambre de la reine, ôter son habit et essayer le plastron (1).

La reine était couchée; le roi me tirait doucement par ma robe, et m'éloignait le plus qu'il pouvait du lit de la reine, pour me dire très-bas : « C'est pour la satisfaire que je consens à cette im- » portunité; ils ne m'assassineront pas, leur plan » est changé; ils me feront mourir autrement. » La reine vit que le roi me parlait bas, et, quand il fut sorti, elle me demanda ce qu'il avait dit. J'hésitais à répondre; elle insista en disant qu'il fallait ne lui rien cacher, qu'elle était résignée sur tout. Quand elle eut connaissance de la réflexion du roi, elle me dit qu'elle l'avait devinée; que depuis long-temps il lui avait dit que tout ce qui se passait en France était une imitation de la révolution d'Angleterre, sous Charles Ier, et qu'il lisait sans cesse l'histoire de cet infortuné monarque, pour se conduire mieux qu'il ne l'avait fait dans

---

(1) M. Gentil, premier valet de garde-robe, m'aida à faire essayer ce gilet qui servit au roi le 14 juillet 1792; mais M. de Parois en fit faire un second quelques jours avant le 10 août.

(*Note de madame Campan.*)

une crise semblable(1). « Je commence à redouter un procès pour le roi, ajouta la reine ; quant à moi,

---

(1) Un passage de Bertrand de Molleville montre de quels tristes pressentimens le malheureux prince était agité, et prouve avec quelle résignation courageuse il prévoyait son sort et se préparait à le subir. Sa famille l'occupait seule : il ne craignait que pour elle. Les sentimens touchans d'ami, d'époux, de père, affaiblissaient et suspendaient continuellement en lui les résolutions du monarque.

« Sa lecture ordinaire était l'Histoire de Charles Ier, et sa principale attention était d'éviter, dans tous les actes de sa conduite, tout ce qui lui paraissait pouvoir servir de prétexte à une accusation judiciaire. Il aurait fait aisément le sacrifice de sa vie, mais non celui de la gloire de la France, qu'un assassinat, qui n'eût été que le crime de quelques individus, n'aurait pas entachée.

» Ce ne fut que dans la conversation secrète que j'eus avec le roi, le 21 juin à neuf heures du soir, que je fus à portée de juger à quel point il était dominé par ces pressentimens funestes. A toutes mes félicitations sur le bonheur qu'il avait eu d'échapper aux dangers de la journée précédente, Sa Majesté me répondit sur le ton le plus indifférent : « Toutes mes inquiétudes ont été pour la reine et pour ma sœur; car, pour moi !... — Mais il me semble, lui dis-je, que c'était principalement contre Votre Majesté que cette insurrection était dirigée. — Je le sais bien ; j'ai bien vu qu'ils voulaient m'assassiner, et je ne sais pas comment ils ne l'ont pas fait. Mais je ne leur échapperai pas un autre jour; ainsi je n'en suis pas plus avancé : il est assez égal d'être assassiné deux mois plus tôt ou plus tard. — Mon Dieu ! Sire, m'écriai-je, Votre Majesté peut-elle donc croire si fermement qu'elle doit être assassinée ? — Oui, j'en suis sûr, je m'y attends depuis long-temps, et j'ai pris mon parti. Est-ce que vous croyez que je crains

je suis étrangère, ils m'assassineront. Que deviendront nos pauvres enfans? » Un torrent de larmes suivit ces douloureuses exclamations (1). Je voulus

---

la mort? — Non, certainement; mais je voudrais Votre Majesté moins décidée à l'attendre, et plus disposée à adopter des mesures vigoureuses, qui sont aujourd'hui les seules dont le roi puisse attendre son salut. — Je le crois bien; mais il y aurait encore beaucoup de chances contre, et je ne suis pas heureux. Je ne serais pas embarrassé, si je n'avais pas ma famille avec moi. On verrait bien que je ne suis pas aussi faible qu'on le croit; mais que deviendraient ma femme et mes enfans, si je ne réussissais pas? — Mais Votre Majesté pense-t-elle que, si elle était assassinée, sa famille serait plus en sûreté? — Oui, je le crois, je l'espère au moins; et, s'il en arrivait autrement, je n'aurais pas à me reprocher d'en être la cause. D'ailleurs, que pourrais-je faire? — Je crois que Votre Majesté pourrait sortir de Paris plus aisément aujourd'hui que jamais, parce que la journée d'hier n'a que trop prouvé que ses jours ne sont pas en sûreté dans la capitale.—Oh! je ne veux pas fuir une seconde fois : je m'en suis trop mal trouvé. — Je crois aussi que Votre Majesté ne doit pas y penser, au moins dans ce moment-ci; mais il me semble que les circonstances actuelles et l'indignation générale que la journée d'hier paraît avoir excitée, offrent au roi l'occasion la plus favorable qui puisse se présenter pour sortir de Paris publiquement et sans obstacle, non-seulement avec le consentement de la grande majorité des citoyens, mais avec leur approbation. Je demande à Votre Majesté la permission de réfléchir sur cette mesure, et de lui faire part de mes idées sur le mode et les moyens d'exécution. — A la bonne heure, mais c'est plus difficile que vous ne croyez. »

(*Note de l'édit.*)

(1) Ces scènes déchirantes se renouvelaient souvent : il n'y a de comparable, dans l'histoire, aux infortunes de Marie-An-

lui donner une potion anti-spasmodique; elle la refusa, en disant que les maux de nerfs étaient la maladie des femmes heureuses; que l'état cruel où elle était réduite rendait ces secours inutiles. En effet, la reine qui, pendant le temps de son bonheur, avait souvent des crises spasmodiques, eut la santé la plus égale depuis que toutes les facultés de son ame soutenaient ses forces physiques.

A son insu, je lui avais fait faire un corset semblable au gilet du roi; mais elle ne voulait pas en faire usage; mes prières, mes larmes, tout fut inutile. « Si les factieux m'assassinent, répondit-elle, » ce sera un bonheur pour moi, ils me délivre- » ront de l'existence la plus douloureuse. » Peu de jours après que le roi eut essayé son plastron, je le rencontrai dans un escalier intérieur; je me rangeai pour le laisser passer. Il s'arrêta et me prit la main; je voulus baiser la sienne, il s'y refusa,

---

toinette, que celle d'Henriette de France, fille de Henri IV, épouse de Charles Ier et mère de Charles II. Comme Henriette, elle était étrangère au milieu d'un peuple dont on avait excité la haine contre elle; comme Henriette, on l'accusa d'exercer trop d'empire sur le cœur du roi; elle eut sans cesse à craindre, comme elle, pour les jours de son mari ou de ses enfans; le plus funeste coup les frappa toutes les deux; mais elle n'eut point, comme Henriette, après de longs malheurs, la consolation de voir sa famille remonter sur le trône. La fin tragique et déplorable de Marie Stuart attendait celle qui avait épuisé toutes les infortunes d'Henriette de France.

(*Note de l'édit.*)

m'approcha de lui, et, me tirant par la main, il m'embrassa sur les deux joues sans articuler un seul mot. Ce témoignage silencieux de sa satisfaction me troubla tellement, que j'en aurais, dans la suite, confondu le souvenir avec les rêves qui me retraçaient souvent mes infortunés souverains, si mes sœurs ne m'eussent pas rappelé que je leur avais confié cette preuve de bonté du roi, peu de momens après qu'il me l'eut donnée.

La crainte d'une nouvelle invasion des Tuileries fit faire les recherches les plus exactes dans les papiers du roi : je brûlai presque tous ceux de la reine. Elle mit dans un porte-feuille, qu'elle confia à M. de J***, ses lettres de famille, plusieurs correspondances qu'elle jugeait nécessaire de conserver pour l'histoire du temps de la révolution, et particulièrement les lettres de Barnave et ses réponses, dont elle avait fait des copies. M. de J*** n'a pu conserver ce dépôt, il a été brûlé. La reine laissa quelques papiers dans son secrétaire. De ce nombre était une instruction pour madame de Tourzel, sur le caractère de ses enfans et sur l'esprit et les moyens des sous-gouvernantes que cette dame avait sous ses ordres. Cet écrit que la reine avait fait à l'époque de la nomination de madame de Tourzel, ainsi que plusieurs lettres de Marie-Thérèse, remplies des meilleurs conseils et des instructions les plus louables, ont été imprimés, après le 10 août, par ordre de l'Assemblée, dans le recueil de toutes les pièces trouvées dans les secrétaires du roi et de la reine.

Sa Majesté avait encore, sans compter l'argent courant de son mois, cent quarante mille francs en or. Elle voulait m'en remettre la totalité en dépôt; mais je lui conseillai de garder quinze cents louis, une somme un peu forte pouvant, d'un moment à l'autre, lui être très-nécessaire. Le roi avait une quantité prodigieuse de papiers, et avait eu malheureusement l'idée de faire construire très-secrètement, par un serrurier qui travaillait près de lui depuis plus de dix ans, une cachette dans un corridor intérieur de son appartement. Cette cachette, sans la dénonciation de cet homme, eût été long-temps ignorée (1). Le mur, dans l'endroit où elle était placée, était peint en larges pierres, et l'ouverture se trouvait parfaitement dissimulée dans les rainures brunes qui formaient la partie ombrée de ces pierres peintes. Mais, avant même que ce serrurier eût dénoncé à l'Assemblée ce que l'on a depuis appelé *l'armoire de*

---

(1) Voyez, sur ce serrurier qui se nommait Gamin, sur la confiance que lui accordait Louis XVI, et même sur l'espèce de familiarité que ce prince lui avait laissé prendre, la note (M) du tome Ier. Il est remarquable que Soulavie lui-même, dont ces détails sont extraits, s'y sert de ces mots, *l'infâme Gamin*, et lui reproche la pension de 1,200 fr. que lui donna la Convention lorsqu'il accusa Louis XVI d'avoir voulu l'empoisonner.

(*Note de l'édit.*)

fer, la reine avait su qu'il en avait parlé à quelques gens de ses amis, et que cet homme, auquel le roi, par habitude, accordait une trop grande confiance, était un jacobin. Elle en avertit le roi, et le décida à remplir un très-grand porte-feuille de tous les papiers qu'il avait le plus d'intérêt à conserver, et à me le confier. Elle l'invita, en ma présence, à ne rien laisser dans cette armoire, et le roi, pour la tranquilliser, lui répondit qu'il n'y avait rien laissé. Je voulus prendre le porte-feuille et l'emporter dans mon appartement; il était trop lourd pour que je pusse le soulever. Le roi me dit qu'il allait le porter lui-même; je le précédai pour lui ouvrir les portes. Quand il eut déposé ce porte-feuille dans mon cabinet intérieur, il me dit seulement : « La reine vous dira » ce que cela contient. » Rentrée chez la reine, je le lui demandai, jugeant, par les paroles du roi, qu'il était nécessaire que j'en fusse instruite. « Ce » sont, me répondit la reine, des pièces qui se- » raient des plus funestes pour le roi, si on allait » jusqu'à lui faire son procès. Mais ce qu'il veut » sûrement que je vous dise, c'est qu'il y a dans » ce même porte-feuille un procès-verbal d'un con- » seil d'État, dans lequel le roi a donné son avis » contre la guerre. Il l'a fait signer par tous les » ministres, et, dans le cas même de ce procès, » il compte que cette pièce serait très-utile. » Je demandai à qui la reine croyait que je devais confier ce porte-feuille. « A qui vous voudrez,

» me répondit-elle, vous en êtes *seule responsable :*
» ne vous éloignez pas du palais, même dans vos
» mois de repos. Il y a des circonstances où il
» nous serait très-utile de le trouver à l'instant
» même. »

A cette époque, M. de La Fayette, revenu probablement de l'idée d'établir en France une république semblable à celle des États-Unis, et voulant maintenir la première constitution qu'il avait juré de défendre, quitta son armée, et vint appuyer, par sa présence à l'Assemblée et par un discours courageux, une pétition signée par vingt mille citoyens, sur la violation qui avait été faite de la demeure du roi et de sa famille. Ce général retrouva le parti constitutionnel sans force, et vit que lui-même avait perdu sa popularité. L'Assemblée désapprouva sa démarche; le roi, pour lequel il la faisait, n'en témoigna aucune satisfaction, et il se vit contraint de retourner en toute hâte à son armée. Il devait compter sur la garde nationale; mais, le jour de son arrivée, ceux des officiers qui étaient dans le parti du roi, avaient fait demander à Sa Majesté s'ils devaient répondre aux vues du général La Fayette, en s'unissant à lui dans les démarches qu'il ferait pendant son séjour à Paris. Le roi leur enjoignit de ne le pas faire. Par cette réponse, M. de La Fayette se vit abandonné du parti qui pouvait lui rester dans la garde de Paris.

A son arrivée, on avait présenté à la reine un plan dans lequel on lui proposait, par la réunion de l'armée de La Fayette au parti du roi, de sauver la famille royale et de la conduire à Rouen. Je n'ai pas connu les détails de ce plan ; la reine me dit seulement, à ce sujet, « qu'on leur offrait M. de La Fayette » comme ressource ; mais qu'il valait mieux périr » que de devoir son salut à l'homme qui leur avait » fait le plus de mal, et de se mettre dans la néces- » sité de traiter avec lui. »

Je passai le mois de juillet entier sans entrer dans mon lit ; je redoutais quelque attaque ou quelque entreprise de nuit. Il y en eut une contre les jours de la reine, qui n'a jamais été connue. A une heure du matin, j'étais seule auprès de son lit ; nous entendîmes marcher doucement dans le corridor qui régnait le long de son appartement, et qui était alors fermé à clef aux deux extrémités. Je sortis pour aller chercher le valet de chambre ; il entra dans le corridor, et nous entendîmes bientôt, la reine et moi, le bruit de deux hommes qui se battaient. Cette malheureuse princesse me tenait serrée dans ses bras, et me disait : « Quelle position ! des » outrages le jour, des assassins la nuit ! » Le valet de chambre lui cria du corridor : « Madame, c'est » un scélérat que je connais, je le tiens. — Lâ- » chez-le, lui répondit la reine ; ouvrez-lui la porte ; » il venait pour m'assassiner, il serait demain porté » en triomphe par les jacobins. » Cet homme était un garçon de toilette du roi, qui avait pris la clef du corridor dans la poche de Sa Majesté après son coucher, et sans doute dans le dessein de commettre cet attentat. Le valet de chambre, homme d'une très-grande vigueur, le tenait par les poignets et le mit à la porte. Ce misérable n'avait pas articulé une parole : le valet de chambre dit à la reine, qui lui parla avec bonté du danger auquel il s'était exposé, « qu'il ne craignait rien, et que, pour la seule dé- » fense de Sa Majesté, il avait toujours deux excel- » lens pistolets sur lui. »

Le lendemain, M. de Septeuil fit changer toutes les serrures de l'intérieur du roi; j'en fis autant pour celui de la reine.

A chaque instant, on nous disait que le faubourg Saint-Antoine se mettait en mouvement pour marcher sur le palais. Un des derniers jours de juillet, à quatre heures du matin, on vint me donner cet avis. Je fis à l'instant partir deux hommes dont j'étais sûre, qui avaient ordre de se rendre aux lieux ordinaires de rassemblement, et de venir promptement me rendre compte de la situation de la ville. On savait qu'il fallait une heure au moins avant que les faubourgs, réunis sur la place de la Bastille, fussent arrivés aux Tuileries. Il me paraissait suffisant, pour la sûreté de la reine, que tout ce qui l'environnait fût éveillé. J'étais entrée doucement dans sa chambre : elle dormait; je ne la réveillai pas. Je trouvai dans le grand cabinet le général de W..., qui venait me dire que pour cette fois le rassemblement se dissipait. Ce général avait cherché à plaire à la populace par les moyens qui avaient servi M. de La Fayette. Il saluait la moindre poissarde, et baissait son chapeau jusqu'à son étrier. Mais le peuple, flatté depuis trois ans, avait besoin d'autres honneurs rendus à sa puissance, et ce pauvre homme ne fut pas remarqué. On avait éveillé le roi et madame Élisabeth qui s'était rendue près de lui. La reine, cédant à l'accablement de ses peines, avait, par extraordinaire, dormi, ce jour-là, jusqu'à neuf heures. Le roi était déjà venu savoir si elle était éveillée : je lui avais rendu compte de ce que j'avais fait et du soin que j'avais eu de respecter son sommeil. Il m'en remercia et me dit : « J'étais éveillé, tout le palais l'était, elle ne cou» rait aucun risque; c'est bien heureux de la voir » prendre un peu de repos. Oh! ses peines doublent » les miennes, » ajouta le roi en me quittant. Quel fut mon chagrin, lorsqu'à son réveil, la reine, instruite de ce qui s'était passé, se mit à pleurer amèrement de regret de n'avoir pas été éveillée, et me reprocha à moi, sur l'amitié de laquelle elle devait compter, de l'avoir si mal servie dans une semblable circonstance! Je lui répétais en vain que ce n'avait été qu'une très-fausse alarme, qu'elle avait besoin de réparer ses forces abattues : « Elles » ne le sont pas, disait-elle, le malheur en donne » de très-grandes. Élisabeth était près du roi, et je » dormais! moi qui veux périr à ses côtés : je suis » sa femme, je ne veux pas qu'il coure le moindre » péril sans moi. »

CHAPITRE XXI.

Relations de madame Campan avec M. Bertrand de Molleville pour le service du roi. — Espoir d'une prochaine délivrance. — Réflexions de la reine sur le caractère de Louis XVI. — Outrages à la majesté royale. — Anecdote. — Sommes considérables offertes au roi par des serviteurs fidèles. — Enquête faite par la princesse de Lamballe sur les personnes de la maison de la reine. — Situation de la famille royale qu'on insulte même à la messe. — Dix août. — Particularités très-curieuses. — Combat. — Scènes de carnage. — Circonstances inespérées auxquelles madame Campan doit son salut. — Elle se rend auprès de la famille royale aux Feuillans. — Anecdotes. — Paroles remarquables et touchantes prononcées par la reine. — Détails pleins d'intérêt sur le séjour de la famille royale aux Feuillans. — Nobles mouvemens de la reine. — Traits qui peignent son attachement pour la France.

Pendant le mois de juillet, la correspondance de M. Bertrand de Molleville avec le roi et la reine fut des plus actives. M. de Marsilly, ancien lieutenant des cent-suisses de la garde, en était porteur (1). Il se présenta chez moi, la première fois, avec un billet

---

(1) Bertrand de Molleville raconte en ces termes les mesures adoptées pour ses communications avec la reine et Louis XVI :

« Je reçus, dans la soirée seulement, la réponse du roi, écrite de sa main à la marge de ma lettre. Telle était la forme ordinaire de ma correspondance avec lui; je lui renvoyais toujours

de la reine, adressé à M. Bertrand lui-même. La reine disait dans ce billet : « Adressez-vous à madame » Campan avec toute confiance ; la conduite de » son frère en Russie n'a en rien influé sur ses sen- » timens; elle nous est entièrement dévouée; et, si » la suite amenait des choses à nous faire passer » verbalement, vous pouvez compter entièrement » sur son dévouement et sa discrétion. »

Les attroupemens, qui se faisaient presque toutes les nuits dans les faubourgs, avaient alarmé les amis de la reine; ils la supplièrent de ne plus coucher dans son appartement du rez-de-chaussée des Tuileries. Elle monta au premier étage dans une pièce qui était entre l'appartement du roi et celui de M. le dauphin. Éveillée dès la pointe du jour, elle exigeait que l'on ne fermât ni volets ni persiennes,

---

avec la lettre du lendemain celle à laquelle il avait répondu la veille, de manière que mes lettres et ses réponses, dont je me contentais de prendre note, ne restaient jamais vingt-quatre heures entre mes mains. J'avais proposé cet arrangement à Sa Majesté pour lui ôter toute inquiétude; mes lettres étaient remises ordinairement au roi ou à la reine par M. de Marsilly, capitaine de la garde du roi, dont Leurs Majestés connaissaient le dévouement et la fidélité. J'en chargeais aussi quelquefois M. Bernard de Marigny, qui n'avait quitté le commandement de Brest que pour se rapprocher des dangers qui menaçaient le roi, et partager, avec tous les fidèles serviteurs de Sa Majesté, l'honneur de lui faire un rempart de sa personne. (*Mémoires particuliers pour servir*, etc., tome II, page 12.)

(*Note de l'édit.*)

afin que ses longues nuits sans sommeil fussent moins pénibles. Vers le milieu d'une de ces nuits, où la lune éclairait sa chambre, elle la contempla et me dit que dans un mois elle ne verrait pas cette lune, sans être dégagée de ses chaînes et sans voir le roi libre. Alors elle me confia que tout marchait à la fois pour les délivrer, mais que les opinions de leurs conseillers intimes étaient partagées à un point alarmant; que les uns garantissaient le succès le plus complet, tandis que les autres leur faisaient entrevoir des dangers insurmontables. Elle ajouta qu'elle avait l'itinéraire de la marche des princes et du roi de Prusse; que tel jour ils seraient à Verdun, tel autre dans un autre endroit; que le siége de Lille allait se faire; mais que M. de J***, dont le roi ainsi qu'elle estimaient la sagesse et les lumières, les alarmait beaucoup sur le succès de ce siége, et leur faisait craindre, quand même le commandant leur serait dévoué, que l'autorité civile, qui par la constitution donnait une grande force aux maires des villes, ne l'emportât sur le commandant militaire. Elle était aussi très-inquiète de ce qui se passerait à Paris pendant cet intervalle, et me parla du peu d'énergie du roi, mais toujours dans des termes qui peignaient sa vénération pour ses vertus et son attachement pour lui. « Le roi, disait-elle, n'est pas poltron; il a un
» très-grand courage passif, mais il est écrasé par
» une mauvaise honte, une méfiance de lui-même,
» qui vient de son éducation autant que de son ca-

CHAPITRE XXI.

» ractère. Il a peur du commandement, et craint
» plus que toute autre chose de parler aux hommes
» réunis. Il a vécu enfant et toujours inquiet sous
» les yeux de Louis XV, jusqu'à vingt-un ans;
» cette contrainte a influé sur sa timidité (1). Dans

---

(1) Le morceau qu'on va lire fait connaître à quelles causes on doit attribuer l'extrême timidité de Louis XVI, et dans quelles circonstances il parvenait à la vaincre. Il ajoute des détails intéressans et fidèles à ceux qu'on a déjà recueillis sur le caractère, les qualités et l'esprit de ce prince.

« Un des traits les plus remarquables du caractère du roi et de son genre d'esprit, est que sa timidité naturelle et la difficulté qu'il avait ordinairement à s'énoncer, ne s'apercevaient jamais lorsqu'il s'agissait de la religion, du soulagement du peuple ou du bonheur des Français; il s'exprimait alors avec une facilité et une énergie qui étonnaient principalement les nouveaux ministres, qui arrivaient presque toujours au conseil avec l'opinion généralement répandue que le roi avait l'esprit très-borné. Je ne prétends pas dire que Louis XVI fût un génie; mais je suis convaincu que, s'il eût reçu une éducation différente, en cultivant et exerçant son esprit, on lui eût appris à s'en faire honneur : il en aurait montré autant que les princes qui ont eu la réputation d'en avoir le plus. Ce qu'il y a de certain, c'est que nous lui avons vu faire tous les jours, avec la plus grande facilité, une chose qu'on a toujours regardée comme un tour de force pour les gens qui ont le plus d'esprit, et qu'il est impossible de faire sans en avoir, c'est de lire une lettre, une gazette ou un mémoire, et d'écouter en même temps le rapport d'une affaire, et d'entendre parfaitement l'un et l'autre. L'habitude constante du roi était d'entrer au conseil avec le journal du soir et les lettres ou mémoires qu'on lui avait remis dans la journée : il employait à

» la circonstance où nous sommes, quelques pa-
» roles bien articulées, adressées aux Parisiens qui
» lui sont dévoués, centupleraient les forces de
» notre parti; il ne les dira pas. Que pouvons-nous
» attendre de ces adresses au peuple, qu'on lui a
» conseillé de faire afficher? Rien que de nouveaux
» outrages. Pour moi, je pourrais bien agir et
» monter à cheval, s'il le fallait. Mais, si j'agissais,
» ce serait donner des armes aux ennemis du roi ;

---

les lire la première demi-heure de chaque séance ; remettait les mémoires qui méritaient quelque attention aux ministres qu'ils concernaient ; allumait les autres, ainsi que le journal, à la bougie qui était près de lui, et les jetait enflammés sur le parquet. Pendant tout ce temps-là, les ministres faisaient le rapport des affaires de leur département, et le roi les entendait si bien que, dans une affaire délicate, rapportée pendant sa lecture par M. Cahier de Gerville, et renvoyée à la huitaine pour y prononcer, Sa Majesté nous étonna, lors du second rapport sur cette même affaire, par l'exactitude avec laquelle elle releva l'omission d'un fait très-important pour la décision, et dont M. Cahier de Gerville ne se souvenait plus. Il est vrai qu'aucun de nous ne pouvait lutter de mémoire avec le roi ; je n'en ai jamais connu d'aussi sûre. Son jugement ne l'était pas moins, non-seulement dans les affaires, mais sur la rédaction des proclamations, lettres ou discours adressés à l'Assemblée. Je puis attester, en effet, que toutes les pièces importantes en ce genre, qui ont paru pendant mon ministère, ont été soumises à l'examen particulier du roi, après avoir été discutées et souvent rédigées au comité des ministres, et qu'il en est bien peu auxquelles Sa Majesté n'ait fait des corrections parfaitement justes. » (*Mémoires de Bertrand de Molleville*, tom. I.)

(*Note de l'édit.*)

CHAPITRE XXI.

» le cri contre l'Autrichienne, contre la domination
» d'une femme, serait général en France ; et d'ail-
» leurs j'anéantirais le roi en me montrant. Une
» reine qui n'est pas régente doit, dans ces cir-
» constances, rester dans l'inaction et se préparer
» à mourir. »

Le jardin des Tuileries était plein de forcenés qui insultaient à tout ce qui paraissait tenir à la cour. On criait sous les fenêtres de la reine : *La Vie de Marie-Antoinette* ; des estampes infâmes y étaient jointes ; les colporteurs les montraient aux passans (1). On entendait de divers côtés ce brouhaha de la joie d'un peuple en délire, presque aussi effrayant que l'éclat de ses fureurs. La reine et ses enfans ne pouvaient plus respirer l'air extérieur ; il fut décidé que le jardin des Tuileries serait fermé. Aussitôt que cette mesure fut prise, l'Assemblée décréta que toute la longueur de la terrasse des Feuillans lui appartenait, et l'on fixa les limites entre ce qu'on appelait la *terre nationale* et

---

(1) Celui qui écrit ces notes, a vu ou lu ces gravures obscènes, ces brochures haineuses. Il a exprimé dans la notice l'impression de tristesse et de dégoût qu'il en avait conservée. Ce qu'il doit ajouter ici et qui cause une douloureuse surprise, c'est que parmi ces écrits, et surtout parmi les vers, il s'en trouve qui annoncent un talent très-remarquable ; quelques passages rappellent la facture des épigrammes de Rousseau et la verve libertine de Piron. Quel honteux et coupable abus des dons de l'esprit !

(*Note de l'édit.*)

la *terre de Coblentz*, par un ruban aux trois couleurs, tendu d'un bout à l'autre de la terrasse. Des affiches qu'on y avait attachées ordonnaient à tout bon citoyen de ne pas descendre dans le jardin, sous peine d'être traité comme l'avaient été Foulon et Berthier (1). La clôture des Tuileries ne donna pas à la reine et à ses enfans la possibilité de s'y promener; des huées épouvantables partaient de la terrasse, et la forcèrent deux fois de rentrer chez elle.

Dans les premiers jours d'août, beaucoup de gens zélés proposèrent de l'argent au roi; il refusa des sommes considérables, ne voulant pas porter atteinte à la fortune des particuliers. M. de La Ferté, intendant des Menus, m'avait apporté mille louis, en me priant de les mettre aux pieds de la reine. Il pensait qu'elle ne pouvait avoir trop d'argent dans un moment si périlleux, et que tout bon Français devait s'empresser de lui remettre ce qu'il avait d'argent comptant. Elle avait refusé cette somme et de bien plus considérables qui lui avaient été

---

(1) Un jeune homme, sans faire attention à cette consigne écrite, descendit dans le jardin; des cris furieux, des menaces de la lanterne, le flot du peuple qui déjà se réunissait sur la terrasse, tout l'avertit de son imprudence et du danger qu'il court. A l'instant il ôte ses souliers, tire son mouchoir et essuie le sable qui était aux semelles. On crie bravo! vive le bon citoyen! il est porté en triomphe.

(*Note de madame Campan.*)

proposées (1). Cependant elle me dit, quelques jours après, qu'elle accepterait les 24,000 francs de M. de La Ferté, parce qu'ils serviraient à compléter une somme que le roi devait donner. Elle m'ordonna donc d'aller prendre ces 24,000 francs, de les réunir aux 100,000 francs qu'elle m'avait confiés, et de changer le tout en assignats pour en augmenter la valeur. Ses ordres furent exécutés, et les assignats remis au roi. La reine me confia que madame Élisabeth avait trouvé un homme de bonne volonté qui s'était chargé de gagner Pétion pour une somme considérable, et que ce député, par un signe convenu, avertirait le roi de la réussite du projet. Sa Majesté eut bientôt l'occasion de voir Pétion, et la reine lui ayant demandé, en ma présence, s'il en avait été content, le roi répondit : « Ni plus content, ni plus mécontent qu'à l'ordi- » naire; il ne m'a pas fait le signe convenu, et je » crois que j'ai été trompé. » La reine voulut bien alors m'expliquer entièrement l'énigme. « Pétion, » me dit-elle, devait, en parlant au roi, tenir, au » moins pendant la durée de deux secondes, le

---

(1) M. Auguié, mon beau-frère, receveur-général des finances, lui avait fait offrir, par sa femme, un portefeuille contenant cent mille écus d'effets. La reine dit, à ce sujet, à ma sœur les choses les plus attendrissantes sur le bonheur qu'elle avait eu de contribuer à la fortune de sujets aussi fidèles qu'elle et son mari, mais refusa son offre.

(*Note de madame Campan.*)

» doigt posé sous son œil droit. — Il n'a pas même
» porté la main à son menton, reprit le roi; au
» reste ce n'est que de l'argent volé. L'escroc ne
» s'en vantera pas, et la chose restera ignorée.
» Parlons d'autres choses. » Il se tourna vers moi
et me dit : « Votre père était intime ami de Mandat,
» qui commande en ce moment la garde nationale;
» faites-le moi connaître; que dois-je attendre de
» lui? » Je lui répondis que c'était un de ses sujets
les plus fidèles, mais qu'avec beaucoup de loyauté
et fort peu d'esprit, il était dans l'engouement de
la constitution. « J'entends, dit le roi, c'est un
» homme qui défendrait mon palais et ma per-
» sonne, parce que cela est imprimé dans la cons-
» titution, et qu'il a juré de la maintenir; mais
» qui se battrait contre le parti qui veut l'autorité
» souveraine : c'était bon à savoir d'une manière
» positive. »

Le lendemain, la princesse de Lamballe me fit
demander de très-grand matin : je la trouvai assise
sur un canapé en face d'une fenêtre qui donne
sur le Pont-Royal. Elle occupait alors l'appartement du pavillon de Flore, de plein-pied à celui de
la reine. Elle me dit de m'asseoir auprès d'elle; Son
Altesse tenait sur ses genoux une écritoire. « Vous
» avez eu bien des ennemis, me dit-elle, on a voulu
» vous perdre auprès de la reine; on est bien loin
» d'avoir réussi. Savez-vous que moi-même, vous
» connaissant moins particulièrement que la reine,
» on m'avait mise en défiance de vous, et qu'au

» commencement de l'arrivée de la cour aux Tuile-
» ries, je vous ai donné un espion de société (1),
» et vous en fis donner un autre de la police à
» votre porte? On m'assurait que vous receviez
» cinq ou six des plus virulens députés du tiers;
» mais c'était cette femme de garde-robe qui logeait
» au-dessus de vous. Enfin, dit la princesse, les
» gens vertueux n'ont rien à redouter des méchans,
» quand ils sont attachés à un prince aussi juste
» que l'est le roi. Quant à la reine, elle vous connaît
» et vous aime depuis qu'elle est en France. Vous
» allez juger de l'opinion du roi sur vous : hier au
» soir, dans le cercle de famille, il a été décidé que,
» dans un moment où les Tuileries peuvent être
» attaquées, il fallait avoir les détails les plus vrais
» sur les opinions et la conduite de tous les indi-
» vidus qui composent le service de la reine. Le roi
» prend de son côté, pour ce qui l'entoure, la même
» précaution. Il a dit qu'il avait chez lui une per-
» sonne d'une grande intégrité qu'il chargerait de
» ce soin, et que, pour la maison de la reine, il
» fallait s'en rapporter à vous; qu'il avait jugé votre
» caractère depuis long-temps, et qu'il estimait
» votre véracité. »

---

(1) C'était M. de P....., qui me l'avoua ensuite, en me disant que, s'il avait accepté cette vilaine commission, c'est qu'il était sûr que ma société n'était composée que de royalistes, et que d'ailleurs il ne doutait pas de la sincérité de mes sentimens.

(*Note de madame Campan.*)

La princesse avait sur son écritoire les noms de tous les individus qui composaient la chambre de la reine. Elle me demanda des notes sur chacun de ces noms. Dans un semblable moment, l'honneur et le devoir viennent effacer jusqu'au souvenir des haines dont on a été l'objet. J'eus le bonheur de n'avoir que les notes les plus favorables à donner. Il y en eut une qui concernait mon ennemie déclarée dans la chambre de la reine, celle qui aurait le plus désiré que je fusse responsable des opinions politiques de mon frère. La princesse, comme chef de la chambre, ne pouvait ignorer ces détails; mais comme cette femme, qui adorait le roi et la reine, n'aurait pas balancé à sacrifier sa vie pour conserver leurs jours, et que peut-être son attachement joint à une grande médiocrité d'esprit et à une éducation bornée, contribuait à sa jalousie contre moi, j'en fis le plus grand éloge.

La princesse écrivait sous ma dictée et me regardait de temps en temps avec étonnement. Quand j'eus fini, je lui dis que je suppliais Son Altesse d'écrire à mi-marge, que cette dame était mon ennemie déclarée. Elle m'embrassa en me disant : « Ah! l'écrire; on ne doit pas écrire une injustice » qu'il faut oublier. » Nous en vînmes à un homme d'esprit qui était très-attaché à la reine; et je le lui peignis comme né uniquement pour la dispute, et se montrant, par esprit de contradiction, aristocrate avec les démocrates, démocrate avec les aristocrates, mais homme de bien et attaché à son souverain. La princesse dit qu'elle connaissait beaucoup de gens de ce caractère, et qu'elle était charmée que je n'eusse que du bien à dire de cet homme, parce que c'était elle qui l'avait placé auprès de la reine.

La totalité de la chambre de Sa Majesté, parfaitement composée, donna, dans toutes les crises affreuses de la révolution, les preuves de la plus grande discrétion et du plus entier dévouement. Il n'en fut pas de même des antichambres. A l'exception de trois ou quatre, tous les serviteurs de cette classe étaient jacobins forcenés, et je vis, dans cette occasion, combien il est essentiel de composer le service intérieur des princes de gens tout-à-fait séparés de la classe du peuple.

La situation de la famille royale était si affreuse pendant les derniers mois qui précédèrent la journée du 10 août, que la reine était arrivée au point de désirer la fin de cette crise, quelle qu'en pût être l'issue. Elle disait souvent qu'une longue captivité, dans une tour au bord de la mer, lui paraîtrait moins insupportable que ces rixes dans lesquelles la faiblesse de son parti annonçait chaque jour une catastrophe inévitable (1).

Non-seulement Leurs Majestés ne pouvaient plus

---

(1) Quelques jours avant le 10 août, les rixes étaient devenues de plus en plus vives entre les royalistes et les jacobins, entre les jacobins et les constitutionnels ; parmi ces derniers, les hommes qui défendaient avec le plus d'esprit, de courage et

respirer l'air extérieur, mais elles étaient outragées jusqu'au pied même des autels. Le dimanche qui précéda le dernier jour de la monarchie, pendant que la famille royale traversait la galerie pour se rendre à la chapelle, la moitié des soldats de la garde nationale crièrent : *Vive le roi!* l'autre : *Non, pas de roi! à bas le véto!* et ce jour-là, aux vêpres, les musiciens s'étaient donné le mot pour tripler le son de leur voix d'une manière effrayante, lorsqu'ils récitèrent, dans le *Magnificat*, ces mots : *Deposuit potentes de sede.* Outrés d'une semblable infamie, les royalistes crièrent à leur tour par trois fois: *Et reginam*, après le *Domine salvum fac regem*, et la rumeur fut extrême tout le temps de l'office divin.

---

de constance, les principes qu'ils professaient, étaient aussi les plus exposés aux périls. — Montjoie cite l'anecdote suivante :

« On agitait avec frénésie dans l'Assemblée nationale la question de la déchéance. Ceux des députés qui votaient contre cette scandaleuse discussion étaient injuriés, maltraités, environnés d'assassins. A chaque pas qu'ils faisaient, ils avaient un combat à livrer; ils en étaient réduits à n'oser coucher dans leurs maisons. De ce nombre, entre autres, furent Regnault de Beaucaron, Froudière, Girardin et Vaublanc.

» Girardin se plaignant d'avoir été frappé dans un des couloirs de l'Assemblée, une voix lui cria : *Dites où vous avez été frappé? Où*, répondit Girardin, *belle question! Par derrière. Est-ce que les assassins frappent autrement?* » (*Histoire de Marie-Antoinette*, p. 361.)

(*Note de l'édit.*)

CHAPITRE XXI.

Enfin cette terrible nuit du 10 août arriva. La veille, Pétion était venu prévenir l'Assemblée qu'une grande insurrection se préparait pour le lendemain; que le tocsin sonnerait à minuit, et qu'il craignait de n'avoir pas les moyens de résister à l'événement qui se préparait. Sur cet avertissement l'Assemblée passa à l'ordre du jour. Cependant Pétion donna l'ordre de repousser la force par la force. M. Mandat était pourvu de cet ordre, et, voyant sa fidélité pour la personne du roi appuyée par ce qu'il regardait comme la loi de l'État, il marchait, dans toutes ses opérations, avec le plus grand dévouement. Le 9 au soir, j'assistais au souper du roi. Pendant que Sa Majesté me donnait divers ordres, nous entendîmes un grand bruit à la porte de l'appartement. Je m'y rendis pour savoir ce qui en était la cause, et je vis les deux sentinelles aux prises. L'un disait, en parlant du roi, qu'il était dans la constitution et qu'il le défendrait au péril de sa vie; l'autre soutenait qu'il entravait la seule constitution qui convenait à un peuple libre; ils étaient près de s'égorger. Je revins, ayant les traits fort altérés. Le roi voulut savoir ce qui se passait à sa porte; je ne pus le cacher. La reine dit qu'elle n'en était pas surprise, que plus de la moitié de la garde était du parti des jacobins.

A minuit, le tocsin sonna. Les Suisses étaient rangés comme de véritables murailles, et, dans ce silence militaire qui contrastait avec la rumeur perpétuelle

de la garde bourgeoise, le roi fit connaître à M. de J***, officier de l'état-major, le plan de défense que le général Vioménil avait préparé. M. de J*** me dit après cette conférence particulière : « Mettez dans vos po-
» ches vos bijoux et votre argent; nos dangers sont
» inévitables; les moyens de défense sont nuls; ils
» ne pourraient se trouver que dans la vigueur du
» roi, et c'est la seule vertu qui lui manque. »

A une heure après minuit, la reine et madame Élisabeth dirent qu'elles allaient se coucher sur un canapé dans un cabinet des entresols dont les fenêtres donnaient sur la cour des Tuileries.

La reine me dit que le roi venait de lui refuser de passer son gilet plastronné; qu'il y avait consenti le 14 juillet, parce qu'il allait simplement à une cérémonie où l'on pouvait craindre le fer d'un assassin; mais que, dans un jour où son parti pouvait se battre contre les révolutionnaires, il trouvait de la lâcheté à préserver ses jours par un semblable moyen.

Pendant ce temps, madame Élisabeth se dégageait de quelques vêtemens qui la gênaient pour se coucher sur le canapé; elle avait ôté de son fichu une épingle de cornaline; et, avant de la poser sur la table, elle me la montra et me dit de lire une légende qui y était gravée autour d'une tige de lis. J'y lus ces mots : *Oubli des offenses, pardon des injures.* « Je crains bien, ajouta cette vertueuse prin-
» cesse, que cette maxime ait peu d'influence parmi

» nos ennemis, mais elle ne doit pas nous en être
» moins chère (1). »

La reine m'ordonna de m'asseoir auprès d'elle; les deux princesses ne pouvaient dormir; elles s'entretenaient douloureusement sur leur situation, lorsqu'un coup de fusil fut tiré dans la cour. Elles quittèrent l'une et l'autre le canapé en disant : « Voilà
» le premier coup de feu, ce ne sera pas malheu-
» reusement le dernier; montons chez le roi. » La reine me dit de la suivre; plusieurs de ses femmes vinrent avec moi.

A quatre heures, la reine sortit de la chambre du roi et vint nous dire qu'elle n'espérait plus rien ; que M. Mandat, qui s'était rendu à l'Hôtel-de-Ville, pour avoir de nouveaux ordres, venait d'être assassiné, et que sa tête était promenée dans les rues. Le

---

(1) Ce bijou précieux ne fut pas repris par la princesse quand elle quitta l'entresol de la reine. En quelles mains est-il tombé? Il ferait l'ornement du plus riche trésor!

La grande piété de madame Élisabeth donnait à ses actions et à ses dicours une noblesse qui peignait celle de son ame. Le jour où l'on immola cette digne descendante de saint Louis, le bourreau, en lui attachant les mains derrière le dos, releva une des pointes du devant de son fichu. Madame Élisabeth, avec un calme et une voix qui semblait ne pas venir de la terre, lui dit ces mots : « Au nom de la pudeur, couvrez-moi le sein. » J'ai appris ce trait héroïque de madame de Sérilly, condamnée le même jour que la princesse, mais qui obtint un sursis au moment de l'exécution, madame de Montmorin, sa parente, ayant déclaré que sa cousine était grosse.

(*Note de madame Campan.*)

jour était venu ; le roi, la reine, madame Élisabeth, Madame et le dauphin descendirent pour parcourir les rangs des sections de la garde nationale : on cria *vive le roi!* dans quelques endroits. J'étais à une fenêtre du côté du jardin ; je vis des canonniers quitter leurs postes et s'approcher du roi, lui mettant le poing sous le nez en l'insultant par les plus grossiers propos. MM. de Salvert et de Briges les éloignèrent avec vigueur. Le roi était pâle, comme s'il avait cessé d'exister. La famille royale rentra ; la reine me dit que tout était perdu ; que le roi n'avait montré aucune énergie, et que cette espèce de revue avait fait plus de mal que de bien (1).

---

(1) Monjoie a inséré, dans son *Histoire de Marie-Antoinette*, le récit d'une personne qu'il dit avoir été témoin oculaire de l'affaire du château. Ce narrateur s'exprime ainsi :

« L'éloignement de M. Mandat fit tomber le commandement à M. de La Chesnaye.

» Je vis alors un grand mouvement se manifester dans l'intérieur du château.

» La garde nationale, les gardes-suisses appelés à leur poste, chacun s'y rendit dans le plus grand ordre. L'intérieur des appartemens, les escaliers, les vestibules furent garnis ; les postes des cours furent divisés, les canons furent portés dans différentes parties de la cour. Tous ces préparatifs annonçaient les résolutions les plus terribles ; elles semblaient exprimer la résolution d'opposer une résistance vigoureuse. Je détournai les yeux, et je gémis d'abord sur le mode et ensuite sur l'inefficacité des moyens : sur le mode, puisque je voyais se préparer une scène de sang et de meurtres sans nombre ; sur l'inefficacité, car malgré ce projet criminel, extravagant, d'une résistance

J'étais avec mes compagnes dans la salle de billard; nous nous plaçâmes sur des banquettes élevées. Alors je vis M. d'Hervilly, l'épée nue à la main, ordonner à l'huissier d'ouvrir à la noblesse française. Deux cents personnes entrèrent dans cette pièce, la plus rapprochée de celle où était la famille; d'autres se rangèrent de même sur deux haies dans les pièces précédentes. Je vis quelques gens de la cour, beaucoup de figures inconnues, quelques personnes qui figuraient ridiculement parmi ce qu'on appelait la noblesse, mais que leur dévouement ennoblissait à cet instant. Tous étaient si mal armés, que, même dans cette position, l'esprit français, qui ne cède à rien, amenait des plaisanteries sur le fait le moins plaisant. M. de Saint-Souplet, écuyer du roi, et un page, portaient sur l'épaule, en place de fusil, la paire de pincettes de l'antichambre du roi, qu'ils venaient de casser et de se partager. Un autre page, un pistolet de poche à la main, en appuyait le bout sur le dos de la personne qui le précédait et qui le pria de vouloir bien le poser autrement. Une épée et une paire de pistolets étaient les seules armes de ceux qui avaient eu la prévoyance de s'en munir. Pendant ce temps, les bandes nombreuses des faubourgs, armées de piques et de coutelas, remplis-

---

impossible, j'étais convaincu d'avance qu'il n'y aurait aucune digue assez puissante pour arrêter ce torrent impétueux. »
(*Histoire de Marie-Antoinette*, par Montjoie.)

(*Note de l'édit.*)

saient le Carrousel et les rues voisines des Tuileries. Les sanguinaires Marseillais étaient à leur tête, les canons braqués contre le château. Dans cette extrémité, le conseil du roi députa M. Dejoly, ministre de la justice, vers l'Assemblée, pour lui demander d'envoyer au roi une députation qui pût servir de sauvegarde au pouvoir exécutif. Sa perte était résolue; on passa à l'ordre du jour. A huit heures, le département se rendit au château; le procureur-syndic, voyant que la garde intérieure était prête à se réunir aux assaillans, entra dans le cabinet du roi, et demanda à lui parler en particulier. Le roi le reçut dans sa chambre; la reine l'accompagna. Là, M. Rœderer leur dit que le roi, toute sa famille et les gens qui les environnaient, allaient infailliblement périr, à moins que Sa Majesté ne prît sur-le-champ le parti de se rendre à l'Assemblée nationale. La reine s'opposa d'abord à ce conseil; mais le procureur-syndic lui dit qu'elle se rendait responsable de la mort du roi, de ses enfans et de tout ce qui était dans le palais; elle ne fit plus d'objection. Le roi consentit à se rendre à l'Assemblée. En partant, il dit aux ministres et aux personnes qui l'entouraient : *Allons, Messieurs, il n'y a plus rien à faire ici* (1). La reine, en sortant

---

(1) Le narrateur cité par Montjoie rend compte en ces mots des efforts que fit M. Rœderer auprès du peuple, auprès de la garde nationale, et de l'entretien qu'il eut ensuite avec le roi dans son cabinet. Cette relation du 10 août contient aussi

du cabinet du roi, me dit : « Attendez dans mon » appartement, je viendrai vous rejoindre, ou je

---

beaucoup d'autres détails importans; mais nous les plaçons dans les éclaircissemens sous la lettre (J), pour ne point interrompre le récit de madame Campan.

« M. Rœderer, il faut le dire à sa louange, épuisa tous les moyens. Enfin, ne pouvant triompher de la colère du peuple, il la calma pendant quelques instans; on lui accorda une demi-heure, et les dépositaires de la loi rentrèrent à l'instant dans la cour du château.

» Ici se trouvèrent des obstacles d'un autre genre : la garde nationale faisait la meilleure contenance; elle paraissait parfaitement disposée.

» M. Rœderer lui représenta tout le danger; il l'engagea à rester ferme à son poste; il l'exhorta à ne pas attaquer ses concitoyens, ses frères, tant qu'ils resteraient dans l'inaction; mais il pressentit le moment où le château serait attaqué. Il leur rappela les principes d'une défense légitime; et leur fit la réquisition prescrite par la loi du mois de mai 1791, relative à la force publique. La garde nationale resta muette, et les canonniers déchargèrent leurs canons.

» Que pouvait alors le département? Il se joignit aux ministres du roi, et, d'un commun accord, tous le conjurèrent de se sauver avec sa famille et de se réfugier dans le sein de l'Assemblée nationale. « Ce n'est que là, Sire, dit M. Rœderer, » au milieu des représentans du peuple, que Votre Majesté, » que la reine, que la famille royale peuvent être en sûreté. » Venez; fuyons : encore un quart-d'heure, et la retraite ne » dépendra peut-être plus de nous. »

» Le roi hésitait, la reine témoignait le plus vif mécontentement. « Quoi! disait-elle, nous sommes seuls; personne ne » peut agir... — Oui, Madame, seuls; l'action est inutile....., » la résistance impossible. » L'un des membres du département,

» vous enverrai chercher pour aller je ne sais où. »
Elle n'emmena avec elle que madame la princesse de Lamballe et madame de Tourzel. La princesse de Tarente et madame de La Roche-Aymon se désolaient d'être laissées aux Tuileries. Elles descendirent ainsi que toute la chambre dans l'appartement de la reine.

Nous vîmes défiler la famille royale entre deux haies formées par les grenadiers suisses et ceux des bataillons des Petits-Pères et des Filles-Saint-Thomas. Ils étaient si pressés par la foule que, pendant ce court trajet, la reine fut volée de sa montre et de sa bourse. Un homme d'une stature épouvantable et d'une figure atroce, tel qu'on en voyait à la tête de toutes les insurrections, s'approche du dauphin que la reine tenait par la main, l'enlève et le prend dans ses bras. La reine fit un cri d'effroi et fut près de s'évanouir. Cet homme lui dit : « N'ayez pas peur, » je ne veux pas lui faire de mal, » et il le lui rendit à l'entrée de la salle.

Je laisse à l'histoire tous les détails de cette journée trop mémorable, me bornant à retracer quelques-unes des scènes affreuses de l'intérieur du palais des Tuileries, après que le roi l'eut quitté.

M. Gerdret, veut élever la voix ; il insiste sur l'exécution prompte du parti proposé. « Taisez-vous, Monsieur, lui dit » la reine, taisez-vous : vous êtes le seul qui ne devez point » parler ici : quand on a fait le mal, on ne doit pas avoir l'air » de vouloir le réparer. »

(*Note de l'édit.*)

CHAPITRE XXI.

Les assaillans ignoraient que le roi et sa famille se fussent rendus au sein de l'Assemblée; et ceux qui défendaient le palais du côté des cours l'ignoraient de même : on a présumé que, s'ils en eussent été instruits, le siége n'eût pas eu lieu.

Les Marseillais commencent par chasser de leurs postes plusieurs Suisses qui cèdent sans résistance; quelques-uns des assaillans se mettent à les fusiller; des officiers suisses, outrés de voir ainsi tomber leurs soldats, et croyant peut-être que le roi était encore aux Tuileries, ordonnent à un bataillon de faire feu. Le désordre se met parmi les agresseurs, le Carrousel est nettoyé en un instant; mais bientôt ils reviennent animés de fureur et de vengeance. Les Suisses n'étaient qu'au nombre de huit cents; ils se replient dans l'intérieur du château; des portes sont enfoncées par le canon, d'autres brisées à coups de hache; le peuple se précipite de toutes parts dans l'intérieur du palais; presque tous les Suisses sont massacrés; des nobles, fuyant par la galerie qui conduit au Louvre, sont poignardés ou tués à coups de pistolet; on jette leurs corps par les fenêtres. MM. Pallas et de Marchais, huissiers de la chambre du roi, sont tués en défendant la porte de la salle du conseil; beaucoup d'autres serviteurs du roi tombent victimes de leur attachement pour leur maître. Je cite ces deux personnes, parce que, le chapeau enfoncé, l'épée à la main, ils criaient en se défendant avec une inutile mais louable valeur : « Nous ne voulons plus vivre, c'est notre poste;

» nous devons y mourir. » M. Diet se conduisit de même à la porte de la chambre à coucher de la reine; il éprouva le même sort. Madame la princesse de Tarente avait heureusement fait ouvrir la porte d'entrée de l'appartement; sans quoi, cette horrible bande, en voyant plusieurs femmes réunies dans le salon de la reine, eût pensé qu'elle y était, et nous eût sur-le-champ massacrées, si sa fureur eût été augmentée par la résistance. Cependant nous allions toutes périr, quand un homme à longue barbe arriva en criant de la part de Pétion : *Faites grâce aux femmes; ne déshonorez pas la nation !* Un incident particulier me mit encore plus en danger que les autres. Dans mon trouble, je crus, un moment avant l'entrée des assaillans chez la reine, que ma sœur n'était pas parmi le groupe des femmes qui y étaient réunies, et je montai dans un entresol où je supposais qu'elle s'était réfugiée, pour l'engager à en descendre, imaginant qu'il importait à notre salut de n'être pas séparées. Je ne la trouvai pas dans cette pièce; je n'y vis que nos deux femmes de chambre et l'un des deux heiduques de la reine, homme de très-haute taille et d'une physionomie tout-à-fait martiale. Je le vis pâle et assis sur un lit; je lui criai : « Sauvez-vous, les valets de » pied et nos gens le sont déjà. — Je ne le puis, » me dit cet homme, je suis mort de peur. » Comme il me disait ces mots, j'entends une troupe d'hommes monter précipitamment l'escalier : ils se jettent sur lui, je le vois assassiner. Je cours vers l'escalier, suivie de nos femmes. Les assassins quittent l'heiduque pour venir à moi. Ces femmes se jettent à leurs pieds et saisissent les sabres. Le peu de largeur de l'escalier gênait les assassins ; mais j'avais déjà senti une main terrible s'enfoncer dans mon dos, pour me saisir par mes vêtemens, lorsqu'on cria du bas de l'escalier : Que faites-vous là-haut ? L'horrible Marseillais qui allait me massacrer, répondit un *heim*, dont le son ne sortira jamais de ma mémoire. L'autre voix répondit ces seuls mots : *On ne tue pas les femmes.*

J'étais à genoux, mon bourreau me lâcha et me dit : *Lève-toi, coquine, la nation te fait grâce.* La grossièreté de ces paroles ne m'empêcha pas d'éprouver soudain un sentiment inexprimable qui tenait presque autant à l'amour de la vie, qu'à l'idée que j'allais revoir mon fils et tout ce qui m'était cher. Un instant auparavant, j'avais moins pensé à la mort que pressenti la douleur que m'allait causer le fer suspendu sur ma tête. On voit rarement la mort de si près sans la subir. Je peux dire qu'alors les organes, lorsqu'on ne s'évanouit pas, sont dans tout leur développement, et que j'entendais les moindres paroles des assassins, comme si j'eusse été de sang-froid.

Cinq ou six hommes s'emparèrent de moi et de mes femmes, et, nous ayant fait monter sur des banquettes placées devant les fenêtres, nous ordonnèrent de crier : *Vive la nation !*

Je passai par-dessus plusieurs cadavres ; je reconnus celui du vieux vicomte de Broves, auquel la reine, au commencement de la nuit, m'avait envoyée ordonner de sa part, ainsi qu'à un autre vieillard, de se retirer chez eux. Ces braves gens m'avaient priée de dire à Sa Majesté qu'ils n'avaient que trop obéi aux ordres du roi dans toutes les circonstances où il aurait fallu exposer leurs jours pour le sauver; que cette fois ils n'obéiraient pas, et garderaient seulement le souvenir de la bonté de la reine.

Près de la grille, du côté du pont, les hommes qui me conduisaient me demandèrent où je voulais aller. Sur la question que je leur fis, s'ils étaient les maîtres de me mener où je le désirais, un d'eux, qui était Marseillais, me demanda, en me poussant avec la crosse de son fusil, si je doutais encore de la puissance du peuple? Je lui répondis que *non*, et j'indiquai le numéro de la maison de mon beau-frère. Je vis ma sœur, montant les degrés du parapet du pont, environnée de gardes nationaux. Je l'appelai, elle se retourna. « Veux-tu qu'elle vienne » avec toi? » me dirent mes gardiens. Je leur dis que je le désirais; ils appelèrent les gens qui conduisaient ma sœur en prison; elle me rejoignit.

Madame de La Roche-Aymon et sa fille, mademoiselle Pauline de Tourzel, madame de Ginestoux, dame de la princesse de Lamballe, les autres femmes de la reine et le vieux comte d'Affry, furent menés ensemble dans les prisons de l'Abbaye.

Notre course, du palais des Tuileries jusque chez ma sœur, fut des plus pénibles. Nous vîmes tuer

CHAPITRE XXI.

plusieurs Suisses qui se sauvaient; les coups de fusil se croisaient de tous côtés. Nous passâmes sous les murs de la galerie du Louvre; on tirait du parapet dans les fenêtres de la galerie, pour atteindre les *chevaliers du poignard;* c'était ainsi que le peuple désignait les sujets fidèles qui s'étaient réunis aux Tuileries pour défendre le roi.

Les brigands avaient cassé des fontaines qui étaient dans la première antichambre de la reine; l'eau mêlée au sang avait teint le bas de nos robes blanches. Les poissardes criaient après nous, dans les rues, que nous étions attachées à l'*Autrichienne.* Nos gardiens alors nous montrèrent des égards et nous firent entrer sous une porte cochère pour ôter nos robes; mais nos simples jupons de dessous étant trop courts et nous donnant l'air de personnes déguisées, d'autres poissardes se mirent à crier que nous étions de jeunes Suisses habillés en femmes. Nous vîmes alors venir dans la rue un groupe de cannibales portant la tête du pauvre Mandat. Nos gardes nous firent entrer précipitamment dans un petit cabaret, demandèrent du vin et nous dirent de boire avec eux. Ils assurèrent la cabaretière que nous étions leurs sœurs et de bonnes patriotes. Les Marseillais nous avaient heureusement quittées pour retourner aux Tuileries. Un des hommes qui étaient restés avec nous, me dit à voix basse : « Je suis ou-
» vrier en gaze dans le faubourg; j'ai été forcé de
» marcher; je ne suis pas pour tout cela. Je n'ai tué
» personne et je vous ai sauvées; vous avez couru

» de grands risques, quand nous avons rencontré
» les furieuses qui portent la tête de Mandat. Ces
» horribles femmes, hier à minuit, sur la place de
» la Bastille, disaient qu'il leur fallait la revanche
» du 6 octobre, de Versailles, et elles avaient fait
» serment de tuer de leurs propres mains la reine
» et toutes les femmes qui lui sont attachées.
» C'est le danger de l'action qui vous a sauvées
» toutes. »

En passant sur le Carrousel, j'avais vu ma maison en flammes; mais, le premier moment d'effroi passé, je ne pensais point à mes malheurs personnels. Mes idées se portaient uniquement vers l'affreuse position de la reine.

Nous retrouvâmes, en arrivant chez ma sœur, toute notre famille désolée qui croyait ne jamais nous revoir. Je ne pus rester chez elle; des gens du peuple, assemblés à la porte, criaient que la confidente de Marie-Antoinette était dans cette maison, qu'il fallait avoir sa tête. Je me déguisai et fus me cacher chez M. Morel, administrateur des loteries. Le lendemain, on vint m'y chercher de la part de la reine. Un député, dont les sentimens lui étaient connus, s'était chargé de me trouver.

J'empruntai des hardes; je me rendis avec ma sœur aux Feuillans; nous y arrivâmes en même temps que M. Thierry de Villedavray, premier valet de chambre du roi. On nous mena dans un bureau; nous y écrivîmes nos noms, nos demeures: on nous donna des cartes pour monter dans les

CHAPITRE XXI.

pièces qui appartenaient à l'archiviste Camus, où était le roi avec sa famille.

En entrant dans la première pièce, une personne qui y était me dit : « Ah ! vous êtes une brave femme ; mais où est ce Thierry (1), cet homme comblé des faveurs de son maître? — Le voici, dis-je, il me suit, et je vois que même les scènes de mort ne bannissent pas ici le sentiment de la jalousie. »

Attachée à la cour dès ma plus tendre jeunesse, j'étais connue de beaucoup de gens que je ne connaissais pas. En traversant un corridor au-dessus du cloître, et qui conduisait aux cellules habitées par l'infortuné Louis XVI et sa famille, plusieurs grenadiers s'adressèrent à moi, en m'appelant par mon nom. Un d'eux me dit : « Eh bien ! le voilà
» perdu le pauvre roi ; le comte d'Artois s'en serait
» mieux tiré. — Pas mieux, » dit l'autre.

La famille royale occupait un petit appartement composé de quatre cellules des anciens Feuillans. Dans la première, étaient les hommes qui avaient suivi le roi : M. le prince de Poix, M. le baron d'Aubier, M. de Saint-Pardou, écuyer de madame Élisabeth, M. Goguelat, MM. de Chamilly et Hue. Dans la seconde pièce, nous trouvâmes le roi. On lui rafraîchissait les cheveux ; il en prit deux mè-

---

(1) M. Thierry, qui ne cessa jamais de donner à son souverain les preuves du plus respectueux et du plus fidèle attachement, fut une des victimes du 2 septembre.

(*Note de madame Campan.*)

ches, en donna une à ma sœur et une à moi. Nous voulûmes lui baiser la main ; il s'y opposa et nous embrassa sans rien dire. Dans la troisième pièce était la reine, couchée et dans un état de douleur qui ne peut se définir. Nous la trouvâmes seule avec une grosse femme dont l'air était assez honnête. C'était la gardienne de cet appartement; elle servait la reine qui n'avait encore personne à elle. Sa Majesté nous tendit les bras, en criant : « Venez, malheureuses
» femmes, venez en voir une encore plus malheu-
» reuse que vous, puisque c'est elle qui fait votre
» malheur à toutes. Nous sommes perdus, ajouta-
» t-elle; nous voilà arrivés où l'on nous a menés
» depuis trois ans par tous les outrages possibles;
» nous succomberons dans cette horrible révolu-
» tion; bien d'autres périront après nous. Tout le
» monde a contribué à notre perte ; les novateurs
» comme des fous, d'autres comme des ambitieux
» pour servir leur fortune, car le plus forcené des
» jacobins voulait de l'or et des places, et la foule
» attend le pillage. Il n'y a pas un patriote dans
» toute cette infâme horde; le parti des émigrés
» avait ses brigues et ses projets; les étrangers
» voulaient profiter des dissensions de la France :
» tout le monde a sa part dans nos malheurs. »

Le dauphin entra avec MADAME et madame la marquise de Tourzel. La reine me dit en les voyant : « Pauvres enfans! qu'il est cruel de ne pas leur
» transmettre un si bel héritage, et de dire : Il finit
» avec nous! » Ensuite elle me parla des Tuileries,

des gens qui avaient péri ; elle daigna me parler de l'incendie de ma maison. Sans la moindre exagération, je regardai cette perte comme une misère qui ne devait pas l'occuper, et je le lui dis. Elle me parla de la princesse de Tarente qu'elle aimait et estimait infiniment, de madame de La Roche-Aymon, de sa fille, des autres personnes qu'elle avait laissées au palais, et de la duchesse de Luynes qui devait avoir passé la nuit aux Tuileries. Elle me dit à son sujet : « Sa tête a été l'une des pre-
» mières tournées par son engouement pour cette
» malheureuse philosophie ; mais son cœur l'avait
» fait revenir, et j'avais retrouvé en elle une amie (1). »
Je demandai à la reine ce que faisaient les ambassadeurs des puissances étrangères dans de pareilles circonstances. Elle me répondit qu'ils n'avaient rien à faire ; que l'ambassadrice d'Angleterre venait de lui faire donner des preuves d'intérêt particulier en lui envoyant du linge pour son fils.

Je lui dis que, dans le pillage de ma maison, tous mes états de caisse avaient été jetés dans le Carrousel, et que chaque feuille de mes mois de dépense était

---

(1) Pendant la terreur, j'étais retirée dans le château de Coubertin, près de celui de Dampierre. La duchesse de Luynes vint plusieurs fois me prier de lui répéter ce que la reine m'avait dit à son sujet, aux Feuillans ; nous pleurions ensemble, et elle s'en allait en me disant : *J'ai souvent besoin de vous faire répéter ces paroles de la reine.*

(*Note de madame Campan.*)

signée par elle, quelquefois en laissant quatre ou cinq pouces de papier blanc au-dessus de la signature; que cela m'inquiétait beaucoup dans la crainte qu'on ne voulût faire un mauvais usage de ces signatures. Elle m'ordonna de demander à être admise au comité de sûreté générale et d'y faire cette déclaration. Je m'y rendis sur-le-champ; j'y trouvai un député dont je n'ai jamais su le nom. Après m'avoir écoutée, il me dit « qu'il ne recevrait pas ma déposition; que Marie-Antoinette n'était plus qu'une femme comme toutes les autres Françaises; que, si l'on abusait par suite de quelques-uns de ces papiers épars, portant sa signature, elle aurait alors le droit de réclamer et d'appuyer sa déclaration des faits que je venais de détailler. » La reine regretta de m'avoir donné cet ordre, et craignit d'avoir indiqué, par cette précaution même, un moyen de fabriquer quelques faux écrits dangereux pour elle; puis elle s'écria : « Mes craintes sont aussi » pitoyables que la démarche que je vous ai fait faire. » Ils n'ont besoin de rien pour nous perdre; tout est » dit. » Elle nous raconta les détails de ce qui s'était passé depuis l'arrivée du roi à l'Assemblée. Ils sont tous connus, et je n'ai pas besoin de les écrire; je rapporterai seulement qu'avec des termes ménagés, elle nous dit qu'elle souffrait beaucoup de la tenue du roi depuis qu'il était aux Feuillans; que son habitude de ne pas se contraindre et son fort appétit l'avaient fait manger comme dans son palais; que ceux qui ne le connaissaient pas comme elle, ne jugeaient pas tout ce qu'il y avait de pieux et de grand dans sa résignation, et que cela produisait un si fâcheux effet, que des députés qui lui étaient dévoués l'en avaient fait prévenir; mais qu'il n'y avait rien à faire à cela.

Je crois voir encore, je verrai toujours cette petite cellule des Feuillans, collée de papier vert, cette misérable couchette d'où cette souveraine détrônée nous tendit les bras, en disant que nos malheurs, dont elle était la cause, aggravaient les siens propres. Là, pour la dernière fois, j'ai vu couler les pleurs, j'ai entendu les sanglots de celle que sa naissance, les dons de la nature, et surtout la bonté de son cœur avaient destinée à faire l'ornement de tous les trônes et le bonheur de tous les peuples! Il est impossible, quand on a vécu auprès de Louis XVI et de Marie-Antoinette, de n'être pas intimement convaincu, tout en rendant au roi la justice due à ses vertus, que si la reine eût été, dès l'instant de son arrivée en France, l'objet des soins et de la tendresse d'un prince imposant et sévère, elle n'eût fait qu'ajouter à l'éclat de son règne.

Que de choses touchantes j'ai entendu dire à la reine, dans la profonde douleur que lui causait cette injuste prévention d'une partie de la cour et du peuple entier, qu'elle n'aimait pas la France! Combien cette injustice était révoltante pour ceux qui connaissaient son cœur et ses sentimens! Deux fois je l'ai vue prête à sortir de son appartement des Tuileries, pour se rendre dans les jardins et parler

à cette foule immense qui ne cessait de s'y rassembler pour l'outrager : « Oui, s'écriait-elle en mar-
» chant à pas précipités dans sa chambre, je leur
» dirai : Français, on a eu la cruauté de vous per-
» suader que je n'aimais pas la France ! moi ! mère
» d'un dauphin qui doit régner sur ce beau pays !
» moi ! que la Providence a placée sur le trône le
» plus puissant de l'Europe ! Ne suis-je pas de
» toutes les filles de Marie-Thérèse celle que le sort
» a le plus favorisée ? Et ne devais-je pas sentir tous
» ces avantages ? Que trouverais-je à Vienne ? Des
» tombeaux ! Que perdrais-je en France ? Tout ce
» qui peut flatter la gloire et la sensibilité. »

Je puis le protester, je n'ai fait que répéter ici ses propres paroles ; mais si, dans cette circonstance, cet élan partit d'abord de son noble cœur, la justesse de son esprit lui fit bientôt sentir les dangers d'une semblable démarche auprès du peuple. « Je ne descendrais du trône, disait-elle, que pour exciter peut-être une sensibilité momentanée que les factieux rendraient bientôt plus funeste qu'utile pour moi. »

Oui, non-seulement Marie-Antoinette aimait la France, mais peu de femmes eurent, plus qu'elle, ce sentiment de fierté que doit inspirer la valeur des Français. J'aurais pu en recueillir un grand nombre de preuves ; je puis du moins citer deux traits qui peignent le plus noble enthousiasme national. La reine me racontait qu'à l'époque du couronnement de l'empereur François II, ce prince, en faisant admirer la belle tenue de ses troupes à un officier-général français, alors émigré, lui dit : *Voilà de quoi bien battre vos sans-culottes!—C'est ce qu'il faudra voir, Sire*, lui répondit à l'instant l'officier. La reine ajouta : « Je ne sais pas le nom de ce brave Français, mais je m'en informerai; le roi ne doit pas l'ignorer. » En lisant les papiers publics, peu de jours avant le 10 août, elle y vit citer le courage d'un jeune homme qui était mort en défendant le drapeau qu'il portait, et en criant : *Vive la nation!* « Ah le brave enfant! dit la reine; quel bonheur pour nous si de pareils hommes eussent toujours crié *vive le roi!*

Dans tout ce que j'ai rapporté jusqu'ici de la plus infortunée des femmes et des reines, ceux qui ne vécurent pas près d'elle, ceux qui la connurent mal, la plupart des étrangers surtout, prévenus par d'infâmes libelles, pourront penser que j'ai cru devoir sacrifier la vérité à la reconnaissance. Heureusement qu'il existe encore des témoins irrécusables que je puis attester; ils diront si ce que j'ai vu, si ce que j'ai entendu leur paraît faux ou invraisemblable.

CONCLUSION.

Pétion refuse à madame Campan la permission de s'enfermer au Temple avec la reine. — Elle excite les soupçons de Robespierre. — Visites domiciliaires. — Madame Campan ouvre le porte-feuille qu'elle a reçu du roi. — Papiers qu'il renfermait avec les sceaux de l'État. — Correspondance secrète de Mirabeau avec la cour. — Elle est détruite ainsi que les autres papiers. — Seule pièce conservée. — Elle est remise à M. de Malesherbes au moment du procès de l'infortuné Louis XVI. — Fin des Mémoires.

La reine, ayant perdu sa montre et sa bourse pendant le trajet des Tuileries aux Feuillans, demanda à ma sœur de lui prêter vingt-cinq louis (1).

---

(1) A son interrogatoire, la reine déclara que ces vingt-cinq louis lui avaient été prêtés par ma sœur; cela motiva son arrestation et la mienne, et amena la mort de cette vertueuse mère de famille *.

(*Note de madame Campan.*)

* Madame Auguié, remarquable par sa taille et sa beauté, était capable des résolutions les plus courageuses. La mort ne lui causait point d'effroi; mais l'idée de périr innocente sur un échafaud l'indignait. « Jamais, disait-elle, le bourreau ne portera ses mains sur moi. » Ses sentimens religieux l'auraient ramenée peut-être à plus de résignation; mais elle était mère, et le désir de conserver ses biens à sa famille ne lui permit plus de songer qu'aux moyens de prévenir un arrêt inévitable. Au moment où on se présentait pour l'arrêter, elle se précipita

Je passai une partie de la journée aux Feuillans, et Sa Majesté me prévint qu'elle demanderait à Pétion de m'avoir auprès d'elle dans le lieu où l'Assemblée décréterait leur prison; je retournai donc chez moi préparer tout ce qui m'était nécessaire pour la suivre.

Le même jour (11 août), à neuf heures du soir, je revins aux Feuillans, je me trouvai consignée à toutes les portes; je réclamai mon entrée à raison de la première permission qui m'avait été donnée; je fus refusée de nouveau. On me dit que la reine avait assez de monde auprès d'elle. Ma sœur y était restée ainsi qu'une de mes compagnes, sortie le 11 des prisons de l'Abbaye. Le 12, je commençai mes sollicitations; mes prières et mes larmes ne purent fléchir les gardiens des portes, ni même un député auquel je m'adressai.

J'appris bientôt la translation de Louis XVI et de sa famille au Temple. Je me rendis chez Pétion accompagnée d'un homme que j'avais placé à l'administration des postes (1), et qui m'était très-dévoué. Il voulut monter seul chez Pétion; il le supplia et lui dit que, lorsqu'on demandait à porter des fers, on ne devait pas être suspect de mauvais

---

d'un troisième étage. Ce dernier sacrifice de la tendresse maternelle rend ses derniers momens aussi respectables que son dévouement pour la reine avait été louable et touchant.

(*Note de l'édit.*)

(1) M. Valadon.

projets, et qu'il n'y avait pas d'opinion politique qui pût faire trouver ces instances blâmables. Voyant que ce brave homme n'avait pu réussir, je crus obtenir davantage par ma présence ; mais Pétion persista dans son refus, et me menaça de m'envoyer à la Force. Plus cruel encore par le genre de consolation qu'il voulut me donner, il ajouta que je pouvais être certaine que toutes les personnes qui, en ce moment, étaient près de Louis XVI et de sa famille, n'y resteraient pas long-temps. En effet, deux ou trois jours après, la princesse de Lamballe, madame de Tourzel, mademoiselle sa fille, la première femme de la reine, celle du dauphin et de Madame, MM. de Chamilly et Hue, furent enlevés pendant la nuit et transférés à la Force.

Après le départ du roi et de la reine pour le Temple, ma sœur fut constituée prisonnière pendant vingt-quatre heures dans l'appartement que Leurs Majestés venaient de quitter.

Dès ce moment, j'eus la douleur d'être réduite à n'avoir plus de nouvelles de mon auguste et infortunée maîtresse que par la voie des journaux, ou par quelques détails que l'on obtenait des gardes nationaux qui faisaient le service du Temple.

Le roi et la reine ne m'avaient rien dit aux Feuillans du porte-feuille qui m'avait été remis en dépôt; sans doute ils croyaient me revoir. Le ministre Roland et les députés qui composaient le gouvernement provisoire, étaient très-occupés de la recherche des papiers de Leurs Majestés. On fit fouiller partout aux Tuileries. L'infâme Robespierre pensa à M. Campan, secrétaire intime de la reine, et dit qu'il croyait que sa mort n'était pas réelle, et qu'ignoré dans quelque coin de la France, il était, sans doute, le dépositaire de tous les papiers importans. On avait trouvé dans un grand porte-feuille du roi, une seule lettre du comte d'Artois, qui, par sa date et les sujets qu'elle traitait, indiquait l'existence d'une correspondance suivie. (Cette lettre figure dans les pièces du procès de Louis XVI.) Un ancien précepteur de mon fils avait étudié avec Robespierre ; celui-ci, l'ayant rencontré dans la rue, et connaissant les rapports qu'il avait eus avec la famille de M. Campan, le somma de lui dire, sur son honneur, s'il avait la certitude de sa mort. Cet homme lui répondit que M. Campan était mort en 1791, à la Briche, et qu'il l'avait vu enterrer dans le cimetière d'Épinay. « Eh bien ! reprit Robespierre, apporte-moi demain à midi son extrait mortuaire, cela m'est fort nécessaire. » Sur la communication qu'il me fit de la demande du député, j'envoyai à l'instant même lever l'extrait mortuaire de M. Campan, et Robespierre l'eut le lendemain à neuf heures du matin. Mais en pensant à mon beau-père, je trouvais que l'on arrivait bien près de moi, qui étais la véritable dépositaire de ces papiers importans. Je passais tous les jours et les nuits à chercher ce que je pouvais faire de mieux ou de moins mal dans une semblable circonstance.

J'étais dans cette situation, lorsque l'ordre d'informer contre ce qu'on appelait les attentats du 10 août, amena des visites domiciliaires. Mes domestiques furent instruits que la section où je demeurais était très-occupée de la fouille qui serait faite chez moi, et vinrent m'en avertir. J'appris que cinquante hommes armés s'empareraient de la maison de M. Auguié où j'étais alors. On venait de me donner cette nouvelle, lorsque M. Gougenot, maître-d'hôtel du roi et receveur-général de la régie, homme très-dévoué à son souverain, entra dans ma chambre couvert d'une houppelande, sous laquelle il portait, avec beaucoup de peine, le porte-feuille du roi, que je lui avais confié. Il le jeta à mes pieds, et me dit : « Voilà votre dépôt; je ne l'ai pas reçu des mains même de notre malheureux roi; en vous le remettant j'ai rempli ma tâche. » Après avoir dit ces mots, il voulut sortir. Je l'arrêtai en le suppliant de concerter avec moi ce que je devais faire dans une si cruelle circonstance. Il se refusait à mes instances et ne voulait pas même connaître le parti que je prendrais. Je lui dis que mon logement allait être investi; je lui confiai ce que la reine m'avait dit sur le contenu du porte-feuille. A tout cela il répondait : « Voyez, décidez-vous, je ne veux y être pour rien. » Alors, je restai quelques secondes à penser, et je me souviens que ma démarche fut établie sur les raisons suivantes. Je parlais haut, quoique avec moi-même; je marchais à grands pas; le malheureux Gougenot restait pétrifié. Oui, disais-je, quand on ne peut plus communiquer avec son roi et prendre ses ordres, quelque attachement qu'on lui porte, on ne peut le servir qu'en obéissant à son propre jugement. La reine m'a dit : En cas de procès, ce porte-feuille contient toutes pièces du plus grand danger, s'il tombait entre les mains des gens de la révolution. Elle m'a parlé aussi d'une seule pièce qui, dans ce même cas, serait utile. C'est à moi d'interpréter ses paroles et de les considérer comme des ordres. Cela voulait dire : Vous sauveriez tel papier, vous détruiriez les autres s'ils étaient au moment de vous être ravis. Sans cela, avait-elle besoin de me donner des détails sur ce que renfermait ce porte-feuille? L'ordre de le garder suffisait. Probablement il contient encore des lettres de la famille émigrée; rien de ce qui peut être prévu ou décidé ne doit plus être utile, et il n'y a pas de fil politique qui ne soit coupé par la journée du 10 août et par l'emprisonnement du roi. Mais ma maison va être investie, je ne puis cacher un objet aussi volumineux; je livrerais donc, par mon imprévoyance, ce qui peut causer la condamnation du roi. Ouvrons le porte-feuille; sauvons la pièce indiquée; détruisons les autres. Je pris un couteau, et je perçai un des côtés du porte-feuille. Je vis une quantité d'enveloppes avec les titres de la main du roi. M. Gougenot y trouva les anciens sceaux du roi (1), tels qu'ils étaient avant que l'As-

---

(1) C'était sans doute pour avoir à l'instant les anciens

semblée en eût fait changer la légende. Dans ce moment, nous entendîmes un grand bruit; il consentit à nouer le porte-feuille, à le reprendre sous sa houpelande et à se rendre dans un endroit sûr pour exécuter ce que j'avais pris sur moi de décider. Il me fit jurer, au nom de ce que j'avais de plus sacré, que j'affirmerais, dans tous les cas possibles, que le parti que je prenais ne m'avait été dicté par personne, et que, quel qu'en fût le résultat, j'en prenais, pour mon propre compte, la louange ou le blâme. Je levai la main et lui fis le serment qu'il exigeait; il sortit. Une demi-heure après, beaucoup d'hommes armés arrivent chez moi; on met des factionnaires à toutes les issues; on enfonce des secrétaires et des armoires dont on n'avait pas les clefs; on fouille dans les vases et dans les caisses du jardin; on visite les caves; le commandant dit à plusieurs reprises : « Cherchez surtout les papiers. » Dans l'après-midi, M. Gougenot revint. Il avait encore sur lui les sceaux de France, et m'apportait un état de tout ce qu'il avait brûlé.

Ce porte-feuille contenait :

20 Lettres de Monsieur, 18 ou 19 de M. le comte d'Artois, 17 de madame Adélaïde, 18 de madame Victoire, beaucoup de lettres du comte

---

sceaux, en cas de contre-révolution, que la reine m'avait recommandé de ne pas m'éloigner des Tuileries. M. Gougenot jeta un des sceaux dans la rivière de dessus le Pont-Neuf, et le second près du Pont-Royal.

(*Note de madame Campan.*

Alexandre de Lameth, beaucoup de M. de Malesherbes, avec des Mémoires qui y étaient réunis. Il y en avait aussi de M. de Montmorin et de plusieurs autres anciens ministres ou ambassadeurs. Chaque correspondance portait son titre écrit de la main du roi, sur le papier blanc qui la contenait. La plus volumineuse était celle de Mirabeau. Elle était réunie à un plan de départ qu'il jugeait nécessaire. M. Gougenot, qui avait parcouru plus particulièrement cette correspondance, me dit qu'elle était d'un si grand intérêt, que sans doute le roi la conservait comme pièce précieuse pour l'histoire de son règne; que les correspondances avec les princes, toutes relatives aux choses qui se faisaient au dehors, de concert avec le roi, eussent été les plus funestes à sa vie, si on les avait saisies. Enfin, il me remit ce procès-verbal signé par tous les ministres, auquel le roi attachait un si grand prix, parce qu'il avait donné son opinion contre la déclaration de la guerre; une copie de la lettre écrite par le roi aux princes ses frères, pour les inviter à rentrer en France; un état des diamans que la reine avait envoyés à Bruxelles (ces deux pièces étaient de mon écriture); plus un reçu de 400,000 francs de la main d'un banquier célèbre. Cette somme provenait des 800,000 francs que la reine avait successivement économisés, pendant son règne, sur sa pension de 300,000 francs par an, et sur les 100,000 écus de présent à l'époque de la naissance du dauphin. Ce reçu, écrit sur un très-petit papier, était contenu dans une couverture d'almanach. Je convins avec M. Gougenot qui, par sa place, devait résider à Paris, qu'il conserverait le procès-verbal du conseil et le reçu des 400,000 francs; que nous attendrions ou des ordres ou les moyens de faire parvenir ces deux pièces au roi ou à la reine, et je partis pour Versailles.

Chaque jour avait ajouté à la rigueur des précautions qu'on prenait pour garder les illustres prisonniers. L'idée de ne pouvoir faire connaître au roi le parti que j'avais pris de brûler ses papiers, et la crainte de ne pouvoir lui faire parvenir celui qu'il m'avait fait indiquer comme lui étant nécessaire, me livraient à des tourmens auxquels il me paraît surprenant que la santé puisse résister. J'étais de plus tourmentée tous les matins par les craintes et les projets d'une très-honnête personne qui m'a démontré que, dans les temps de troubles civils, la frayeur fait commettre des actions qui servent les factieux, et qu'il faudrait ne confier des secrets importans qu'à des ames fortes, incapables d'éprouver le sentiment de la peur. La couturière qui avait été enfermée huit jours dans mon appartement aux Tuileries pour y faire le plastron du roi, était fort pieuse et fort attachée à la famille royale. Je croyais pouvoir compter sur elle; mais cette pauvre femme se persuada qu'elle, ses enfans et son mari étaient en danger de périr, si elle n'allait à l'Assemblée déclarer qu'à telle époque on l'avait fait venir au château des Tuileries, pour un ouvrage qu'elle croyait devoir dénoncer. Tous les jours à mon réveil, elle venait m'annoncer qu'elle partait pour Paris, qu'elle ne voulait pas perdre toute sa famille. Je la calmais, je remettais sa tête; je lui démontrais qu'elle n'était que l'aiguille dont je m'étais servie; que la chose ne pouvait être connue, à moins qu'elle ne la dévoilât; et que dans ce cas, quoiqu'il me parût être de toute impossibilité, on s'en prendrait d'abord à l'infortuné monarque pour avoir ordonné cet ouvrage; à moi pour l'avoir fait exécuter, et nullement à elle qui avait travaillé à la journée par mes ordres. Elle me quittait plus tranquille, mais revenait le lendemain avec de nouvelles terreurs. Les visions s'en mêlaient; la vierge lui avait dit qu'on ne sacrifiait pas ses enfans et son mari pour un être humain, quel qu'il fût. Je restai au moins quinze jours avec cette inquiétude perpétuelle. Le temps calma heureusement cette tête faible. Lorsque l'Assemblée peignait aux yeux du peuple Louis XVI et Marie-Antoinette comme ayant voulu faire égorger tout Paris, elle n'eût pas manqué d'imputer au roi, comme une faiblesse, ce plastron qu'il n'avait d'abord consenti à porter que par condescendance pour les prières de la reine, et dont il refusa de faire usage la nuit du 10 août.

Le moment du terrible procès approchait. On accorda des défenseurs officieux au roi; l'héroïque vertu de M. de Malesherbes allait lui faire braver les plus imminens dangers, soit pour sauver son maître, soit pour périr avec lui. J'espérais alors pouvoir trouver un moyen d'informer Sa Majesté de ce que j'avais cru devoir faire. J'envoyai à Paris un homme dont j'étais sûre, prier M. Gougenot de venir me trouver à Versailles : il y vint aussitôt. Nous convînmes qu'il verrait M. de Malesherbes sans se servir d'aucun intermédiaire pour y parvenir.

M. Gougenot fut attendre à la porte de son hôtel le moment où il revenait du Temple, et il lui fit signe qu'il avait à lui parler. Un instant après, un domestique vint l'introduire dans la chambre de ce magistrat. Il lui confia ce que j'avais jugé convenable de prendre sur moi relativement aux papiers du roi, et lui remit le procès-verbal du conseil que Sa Majesté avait conservé pour servir éventuellement dans ses moyens de défense. Cependant il n'est pas question de cet écrit dans les discours de son défenseur; on ne voulut probablement pas en faire usage.

Je m'arrête à l'affreuse époque de l'assassinat d'un roi dont on connaît les divines vertus; mais je ne puis m'empêcher de rapporter ce qu'il n'avait pas dédaigné de dire en ma faveur à M. de Malesherbes : « Faites connaître à madame Campan qu'elle
» a fait ce que je lui aurais ordonné moi-même de
» faire; je l'en remercie; elle est du nombre des
» gens que je regrette de ne pouvoir récompenser
» de leur fidélité à ma personne, et de leurs bons
» services. » Je n'en fus instruite que le lendemain de son supplice, et j'aurais, je crois, succombé à

mon désespoir, si ces honorables paroles ne m'eussent apporté quelque consolation (1).

---

(1) Ici se terminent les *Mémoires de madame Campan ;* son récit finit avec ses services auprès de l'infortunée princesse qui appréciait son zèle et son dévouement. Elle n'a voulu parler que de ce qu'elle avait vu de ses yeux, ou appris de la bouche même de la reine ; et le silence qu'elle a gardé sur les événemens déplorables qui suivirent le 10 août, n'en donne que plus de poids à son témoignage sur tout ce qui précéda ces malheureux jours.

(*Note de l'édit.*)

FIN DU TOME SECOND.

ÉCLAIRCISSEMENS HISTORIQUES

RECUEILLIS ET MIS EN ORDRE

PAR MADAME CAMPAN.

[*] *Page* 26.

La reine donna le jour au duc de Normandie, et la naissance d'un second fils paraissait ajouter encore au bonheur dont elle jouissait : elle eut encore une seconde princesse nommée Sophie. Les habitudes paisibles et régulières de la famille royale qui n'était plus dans l'âge des plaisirs bruyans, rappellent à ma mémoire les années qui s'écoulèrent depuis la paix signée en 1783 jusqu'à l'époque de la naissance de la seconde princesse, comme le temps le plus heureux du règne de Louis XVI. Bientôt ce règne allait être troublé par un orage imprévu que grossirent l'erreur, la corruption la plus vile et la plus noire calomnie.

Le cardinal de Rohan, qui était entré dans l'intrigue de madame Lamotte, d'une manière qui n'est pas encore entièrement éclaircie, fit quelques démarches auprès de M. de Saint-James, trésorier de l'extraordinaire des guerres, pour emprunter une somme considérable. Il lui confia quelques détails sur le marché qu'il avait fait avec Bœhmer, pour procurer à la reine son magnifique collier. Le financier, dont la fortune ébranlée fut peu de temps après suivie d'une faillite énorme, ne prêta point d'argent. Il eut de la peine à s'expliquer comment le cardinal, ouvertement brouillé avec la reine, se trouvait chargé d'une semblable commission; et crut devoir faire parler à Sa Majesté de la confidence qui lui avait été faite. J'ignore avec quelle légèreté cet avis fut communiqué; je sais qu'il fit trop peu d'impression sur la reine. Au comble du bonheur et de la gloire, comment penser qu'il se forme, sur un semblable sujet, une intrigue capable d'amener l'orage le plus funeste! La reine me dit seulement que l'on reparlait de cet ennuyeux collier; que M. de Saint-James lui avait fait dire que Bœhmer se berçait encore de l'espoir de le lui faire acheter. Elle me recommanda de lui en parler la première fois que je le verrais, en lui demandant simplement ce qu'il avait fait de cette parure.

Le dimanche suivant, je rencontrai Bœhmer dans une des salles du grand appartement, à l'heure où je me rendais à la messe de la reine. Je l'appelai; il me suivit jusqu'à ma travée. Je lui demandai s'il était enfin débarrassé de son collier; il me répondit qu'il était vendu. Je lui demandai dans quelle cour; il me répondit que c'était à Constantinople, et qu'en ce moment il appartenait à la sultane favorite. Je l'en félicitai. Ma véritable satisfaction était cependant relative à la reine qui ne serait plus obsédée à ce sujet. Le soir, je rendis compte de la rencontre que j'avais faite et de ma conversation avec le joaillier. Ce fut une vraie joie pour la reine. Elle témoigna cependant quelque surprise qu'un collier, composé pour la parure des Françaises, fût porté dans le sérail, et se borna à croire que la beauté seule de cette collection de diamans en avait fait faire l'acquisition. Elle me parla long-temps, à ce sujet, du changement total qui s'opérait dans les goûts et dans les désirs des femmes depuis l'âge de vingt ans jusqu'à trente. Elle me dit qu'étant plus jeune de dix ans, elle aimait les diamans à la folie; mais qu'elle n'avait plus que le goût de la société privée, de la campagne, de l'ouvrage, et des soins qu'exigerait l'éducation de ses enfans. Depuis ce moment jusqu'au fatal éclat on ne parla plus du collier.

Le baptême de M. le duc d'Angoulême eut lieu en 1785. La reine commanda à Bœhmer le nœud d'épaule, les boucles et l'épée dont le roi et elle lui firent présent pour cette cérémonie. En remettant ces objets à Sa Majesté, Bœhmer lui présenta une note qui se trouve fidèlement transcrite dans un des Mémoires imprimés pendant le cours du procès du cardinal. La reine entra dans sa bibliothèque où je parcourais un ouvrage. Elle tenait ce papier à la main. Elle me le lut, en me disant qu'ayant deviné le matin les énigmes du Mercure, j'allais sans doute lui trouver le mot de celle que ce fou de Bœhmer venait de lui remettre. Ce furent ses propres expressions. Elle me lut cette note qui contenait, comme celle du Mémoire, la prière de ne *pas l'oublier*, et l'expression de son bonheur de la voir en possession des plus beaux diamans existant en Europe. En finissant cette lecture, elle tortilla le papier, le brûla à un bougeoir qui restait allumé dans sa bibliothèque pour cacheter les lettres, et me recommanda seulement, quand je verrais Bœhmer, de lui en demander l'explication. « A-t-il encore assorti quelques parures? ajouta la » reine : j'en serais au désespoir ; car je ne compte » plus me servir de lui. Si je veux faire changer » la forme de mes diamans, je me servirai de mon » valet de chambre joaillier, qui n'aura pas même » l'ambition de me vendre un karat. »

Après cet entretien, je partis pour ma campagne, à Crespy ; mon beau-père y avait du monde à dîner tous les dimanches : Bœhmer y venait une ou deux fois par été. Aussitôt que j'y fus établie, il y vint. Je lui répétai fidèlement ce que la reine m'avait chargée de lui dire. Il parut pétrifié, et me demanda comment la reine avait pu ne pas comprendre le sens du papier qu'il lui avait présenté. « Je l'ai lu » moi-même, lui répondis-je, et n'y ai rien en- » tendu. — Cela ne m'étonne pas pour vous, Ma- » dame, » me répondit Bœhmer. Il ajouta qu'il y avait dans tout cela un mystère dont je n'avais pas la confidence, et me demanda un entretien dans lequel il m'instruirait en entier de ce qui s'était passé entre la reine et lui. Je ne pus le lui promettre que pour le soir, à l'heure où les gens de Paris partiraient. Débarrassée des personnes qui exigeaient ma présence dans le salon, je descendis avec Bœhmer dans une allée du jardin. Je crois pouvoir rappeler mot à mot la conversation qui eut lieu entre cet homme et moi. Je fus si frappée d'effroi dès le premier moment où je découvris l'intrigue à la fois la plus vile et la plus dangereuse, que chaque mot de cet entretien est profondément gravé dans ma mémoire. J'étais si pénétrée de ma douleur, j'entrevoyais tant de dangers dans la manière dont la reine aurait à se dégager d'un semblable mensonge, qu'il vint à tonner, à pleuvoir, pendant que je m'entretenais avec Bœhmer, sans que j'y fisse attention.

Étant donc seule avec Bœhmer, je commençai ainsi :

Que signifie le papier que vous remîtes à Sa Majesté dimanche, à la sortie de la chapelle ?

B. La reine ne peut pas l'ignorer, Madame.

Pardonnez-moi, elle m'a de plus chargée de vous le demander.

B. C'est un jeu.

Quel jeu voulez-vous qui puisse exister pour une chose aussi simple entre vous et la reine? La reine ne s'habille plus que très-rarement, vous le savez : vous m'avez dit vous-même que l'extrême simplicité de la cour de Versailles faisait tort à votre commerce. Elle craint que vous n'inventiez de nouvelles choses, et m'a expressément ordonné de vous dire qu'elle n'ajouterait jamais un diamant de vingt louis à ceux qu'elle possède.

B. Je le crois, Madame, elle en a moins besoin que jamais; mais qu'a-t-elle dit sur l'argent?

Vous êtes soldé depuis long-temps.

B. Ah! Madame, vous êtes bien dans l'erreur! On me doit une bien grosse somme.

Que voulez-vous dire?

B. Il faut tout vous avouer; la reine vous fait un mystère : elle a acheté mon grand collier.

La reine! Elle vous l'a refusé, elle l'a refusé au roi qui voulait le lui donner.

B. Eh bien, elle a changé d'idée.

En changeant d'idée elle en aurait fait part au roi. Je n'ai pas vu ce collier dans les diamans de la reine.

B. Elle devait le porter le jour de la Pentecôte. J'ai été bien étonné de ce qu'elle ne l'a pas fait.

Dans quel temps la reine vous a-t-elle annoncé qu'elle s'était décidée à l'acquisition de votre collier?

B. Elle ne m'a jamais parlé elle-même à ce sujet.

Qui donc a été son intermédiaire?

B. Le cardinal de Rohan.

Elle ne lui a pas adressé la parole depuis dix ans! Je ne sais par quelle intrigue, mon cher Bœhmer, mais vous êtes volé, le fait est certain.

B. La reine fait semblant d'être mal avec Son Éminence; mais il est très-bien avec elle.

Que voulez-vous dire? La reine fait semblant d'être mal avec un personnage aussi marquant à la cour! Les souverains font plutôt semblant d'être bien. Elle a fait semblant quatre ans de suite de ne pas vouloir acheter ni accepter votre collier! Elle l'achète et fait semblant de ne s'en point souvenir, puisqu'elle ne le porte pas! Vous êtes fou, mon pauvre Bœhmer, et je vous vois entortillé dans une intrigue qui me fait frémir pour vous et m'afflige pour Sa Majesté. Lorsque je vous demandai, il y a six mois, ce qu'était devenu ce collier, et où vous l'aviez placé, vous m'avez dit que vous l'aviez vendu à la sultane favorite.

B. J'ai répondu comme la reine le voulait : c'était elle qui m'avait fait ordonner par M. le cardinal de faire cette réponse.

Mais enfin, comment les ordres de Sa Majesté vous ont-ils été transmis?

B. Par des écrits signés de sa main ; et depuis quelque temps, je suis forcé de les faire voir aux gens qui m'ont prêté de l'argent, pour parvenir à les calmer.

Vous n'en avez donc jamais reçu?

B. Pardonnez-moi, j'ai touché en livrant le collier une somme de trente mille francs en billets de la caisse d'escompte, que Sa Majesté m'a fait donner par M. le cardinal ; et vous pouvez être bien sûre qu'il voit Sa Majesté en particulier; car il m'a dit, en me remettant cette somme, qu'elle l'avait prise en sa présence dans un porte-feuille placé dans le secrétaire de porcelaine de Sèvres, qui est dans son petit boudoir.

Tout cela ce sont des mensonges ; et vous êtes bien coupable, ayant prêté serment de fidélité au roi et à la reine par les charges que vous possédez auprès de leurs personnes, de traiter à l'insu du roi pour la reine, lorsqu'il s'agit d'un objet aussi important, et avec elle sans avoir directement reçu ses ordres.

Cette dernière remarque frappa ce dangereux imbécille ; il me demanda ce qu'il avait à faire. Je lui conseillai d'aller trouver M. le baron de Breteuil, son ministre, depuis qu'il avait la charge de garde des diamans de la couronne, de lui dire avec sincérité tout ce qui s'était passé, et de se laisser diriger par lui. Il m'assura qu'il préférait me charger de cette explication avec la reine. Je m'y refusai, démêlant dans son récit un foyer d'intrigues que la prudence devait me faire éviter. Je passai dix jours à ma campagne sans entendre parler de cette affaire. La reine m'ayant fait demander au petit Trianon, pour répéter avec moi le rôle de Rosine, qu'elle devait jouer dans le Barbier de Séville, je me trouvai seule avec elle, assise sur son canapé ; il ne fut question que du rôle. Après une heure employée en répétition, Sa Majesté me demanda pourquoi je lui avais envoyé Bœhmer ; qu'il était venu pour lui parler de ma part ; qu'elle n'avait pas voulu le voir. J'appris de cette manière qu'il n'avait rien fait de ce que je lui avais conseillé.

L'impression qui se fit sur mes traits, lorsque j'entendis prononcer le nom de cet homme, fut très-vive ; la reine s'en aperçut et me fit des questions. Je la suppliai de le voir, je l'assurai que cela était instant pour sa tranquillité, qu'une intrigue se tramait à son insu ; qu'elle était grave, puisque l'on montrait aux gens qui prêtaient de l'argent à Bœhmer des engagemens signés d'elle. Sa surprise, son dépit furent extrêmes. Elle m'ordonna de rester à Trianon, fit partir un courrier pour Paris, le faisant demander sous un prétexte que j'ai oublié. Il vint le lendemain matin, jour même de la représentation de la comédie, et ce fut le dernier des amusemens que la reine se permettait dans cette retraite.

La reine le fit entrer dans son cabinet, lui demanda par quelle fatalité elle avait encore à entendre parler de sa folle prétention de lui vendre un objet qu'elle refusait constamment depuis plusieurs années. Il répondit qu'il y était bien forcé, ne pouvant plus calmer ses créanciers. « Que me » font vos créanciers ? » lui dit Sa Majesté. Alors Bœhmer lui avoua successivement tout ce qui, selon ses illusions, s'était passé entre la reine et lui par l'intervention du cardinal. A chaque chose qu'elle entendait, son étonnement égalait son courroux et sa surprise. Elle parlait en vain, l'importun et dangereux joaillier ne cessait de répéter : « Madame, il n'est plus temps de feindre, daignez » avouer que vous avez mon collier, et faites-moi

» donner des secours, ou ma banqueroute aura
» bientôt tout dévoilé. »

On peut aisément se peindre ce que la reine eut à souffrir. A la sortie de Bœhmer, je la trouvai dans un état alarmant; l'idée que l'on avait pu croire qu'un homme tel que le cardinal avait sa confiance intime; qu'elle s'était servie de lui vis-à-vis d'un marchand pour se procurer, à l'insu du roi, une chose qu'elle avait refusée du roi lui-même, la mettait au désespoir. Elle demanda successivement l'abbé de Vermond et le baron de Breteuil. Leur haine pour le cardinal, le mépris qu'ils lui portaient, leur firent trop oublier que les vices les plus bas n'empêchent pas les premiers ordres de l'empire d'être défendus par ceux auxquels ils ont l'honneur d'appartenir; qu'un Rohan, un prince de l'Église, quelque coupable qu'il fût, aurait un parti considérable auquel devaient naturellement se rallier tous les mécontens de la cour et les frondeurs de Paris.

On crut trop facilement qu'il serait dépouillé de tous les avantages de son rang et de son ordre, pour être livré à la honte de sa conduite déréglée : on se trompa.

Je vis la reine après la sortie du baron et de l'abbé; elle me fit frémir par son agitation. « Il faut,
» disait-elle, que les vices hideux soient démas-
» qués; quand la pourpre romaine et le titre de
» prince ne cachent qu'un besogneux, un escroc,
» qui ose compromettre l'épouse de son souverain,
» il faut que la France entière et que l'Europe le

» sachent. » Il est évident que, dès ce moment, le plan funeste était arrêté. La reine vit mon effroi; je ne le lui dissimulai point, je lui connaissais trop d'ennemis pour ne pas appréhender de la voir occuper le monde entier d'une intrigue que l'on chercherait à embrouiller encore plus. Je la suppliai de prendre les conseils les plus sages et les plus modérés. Elle m'imposa silence, en me disant d'être tranquille, bien persuadée qu'il ne se ferait aucune imprudence.

Le dimanche suivant, jour de l'Assomption, au moment où le cardinal, revêtu de ses habits sacerdotaux, allait se rendre à la chapelle, le roi le fit demander à midi, dans son cabinet, en présence de la reine. « Vous avez acheté des diamans à » Bœhmer, lui dit le roi. — Oui, Sire. — Qu'en avez- » vous fait ? — Je croyais qu'ils avaient été remis à la » reine. — Qui vous avait chargé de cette commis- » sion ? — Une dame nommée la comtesse de La- » motte-Valois, qui m'a présenté une lettre de la » reine, et j'ai cru faire une chose agréable à Sa » Majesté, en me chargeant de cette négociation. » La reine l'interrompit avec vivacité, pour lui demander comment il avait pu croire, lui auquel elle n'avait pas adressé la parole depuis plus de huit ans, qu'il avait été choisi pour une semblable commission, et par l'entremise d'une femme qu'elle ne connaissait pas. « Je vois bien, dit le cardinal, que » j'ai été trompé. » Il sortit alors de sa poche un billet de Sa Majesté, signé *Marie-Antoinette de France*.

Le roi se récria et lui dit qu'un grand-aumonier devait savoir que les reines de France ne signaient que leurs noms de baptême; que même les filles de France n'avaient point d'autre signature, et que, si la famille royale avait à ajouter un nom à cette signature d'usage, ce ne serait pas *de France*. L'écriture n'était pas plus imitée que le protocole; le roi le lui observa de même. Sa Majesté lui montra ensuite copie d'une lettre adressée à Bœhmer, en lui demandant s'il avait écrit une semblable lettre? Le cardinal, après l'avoir parcourue des yeux, répondit qu'il ne se souvenait pas de l'avoir écrite. « Si on vous la présentait signée de vous? lui dit alors
» le roi. — Si la lettre est signée, elle est véritable, » répondit le cardinal. Il était extrêmement troublé, et répéta plusieurs fois : « J'ai été trompé, Sire,
» je paierai le collier, je demande pardon à Vos
» Majestés. » Le roi lui dit de se remettre et de passer dans le cabinet suivant où il trouverait du papier, des plumes, et pourrait écrire ses aveux ou ses réponses. M. de Vergennes et le garde-des-sceaux furent d'avis d'apaiser cette affaire, et d'en éviter le scandale. L'opinion du baron de Breteuil prévalut, le ressentiment de la reine la favorisait. Le cardinal rentra et présenta au roi quelques lignes aussi embrouillées que ce qu'il avait dit. Il reçut l'ordre de sortir accompagné du baron qui le fit arrêter par M. d'Agoult, major de cour. Il confia la conduite du cardinal, jusqu'à son appartement, à un jeune lieutenant des gardes,

qui, peu de jours auparavant, s'était vu arrêter pour dettes. L'ordre de suivre le cardinal, de répondre de sa personne, le mot arrestation enfin, troublèrent si fort ce jeune homme, qu'il perdit toutes les facultés de réfléchir à l'importance de sa mission. Le cardinal rencontra, dans la galerie de la chapelle, son heiduque, et lui parla en allemand. Voulant écrire les ordres qu'il lui donnait et n'ayant pas sur lui de crayon, il demanda au sous-lieutenant s'il pouvait lui en prêter un. Il en avait un, il le présenta au cardinal, et attendit patiemment que Son Éminence eût tracé sur un morceau de papier les ordres qu'il donnait à l'abbé Georgel, son grand-vicaire, de brûler, dans son cabinet à Paris, la totalité de sa correspondance avec madame Lamotte. De ce moment, toutes les preuves de cette intrigue disparurent. Madame Lamotte fut arrêtée à Bar-sur-Aube; son mari était déjà passé en Angleterre. Dès le commencement de cette funeste affaire, l'inconsidération et l'imprévoyance semblaient avoir dicté toutes les démarches de la cour; l'obscurité qui en résulta laissa le champ libre aux fables qui composèrent les volumineux mémoires écrits de part et d'autre. La reine concevait si peu ce qui pouvait avoir donné lieu à l'intrigue dont elle allait être victime, qu'au moment où le roi interrogeait le cardinal, il lui vint à l'esprit une idée effrayante. Elle pensa, avec cette rapidité que font naître l'intérêt personnel et l'extrême agitation, que, si le projet de la perdre aux yeux du roi et des Français était le motif caché de cette intrigue; le cardinal allait peut-être affirmer qu'elle avait le collier; qu'il avait été honoré de sa confiance pour cette acquisition faite à l'insu du roi, et indiquer un endroit secret de son appartement où il l'aurait fait cacher par quelque traître. Le besoin d'argent et la plus basse escroquerie étaient les seules bases de cette criminelle affaire. Déjà le collier était dépecé et vendu, partie à Londres et en Hollande, le reste à Paris.

Du moment que l'arrestation du cardinal fut connue, la clameur fut universelle. Chaque mémoire, qui parut pendant la durée du procès, l'augmentait encore, et rien ne tendait à en dévoiler les causes secrètes. Le clergé prit, dans cette circonstance, le parti qu'un peu de sagesse et la moindre connaissance de l'esprit d'un semblable corps auraient dû faire pressentir. Les Rohans et la maison de Condé firent, ainsi que le clergé, entendre partout leurs plaintes. Le roi consentit au jugement légal, et, dans les premiers jours de septembre, il adressa au parlement des lettres-patentes, dans lesquelles Sa Majesté disait que, « pénétré de » la plus juste indignation, en voyant les moyens » qui, de l'aveu du sieur cardinal, avaient été em- » ployés pour inculper sa très-chère et très-hono- » rable épouse et compagne, il avait, etc. »

Moment funeste! où la reine se trouva, par cette faute si impolitique, en jugement avec un sujet contre lequel le pouvoir seul du roi eût dû agir.

De faux principes d'équité, l'ignorance et la haine avaient combiné, dans le désordre de conseils mal tenus, une marche à la fois attentatoire à l'autorité royale et à la morale publique.

On vit les princes et les princesses de la maison de Condé, les maisons de Rohan, de Soubise et Guéménée, prendre le deuil et se mettre en haie sur le passage de Messieurs de la Grand'Chambre, pour les saluer lorsqu'ils se rendaient au Palais, les jours des séances relatives au procès du cardinal, et des princes du sang se déclarèrent en sollicitation ostensible contre la reine de France.

Le pape voulut réclamer, pour le cardinal de Rohan, le droit que lui donnait son rang ecclésiastique, et demanda qu'il fût jugé à Rome. Le cardinal de Bernis, ambassadeur de France près de Sa Sainteté, ancien ministre des affaires étrangères, réunissant la sagesse d'un vieux diplomate aux principes d'un prince de l'Église, voulait que l'on étouffât cette scandaleuse affaire.

Mesdames, tantes du roi, restées très-liées avec cet ambassadeur, adoptèrent son opinion, et la conduite du roi et de la reine fut également et hautement censurée dans les appartemens de Versailles, dans les hôtels et dans les cafés de Paris.

Il est aisé de rattacher à cette aventure, aussi fatale qu'inattendue, aussi vicieusement combinée que faiblement et dangereusement punie, les désordres qui préparèrent tant de moyens au parti ennemi de l'autorité.

Dans les premiers mois de l'année 1786, le cardinal fut pleinement acquitté et sortit de la Bastille; madame Lamotte condamnée à être fouettée, marquée et enfermée. Par suite des fausses vues qui dirigeaient les démarches de la cour, on y trouva que le cardinal et la femme Lamotte étaient également coupables et inégalement jugés, et on voulut rétablir la balance de la justice en exilant le cardinal à l'abbaye de la Chaise-Dieu, et en laissant évader madame Lamotte peu de jours après son entrée à l'Hôpital.

Cette nouvelle faute confirma les Parisiens dans l'idée que cette vile créature, qui jamais n'avait pu pénétrer même jusqu'au cabinet des femmes de la reine, avait réellement intéressé cette infortunée princesse. Cagliostro, un de ces intrigans à prétendues sciences ou découvertes secrètes, qui viennent, tous les vingt-cinq à trente ans, occuper les oisifs les plus importans de Paris, un capucin, une fille du Palais-Royal, se trouvèrent impliqués dans ce procès; il ne parut sur la scène aucun personnage connu. Le nommé Desclos, garçon de la chambre de la reine, et musicien de la chapelle, fut le seul homme attaché au service de la cour, que madame Lamotte ait osé citer. Il comparut dans le procès du cardinal. C'était à lui qu'elle disait avoir remis le collier. Elle le nomma parce qu'elle avait passé une soirée avec lui chez la femme d'un petit chirurgien-accoucheur de Versailles. Ainsi la prétendue amie de la reine, quand elle allait lui faire sa cour, demeurait à la Belle-Image, et figurait dans le cercle des plus minces bourgeois de cette ville.

Aussitôt que j'eus connaissance du jugement du cardinal, je me transportai chez la reine. Elle entendit ma voix dans la pièce qui précédait son cabinet. Elle m'appela ; je la trouvai fort émue. Elle me dit, avec une voix entrecoupée : « Faites-moi
» votre compliment de condoléance; l'intrigant qui
» a voulu me perdre, ou se procurer de l'argent
» en abusant de mon nom et prenant ma signature,
» vient d'être pleinement acquitté. Mais, ajouta-
» t-elle avec force, comme Française recevez aussi
» mon compliment de condoléance. Un peuple est
» bien malheureux d'avoir pour tribunal suprême
» un ramas de gens qui ne consultent que leurs
» passions, et dont les uns sont susceptibles de cor-
» ruption, et les autres d'une audace qu'ils ont
» toujours manifestée contre l'autorité et qu'ils vien-
» nent de faire éclater contre ceux qui en sont re-
» vêtus (1). » A ce moment le roi entra, je voulus

---

(1) On lit ce qui suit dans les Mémoires de l'abbé Georgel :

« M. d'Eprémenil, conseiller du parlement, dit l'abbé Georgel dans ses Mémoires, mais qui n'était pas juge dans l'affaire, trouva des moyens secrets pour nous instruire de particularités très-intéressantes dont la connaissance nous a été de la plus grande utilité. Je dois ici cet hommage à son zèle et à son obligeance. »

Il ajoute dans un autre endroit, en parlant du moment où l'arrêt fut rendu : « Les séances furent longues et multipliées ; il fallut y lire toute la procédure ; plus de cinquante juges y sié-

me retirer : « Restez, me dit-il, vous êtes du nombre
» de celles qui partagez sincèrement la douleur de
» votre maîtresse. » Il s'approcha de la reine et la
prit par la main : « Cette affaire vient d'être outra-
» geusement jugée, ajouta-t-il ; elle s'explique ce-
» pendant aisément. Il ne faut pas être Alexandre
» pour trancher ce nœud gordien. Le parlement
» n'a vu dans le cardinal qu'un prince de l'Église,
» un prince de Rohan, le proche parent d'un
» prince du sang, et il eût dû voir en lui un homme
» indigne de son caractère ecclésiastique, un dis-
» sipateur, un grand seigneur dégradé par ses hon-
» teuses liaisons, un enfant de famille aux ressour-
» ces, comme il y en a tant dans Paris, et faisant de
» la terre le fossé. Il a cru qu'il donnerait d'assez
» forts paiemens à Bœhmer pour acquitter avec du
» temps le prix du collier ; mais il connaissait trop
» bien les usages de la cour, et n'est pas assez im-
» bécile pour avoir cru madame de Lamotte admise

---

geaient : un maître des requêtes, ami du prince, écrivait tout ce qui s'y était dit, et le faisait passer à ses conseils qui trouvèrent les moyens d'en instruire M. le cardinal et d'y joindre le plan de conduite qu'il devait tenir. »

D'Eprémenil et d'autres jeunes conseillers ne montraient alors en effet que trop d'audace à braver la cour, trop d'ardeur à saisir l'occasion de l'attaquer. Ils ébranlaient les premiers l'autorité que leurs fonctions leur faisaient un devoir de rendre respectable. Il faut signaler des torts que leur infortune n'a depuis que trop expiés.

(*Note de l'édit.*)

» auprès de la reine, et chargée d'une semblable
» commission. »

Je ne prétends pas prononcer en dernier ressort contre la crédulité ou la malhonnêteté du cardinal, en rendant fidèlement le jugement du roi; mais il perça dans le monde, et je devais les détails fidèles d'un entretien où il voulut bien l'articuler avec autant d'abandon. Il continua encore à parler de ce terrible procès, et voulut bien me dire :
« Je vous ai sauvé un désagrément que vous au-
» riez éprouvé sans utilité pour la reine: tous les
» papiers du cardinal ont été brûlés, à l'exception
» d'un petit billet de sa main, trouvé seul au fond
» d'un tiroir; il est de la fin de juillet, et dit que
» Bœhmer a vu madame Campan qui lui a dit
» de prendre garde à l'intrigue dont il serait la
» victime; qu'elle mettrait sa tête sur un billot
» pour soutenir que jamais la reine n'avait voulu
» du collier, et qu'elle n'en avait sûrement pas
» fait mystérieusement l'emplète. Avez-vous eu cette
» conversation avec cet homme? » me dit le roi.
Je répondis que je me rappelais lui avoir dit à peu près ces mots, et que j'en avais rendu compte à la reine. « Eh bien! continua-t-il, on m'a fait de-
» mander si cela m'agréait que vous fussiez man-
» dée pour comparaître, et j'ai répondu que, si
» cela n'était pas absolument indispensable, on me
» ferait plaisir de ne point mander une personne
» aussi rapprochée de la reine que vous l'êtes. Com-
» ment expliquer, par exemple, continua le roi,

» que cet homme ait écrit ce billet trois semaines
» avant le jour où je lui ai parlé, sans faire la
» moindre démarche auprès de la reine ou de moi? »

M. Pierre de Laurencel, substitut du procureur-général, fit parvenir à la reine une liste des noms des membres de la grand'chambre, avec les moyens dont s'étaient servis les amis du cardinal pour gagner leurs voix pendant la durée du procès. J'ai eu cette liste à garder parmi les papiers que la reine avait déposés chez M. Campan, mon beau-père, et qu'à sa mort elle m'ordonna de garder. J'ai brûlé cet état, et je me rappelle que les femmes y jouaient un rôle affligeant pour leurs mœurs: c'était par elles, et à raison de sommes considérables qu'elles avaient reçues, que les plus vieilles et les plus respectables têtes avaient été séduites. Je ne vis pas un seul nom du parlement directement gagné.

A cette époque finirent les jours fortunés de la reine; adieu pour jamais aux paisibles et modestes voyages de Trianon, aux fêtes où brillaient à la fois la magnificence, l'esprit et le bon goût de la cour de France; adieu surtout à cette considération, à ce respect dont les formes accompagnent le trône, mais dont la réalité seule est la base solide.

[**] *Page* 75.

Abrégé des circonstances du départ de Louis XVI, pour Paris, le 6 octobre 1789 (1), *par M. de St.-Priest.*

Je crois devoir commencer le récit de ce qui s'est passé à Versailles, les 5 et 6 octobre 1789, en rapportant le contenu d'une lettre que M. de La Fayette m'écrivit quelques jours auparavant. Je n'ai pu la conserver, mes papiers ayant été brûlés en France pendant mon émigration; mais je l'ai copiée dans le journal de Bailly, imprimé depuis sa mort.

« Le duc de La Rochefoucauld vous aura dit
» l'idée qu'on a mise dans la tête des grenadiers
» d'aller cette nuit à Versailles; je vous mandais
» de n'en être pas inquiet, parce que je compte
» sur leur confiance en moi pour détourner ce
» projet. Je leur dois la justice de dire qu'ils
» avaient compté m'en demander la permission,
» et que plusieurs comptaient faire une démarche
» simple, et qui serait ordonnée par moi. Cette
» velléité est absolument détruite par quatre mots

---

(1) Dans l'intérêt de la vérité qui s'établit par des témoignages contradictoires, je ne puis trop recommander au lecteur de rapprocher cette intéressante relation, des détails que contiennent déjà les Mémoires de Ferrières, de Dusaulx, de Bailly, et des éclaircissemens joints à ceux de Weber.

(*Note de l'édit.*)

» que je leur ai dits. Il ne m'en reste que l'idée des
» ressources inépuisables des cabaleurs. Vous ne
» devez regarder cette circonstance que comme
» une indication du dessein, mais en aucune ma-
» nière comme dangereuse. »

M. de La Fayette ne comptait pas autant qu'il me le disait sur l'obéissance de ces grenadiers, ci-devant gardes-françaises, puisqu'il posta à Sèvres et à Saint-Cloud des détachemens de la garde nationale non soldée pour garder ces passages de la rivière de Seine. Il m'en prévint et ordonna au commandant de ces postes de m'avertir s'il y avait lieu.

Ces dispositions me parurent insuffisantes pour la sûreté de la résidence royale. Je portai au conseil d'État la lettre de M. de La Fayette, et j'en pris texte pour proposer de renforcer Versailles de quelques troupes réglées. J'observai que la lettre de M. de La Fayette en fournissait un motif plausible, et présentait un moyen de satisfaire à la lettre du décret sanctionné par le roi, qui donnait l'initiative aux municipalités pour l'action des troupes réglées. Le roi, de l'avis de son conseil, approuva ma proposition et me chargea de l'exécuter. J'adressai en conséquence la lettre de M. de La Fayette à la municipalité de Versailles, après en avoir prévenu le maire. Cette pièce fut insérée dans le registre, et la délibération fut prise en conséquence de demander un renfort de troupes au pouvoir exécutif. Muni de cette autorisation, j'observai au ministre de la guerre que le régiment d'infanterie de Flandre étant en route pour escorter, de Douai à Paris, un convoi d'armes destinées à la garde nationale parisienne, il serait à propos d'attirer ce corps à Versailles, lorsque sa mission aurait été remplie, afin d'éviter, du moins en partie, la fermentation que la venue d'une troupe de ligne dans la résidence royale ne manquerait pas d'occasioner à Paris et dans l'Assemblée nationale. Cette mesure fut adoptée par le conseil. Bailly dit dans son journal qu'il m'écrivit sur l'inquiétude que les districts de Paris en prenaient. Il ajoute que je lui répondis « que la venue de gens armés dans la résidence » royale, annoncée par des bruits circonstanciés » pour y annoncer la venue du régiment de » Flandre, avait déterminé le roi de prendre à cet » égard des mesures militaires. »

Je me rappelle d'autant moins ce que je pouvais entendre par-là, que je suis très-assuré de n'avoir pris aucune autre mesure militaire, que de faire prévenir le régiment de Flandre de marcher en gens de guerre sans se détourner de sa destinatoin.

Il est vrai que le corps de ville de Paris, d'après ma réponse à Bailly, eut l'audace d'envoyer à Versailles quatre députés s'informer, des ministres du roi, des motifs de l'appel du régiment de Flandre. Ces députés descendirent chez moi; et le sieur Dusaulx, l'un d'eux, membre de l'Académie des belles-lettres, porta la parole : il m'interrogea du ton le plus impérieux sur l'objet en question, en m'annonçant que son exécution aurait de fatales conséquences. Je lui répondis, le plus modérément que je pus, que cette demande d'un régiment de ligne était une suite naturelle de l'avis donné par une lettre de M. de La Fayette. J'ajoutai que je lui répondais ainsi de moi-même, le roi ne m'ayant pas autorisé à répondre à une question que Sa Majesté n'avait pu imaginer qu'on osât faire à son ministre. M. Dusaulx et ses trois co-députés repartirent assez mécontens : M. de Condorcet en était un. Des factieux de l'Assemblée nationale ne manquèrent pas de s'en mêler aussi. MM. Alexandre Lameth et Barnave vinrent m'en parler pour m'engager à demander au roi de révoquer l'appel de ce régiment de ligne. Je leur répondis de manière à leur en ôter tout espoir. Le régiment arriva à Versailles sans rencontrer le moindre obstacle. Les cabaleurs firent entendre aux anciens gardes-françaises qu'il était destiné à les remplacer pour la garde du roi, ce qui n'était point vrai ; mais cela servit à leur faire reprendre le projet de venir à Versailles. J'ignore s'ils n'avaient pas d'autre projet que celui d'y reprendre leur poste, ou s'ils voulaient déjà ramener le roi à Paris. Quoi qu'il en soit, l'explosion ne tarda guère à se faire.

Les gardes-du-corps donnèrent un repas de corps aux officiers du régiment de Flandre, et y invitèrent quelques sous-officiers et soldats, ainsi que des gardes nationales de Versailles. C'était l'ancien usage que les corps militaires en résidence fissent cette politesse à ceux qui y arrivaient. Il s'y buvait beaucoup de santés, et le repas était toujours bruyant ; ce qui ne manque pas d'arriver en cette occasion. La musique du régiment avait été invitée; et l'air pris de la pièce de Richard-Cœur-de-Lion, qui commence ainsi : *O Richard, ô mon roi!* excita le plus vif enthousiasme. On crut bien faire d'aller chercher la reine pour augmenter l'exaltation. Sa Majesté arriva en effet avec M. le dauphin ; ce qui excita de nouvelles acclamations. Lorsqu'on quitta la salle du festin, quelques soldats, peut-être pris de vin, se présentèrent dans la cour de marbre, au-dessous de l'appartement du roi qui était revenu de la chasse. Des cris de *vive le roi* se firent entendre, et l'un des soldats, aidé de ses camarades, monta par le dehors jusqu'au balcon de la chambre de Sa Majesté qui ne se montra point. J'étais dans mon cabinet, et j'envoyai savoir d'où venait ce bruit, ce dont on me rendit compte. Au surplus, je n'ai nul motif de croire qu'il soit arrivé que la cocarde nationale ait été foulée aux pieds ; ce qui est d'autant moins vraisemblable, que le roi lui-même la portant alors, c'eût été manquer de respect à Sa Majesté elle-même. Ce fut un mensonge inventé pour échauffer les esprits de la garde nationale parisienne.

M. le comte d'Estaing commandait alors la garde nationale de Versailles. Le roi lui donna de plus le commandement de toutes les troupes réglées qui s'y trouvaient. Elles consistaient dans les deux bataillons du régiment de Flandre, deux cents chasseurs des Évêchés, huit cents gardes-du-corps à cheval et la garde suisse de service. Le 5 octobre, vers onze heures du matin, un de mes valets de chambre vint à Paris me prévenir que la garde nationale parisienne, soldée et non soldée, accompagnée d'une nombreuse populace, hommes et femmes, s'était mise en marche pour Versailles. Le roi était à la chasse sur les hauteurs de Meudon, et je lui écrivis pour lui en rendre compte. Sa Majesté revint assez promptement et ordonna le conseil d'État pour trois heures et demie. Ce conseil était alors composé de huit ministres : M. le maréchal de Beauvau, MM. les archevêques de Vienne et de Bordeaux, garde-des-sceaux, M. Necker, ministre des finances, et MM. les comtes de Montmorin, de La Luzerne, de La Tour-du-Pin et de Saint-Priest, secrétaires d'État.

Je rendis compte au conseil de l'avis que j'avais reçu, et qui avait été confirmé depuis par plusieurs autres rapports. Je représentai le danger qu'il y aurait à attendre cette multitude à Versailles, et je proposai des mesures à prendre en cette circonstance. Elles consistaient à envoyer garder les ponts sur la Seine, par un bataillon du régiment de Flandre, à Sèvres; par un autre, à Saint-Cloud; par les gardes suisses, à Neuilly; enfin, à ce que le roi fît partir pour Rambouillet, où étaient les chasseurs du régiment de Lorraine, la reine et la famille royale, pendant que Sa Majesté irait au devant des Parisiens avec les deux cents chasseurs des Évêchés et ses huit cents gardes-du-corps. Les mille chevaux mis en bataille au-delà du pont de Sèvres, le roi ferait ordonner à la troupe parisienne de rétrograder, et, à défaut d'obéissance, ferait faire quelques charges de cavalerie pour tâcher de la dissiper. Enfin, si on n'y réussissait pas, le roi serait à temps de regagner Versailles à la tête de ses troupes, et de marcher de suite à Rambouillet. Mon avis fut approuvé par M. le maréchal de Beauvau, MM. de La Luzerne et de La Tour-du-Pin, et vivement combattu par M. Necker, secondé par M. le comte de Montmorin et les archevêques de Vienne et de Bordeaux. M. Necker soutint qu'il n'y avait aucun danger à laisser arriver cette multitude à Versailles, où elle ne venait probablement que présenter une supplique au roi; qu'au pis aller, si Sa Majesté jugeait nécessaire de s'établir à Paris, elle y serait révérée et respectée de son peuple, qui l'adorait.

Je répliquai en opposant à cela le fond et la forme de cette démarche, qui démentaient bien toutes ces prétendues dispositions du peuple de Paris.

Le roi ne s'expliqua point sur le parti qu'il prendrait; il finit le conseil, et nous sûmes qu'il avait été consulter la reine. Elle lui déclara qu'elle ne voulait, pour quelque motif que ce pût être, se séparer de sa personne et de celle de ses enfans; ce qui rendait impossible l'exécution de la mesure que j'avais proposée. Dans cette perplexité, on n'en prit aucune et on attendit. Je fis cependant expédier un ordre pour la caserne suisse de Courbevoie, afin que tout ce qui s'y trouvait du régiment des gardes se rendît immédiatement à Versailles ; ce qui fut promptement exécuté.

L'Assemblée nationale était en séance lorsque l'avis de la marche parisienne lui fut donné par un des députés qui arrivait de Paris. Il y en avait un certain nombre qui n'étaient point étrangers à ce mouvement. Il paraît que Mirabeau voulait en profiter pour porter le duc d'Orléans au trône. C'est alors que Mounier, qui présidait l'Assemblée nationale, repoussant avec horreur cette idée : *Bon homme*, lui dit Mirabeau, *que vous importe d'avoir pour roi Louis XVII au lieu de Louis XVI ?* Louis était le nom de baptême du duc d'Orléans.

Mounier, vu l'urgence des circonstances, proposa à l'Assemblée de se déclarer en permanence et inséparable de Sa Majesté ; ce qui fut décrété. Alors Mirabeau insista pour que la députation qui porterait ce décret au roi lui demandât la sanction de quelques autres demeurés en arrière ; entre autres, celui des droits de l'homme, auquel on désirait des changemens. Mais la circonstance emporta la sanction du roi. Quelques citoyennes se présentèrent alors pour offrir des dons civiques ; il paraît qu'on les envoyait pour amuser le tapis en attendant l'arrivée des Parisiens. Elles furent admises, et ce fut une scène ridicule.

M. le comte d'Estaing avait fait monter les gardes-du-corps à cheval, et il les avait postés dans la place d'armes, en avant du poste de la garde française qu'occupait un détachement de la garde nationale de Versailles, commandée par un nommé Lecointre, marchand toilier, et de fort méchante disposition. Il trouvait mauvais que les gardes-du-corps la laissassent en seconde ligne, et cherchait à faire naître quelque querelle pour les déloger. Il envoya pour cela des gens qui se glissaient entre les rangs des cavaliers pour inquiéter les chevaux. M. de Savonnières, officier des gardes-du-corps, donnant la chasse à ces polissons, reçut un coup de fusil parti de la garde nationale, et en mourut quelque temps après. M. d'Estaing, qui avait reçu du roi l'ordre secret de ne se permettre aucune voie de fait, renvoya les gardes-du-corps à leur hôtel. Ils furent salués en partant de quelques coups de fusil de la garde nationale de Versailles, et il y eut des hommes et des chevaux qui en furent blessés. En arrivant à leur hôtel, ils le trouvèrent mis au pillage par la populace de Versailles ; ce qui les fit revenir à leur précédente position.

Le régiment de Flandre était sous les armes à la tête de l'avenue de Versailles. Mirabeau et quelques autres députés furent se mêler dans les rangs des soldats ; on assure qu'ils leur distribuèrent de l'argent. Les soldats allèrent courir les cabarets de la ville, et se réunirent le soir qu'on les enferma dans les écuries du roi.

Quant aux gardes-du-corps, M. d'Estaing n'y sut

autre chose que de les faire entrer dans la cour des ministres en fermant les grilles. De-là ils passèrent sur la terrasse du château, ensuite à Trianon, enfin à Rambouillet.

Je ne pus m'empêcher de témoigner à M. d'Estaing, dans un moment où il vint auprès du roi, mon étonnement de ne lui voir faire aucune disposition militaire. *Monsieur*, me répondit-il, *j'attends les ordres du roi* (lequel n'ouvrait pas la bouche). *Quand le roi n'ordonne rien*, ajoutai-je, *un général doit se décider en homme de guerre.* Cela resta sans réponse. Vers les sept heures du soir, une espèce d'avant-garde parisienne, composée d'hommes mal armés et de femmes de la populace, arriva à la grille de la cour des ministres, qu'on refusa d'ouvrir. Ces gens demandèrent alors qu'on permît à quelques femmes d'aller présenter une supplique au roi. Sa Majesté ordonna qu'on en laissât entrer six, et me dit d'aller les entendre dans l'œil-de-bœuf ; je m'y rendis. L'une de ces femmes, que j'ai su depuis être une fille publique, porta la parole pour me représenter que la disette du pain régnait à Paris, et que le peuple venait en demander à Sa Majesté. Je répondis que le roi avait pris toutes les mesures qui pouvaient dépendre de Sa Majesté pour suppléer au manque de la récolte dernière ; j'ajoutai que des calamités de ce genre devaient être supportées avec patience, comme on supportait la sécheresse lorsque la pluie manquait. Je congédiai ces femmes en leur disant de retourner à Paris et d'assurer leurs concitoyens de l'amour du roi pour le peuple de sa capitale. Ce fut alors qu'un particulier que je ne connaissais pas, et que j'ai su depuis se nommer le marquis de Favras, me proposa de faire donner à un nombre de gentilshommes là présens des chevaux des écuries du roi, et qu'ils iraient au-devant des Parisiens pour les forcer à rétrograder. Je lui répondis que les chevaux des écuries du roi, n'étant point dressés au genre de service qu'il proposait, y serviraient fort mal et exposeraient inutilement leurs cavaliers. Je rentrai chez le roi pour lui rendre compte de ma conversation avec ces femmes. Peu après le roi rassembla le conseil; il était nuit. A peine étions-nous assis, qu'un aide-de-camp de M. de La Fayette, nommé Villars, m'apporta une lettre que ce général m'écrivait d'auprès d'Auteuil, à une demi-lieue de Paris : il me mandait qu'il était en marche avec la garde nationale parisienne, soldée et non soldée, et une partie du peuple de Paris, qui venaient faire au roi des représentations. Il me priait d'assurer Sa Majesté qu'il ne se passerait aucun désordre, et qu'il en répondait. Malgré ce ton de confiance, il est certain que La Fayette avait été entraîné à Versailles malgré lui, au moment où il s'efforçait d'arrêter sur le Pont-Royal les anciens gardes-françaises déjà en marche. Il n'en est pas moins vrai qu'il s'était familiarisé à l'idée de marcher à Versailles, depuis la première fois qu'il m'en avait écrit.

Il m'en avait même parlé, comme croyant la résidence du roi à Paris préférable en ce temps à celle de Versailles; mais il aurait voulu sans doute qu'on s'y prît autrement pour y attirer Sa Majesté.

Après avoir lu au conseil la lettre de M. de La Fayette, je repris mon avis de l'après-dîner, en observant cependant qu'il n'était plus temps de revenir aux mesures que j'avais proposées alors, mais qu'il était pressant que le roi, avec sa famille et ses troupes réglées, partît pour Rambouillet. Alors la controverse entre M. Necker et moi s'échauffa plus vivement que la première fois. J'exposai les risques que le roi et sa famille allaient courir, s'ils ne les évitaient en partant. Je m'étendis sur les ressources qu'on aurait en quittant Versailles pour Rambouillet, et je finis par dire au roi : *Sire, si vous êtes conduit demain à Paris, votre couronne est perdue.* Le roi fut ému, et se leva pour aller parler à la reine qui, cette fois, consentit au départ. M. Necker dit dans un de ses ouvrages : *Lui seul* (le roi) *devait prendre un parti, et il résolut de rester à Versailles. Entre un grand nombre de personnes, une seule, autant qu'il m'en souvient, se prononça pour le départ, sans aucune modification.*

C'est probablement à moi que M. Necker attribue cette opinion isolée, mais sa mémoire l'a mal servi, car il est de fait que MM. de Beauvau, de La Luzerne et de La Tour-du-Pin furent constamment de mon avis.

M. Necker passe sous silence l'ordre que le roi, en entrant au conseil, me donna de faire préparer ses voitures, ce qui termina la séance. Je prévins Sa Majesté que j'allais exécuter ses ordres, faire partir pour Rambouillet ma femme et mes enfans, et m'y rendre moi-même pour m'y trouver à son arrivée. Je chargeai M. le chevalier de Cubières, écuyer cavalcadour, de porter aux écuries l'ordre d'atteler les voitures, et je me rendis chez moi pour mes arrangemens personnels. Après en être convenu avec madame de Saint-Priest pour son départ, je montai à cheval, enveloppé de mon manteau pour ne pas être remarqué, ce qui me réussit. J'avais à peine fait une demi-lieue, que la voiture de ma femme m'atteignit. Elle me prévint que M. de Montmorin lui avait fait dire que le roi ne partait plus; « mais, ajouta-t-elle, je n'ai pas voulu contrevenir aux dispositions que vous aviez faites. » Je la priai de continuer sa route, bien heureux de la savoir, ainsi que mes enfans, éloignée de la scène à laquelle je m'attendais dès-lors pour le lendemain. Quant à moi, je revins sur mes pas, et rentrai par une des grilles du parc, d'où je renvoyai mes chevaux, et me rendis par les jardins chez le roi. J'y trouvai M. de La Fayette qui venait d'arriver. Il confirma à Sa Majesté toutes les assurances qu'il m'avait écrit de lui donner, et, sans faire aucune disposition nouvelle pour la sûreté du château, il alla se coucher, extrêmement fatigué de sa journée. Le roi, en se retirant, donna à son capitaine des gardes l'ordre de défendre toute voie de fait à ses subordonnés.

Je n'ai jamais bien su ce qui avait fait changer d'avis au roi sur son départ. Je rentrai chez moi dans une grande anxiété, et je me jetai sur mon lit, tout habillé. Il me fut impossible de fermer l'œil par le bruit que faisait la populace parisienne qui remplissait les rues de Versailles. A la pointe du jour, j'entrai dans mon cabinet dont les fenêtres donnaient sur la cour des ministres, et je vis au moment même les grilles s'ouvrir, et une multitude effrénée de bandits armés de piques et de bâtons, quelques-uns de sabres et de fusils, s'élancer dans la cour et courir de toutes ses forces à la cour des princes, où l'on trouve l'escalier qui menait chez Leurs Majestés. Tous ces gens passèrent sous mes fenêtres sans m'apercevoir. J'attendis un quart-d'heure environ, et vis un bon nombre d'entre eux ramenant une douzaine de gardes-du-corps qu'ils avaient saisis dans la salle des gardes de la reine, et qu'ils allaient égorger dans la place d'armes. Heureusement pour ces malheureux, M. de La Fayette parut avec des soldats aux gardes qu'il employa à faire lâcher prise aux bandits. On sait qu'ils étaient montés tout droit à l'appartement de la reine; que les gardes-du-corps les avaient laissés entrer dans leur salle, sans obstacle, d'après l'ordre du roi; que cependant ceux qui étaient en sentinelle à la porte de l'antichambre de la reine, firent quelque résistance, et donnèrent le temps aux valets de pied de veille dans l'intérieur, de barricader la porte avec des coffres et des chaises, et que Sa Majesté, avertie par le bruit, se sauva chez le roi par la communication de leurs appartemens. Les bandits pénétrèrent alors, et, trouvant leur proie échappée, ne firent aucun désordre dans l'appartement. Mais ils avaient assassiné deux gardes-du-corps et blessé plusieurs autres dans la salle des gardes, ce qui fut le fruit de l'ordre de non-résistance donné par le roi la veille. M. de La Fayette monta chez le roi, et trouva la porte de l'antichambre, nommée l'œil-de-bœuf, fermée et barricadée. On parlementa avec les gardes-du-corps qui s'y étaient réfugiés pour préserver l'appartement de Sa Majesté. Sur les assurances que donna M. de La Fayette, on ouvrit. Il y plaça des grenadiers qui, de concert avec les gardes-du-corps, tinrent cette issue fermée jusqu'au départ du roi pour Paris. La porte par laquelle le roi sortait ordinairement pour monter en voiture, demeura constamment libre; le peuple de Paris ne la connaissait pas. Je me couvris d'une redingote pour traverser cette foule qui remplissait la cour, et montai à l'appartement du roi. Je le trouvai avec la reine et le dauphin, sur le balcon de sa chambre à coucher, protégé par M. de La Fayette qui haranguait de temps en temps cette canaille; mais tous ses discours ne pouvaient arrêter les cris : *A Paris! à Paris!* Il partit même de la cour quelques coups de fusil, dont heureusement personne ne fut atteint. Le roi rentrait de temps en

temps dans sa chambre pour s'asseoir et se reposer ;
il était dans un état de stupeur difficile à imaginer
et à peindre. Je m'approchai de lui plusieurs fois,
et lui représentai que tout délai à accéder au vœu
de ce peuple était inutile et périlleux; qu'il fallait
promettre d'aller à Paris; que c'était le seul moyen
de se débarrasser de ces bandits qui, d'un moment
à l'autre, pouvaient se porter aux plus grandes extrémités; qu'il ne manquait pas de gens pour le
leur suggérer. A tout cela le roi ne répondait pas un
seul mot. La reine présente me dit : *Ah! monsieur
de Saint-Priest, pourquoi ne sommes-nous pas partis
hier au soir!* Je ne pus m'empêcher de lui répondre :
Ce n'est pas ma faute.—Je le sais bien, répliqua-t-
elle. Ce propos me prouva qu'elle n'était entrée
pour rien dans le changement de résolution de Sa
Majesté. Elle se décida enfin, vers onze heures, à
promettre d'aller à Paris. On entendit alors quelques
cris de *vive le roi!* et le peuple commença à évacuer
les cours et à reprendre le chemin de la capitale.
On avait eu soin d'envoyer de Paris, pendant la
nuit, des charretées de pain pour nourrir cette
multitude. Je quittai le roi pour le devancer aux
Tuileries, et, ayant pris mon chemin par Saint-
Cloud, je ne rencontrai aucun obstacle. J'allai dîner
chez l'ambassadeur des Deux-Siciles, et me rendis
aux Tuileries, pour m'y trouver à l'arrivée de Leurs
Majestés. Je ne m'attendais pas à la longueur du
temps qu'elles mirent à ce malheureux voyage qui
fut un véritable martyre. Leur voiture était précédée

par les têtes des deux gardes-du-corps assassinés, portées sur des piques. Le carrosse était entouré de gens de sac et de corde, qui regardaient ces personnes royales avec une brutale curiosité. Quelques gardes-du-corps à pied et sans armes, protégés par d'anciens gardes-françaises, suivaient humblement; et, pour y mettre le comble, après avoir employé six ou sept heures pour faire le chemin de Versailles à Paris, on conduisit Leurs Majestés à l'Hôtel-de-Ville, comme pour y faire amende honorable. Je ne sais qui en donna l'ordre. Le roi monta à l'Hôtel-de-Ville, et dit qu'il venait librement habiter sa capitale. Comme il parlait à voix basse : « Dites-leur donc, reprit la reine, que le roi vient habiter librement sa capitale. — *Vous êtes plus heureux que si je l'avais prononcé*, dit alors Bailly, *puisque la reine elle-même vous a donné cette favorable assurance.* C'était un démenti que le fait marquait de reste à Sa Majesté ; jamais elle n'avait agi moins librement. Il était près de dix heures du soir, lorsque le roi arriva aux Tuileries. Je lui dis, lorsqu'il descendit de carrosse, que, si j'avais su qu'il irait à l'Hôtel-de-Ville, j'aurais été l'y attendre. *Je ne le savais pas non plus*, me répondit le roi tristement.

Dès le lendemain, les gardes-du-corps qui avaient passé la nuit sur des bancs dans le château des Tuileries, furent congédiés. M. de La Fayette fit occuper tous les postes par la garde nationale de Paris qu'il commandait, et il devint ainsi le gardien de la famille royale.

Ainsi se vérifia ce que j'avais dit au roi l'avant-veille à Versailles, que, s'il se laissait entraîner à Paris, il perdrait sa couronne. Je ne m'attendais pas alors que, de cette fausse démarche, dépendît aussi la vie de cet infortuné monarque.

Lorsque je me rappelle combien une résolution plus constante de quitter Versailles aurait eu probablement d'heureuses suites, je me sens encore aujourd'hui pénétré de regrets.

1°. Le sieur de Villars, aide-de-camp de M. de La Fayette, qui vint m'apporter sa lettre à Versailles, le 5 octobre, m'a dit qu'il avait été envoyé par son général au pont de Sèvres, savoir s'il était défendu; et qu'en ce cas on eût rétrogradé. 2°. Madame de St.-Priest, étant arrivée à Rambouillet, y vit des députés de la ville de Chartres qui en est voisine; ils venaient, au nom de leurs concitoyens, prier Sa Majesté de prendre asile dans leur ville; l'assurer qu'ils détestaient l'insolence des Parisiens, et qu'ils sacrifieraient, pour le maintien de l'autorité de Sa Majesté, leurs biens et leurs vies; exemple qui eût été immanquablement suivi par les autres villes, de proche en proche, et notamment par celle d'Orléans, parfaitement disposée pour la cause royale. Le maire de Rambouillet m'a depuis assuré que la supplique des députés de Chartres avait été transcrite dans les registres de la municipalité de Rambouillet; elle doit s'y trouver encore aujourd'hui. 3°. L'Assemblée nationale, sous la présidence de Mounier, homme probe et qui voulait le bien de l'État, s'était déclarée inséparable de Sa Majesté. Elle l'aurait donc suivie à Rambouillet et à Chartres. Il est probable de plus que les chefs factieux n'auraient osé [s'y risquer, et que l'Assemblée nationale, épurée par leur séparation, se serait unie au roi dont les intentions étaient pures, et qu'il en serait résulté des réformes utiles, sans renverser la constitution monarchique. 4°. Enfin, s'il avait fallu en venir aux extrémités pour réduire Paris, quel avantage n'aurait-on pas eu contre cette ville qui ne subsistait alors que par les blés qui remontaient la Seine! En arrêtant les convois à Pontoise, Paris était affamé. D'ailleurs le roi aurait aisément rassemblé autour de lui dix mille hommes en quatre jours, et quarante dans la quinzaine, sauf à réunir des forces plus considérables, si les circonstances venaient à l'exiger. L'armée que commandait M. de Bouillé dans son commandement de Metz, eût été bientôt prête à marcher, et, sous un tel général, les mutins eussent été bientôt soumis.

Tel est le narré très-exact que je me proposais de faire, comme témoin oculaire et même comme acteur dans les journées des 5 et 6 octobre; il peut servir quelque jour à l'histoire de cette remarquable époque qui, par ses suites, a fait peut-être le destin de l'univers.

[***] *Page* 145.

QUATRE ou cinq mois avant le funeste voyage de

Varennes, la reine en commença mystérieusement les apprêts. Elle désira se faire précéder par beaucoup de choses utiles dans des temps ordinaires, mais qu'il eût été plus prudent de regarder alors comme superflues.

Je reçus l'ordre de préparer, de la manière la plus secrète, un trousseau complet pour la reine, Madame sa fille et monseigneur le dauphin. L'espionnage de l'Assemblée était alors porté à un tel degré, et les moindres actions des gens connus pour posséder la confiance des souverains, épiées avec tant de soins, que je fus obligée d'aller à pied, et presque déguisée, acheter tous les objets nécessaires.

Ma sœur fit faire les hardes destinées à l'usage de Madame et du dauphin, en supposant un présent qu'elle devait envoyer en province. Les malles passèrent aux frontières comme appartenant à une de mes tantes, madame Cardon, veuve du major de la ville d'Arras, qui se rendit à Bruxelles avec l'ordre d'y attendre la reine, et qui ne rentra en France qu'après l'acceptation de la constitution, en septembre 1791.

Un nécessaire énorme pour sa dimension, et qui contenait depuis une bassinoire jusqu'à une écuelle d'argent, parut un meuble dont on ne pouvait se passer. La reine chercha un moyen de faire parvenir à Bruxelles son nécessaire. Elle l'avait commandé à l'époque des premières insurrections, en 1789, pour lui servir *en cas de fuite précipitée*. Le moment d'en faire usage était arrivé. Elle ne voulait pas en être privée.

Je m'opposai, avec toute la force des raisonnemens, à l'exécution de cette idée. Un meuble volumineux et destiné à des voyages ne pouvait sortir de la chambre de la reine sans donner lieu à beaucoup de soupçons, et peut-être de dénonciations. Enfin, il fut arrêté que M. F. S., de l'ambassade de Vienne, alors chargé des affaires en l'absence du comte de Mercy, demanderait à la reine, de la part de madame la gouvernante, un nécessaire semblable en tout au sien. Le soin de faire exécuter la commission de l'archiduchesse me fut donné publiquement; la reine crut ce détour suffisant pour éloigner tout soupçon, mais elle se trompait. La connaissance des hommes manque plus particulièrement aux personnes nées sur le trône qu'à toute autre.

Je pressais vainement l'ouvrier de livrer son ouvrage; il demandait encore deux mois pour le rendre, et le moment fixé pour le départ approchait. La reine, toujours beaucoup trop occupée de cette bagatelle, pensa qu'ayant effectivement commandé un nécessaire, sous le prétexte d'en faire présent à madame sa sœur, elle pouvait feindre le désir de l'en faire jouir plus vite en lui envoyant le sien, et m'ordonna de le faire partir.

Je donnai l'ordre à la femme de garde-robe, chargée de tous les détails de ce genre, de mettre le nécessaire en état d'être emballé et transporté, de la part de la reine, chez M. de...., pour qu'il le fît passer à Bruxelles.

Cette femme s'acquitta ponctuellement de la commission; mais le soir même, 15 mai 1791, elle fit savoir à M. Bailly, maire de Paris, qu'il se faisait chez la reine des apprêts pour un départ, et que le nécessaire était déjà parti, sous le prétexte d'en faire don à madame l'archiduchesse Christine.

Il avait fallu de même faire passer la totalité des diamans appartenant à la reine. Sa Majesté s'était établie avec moi dans un cabinet d'entresol donnant sur le jardin des Tuileries, et nous emballâmes dans une petite caisse tout ce qu'elle possédait en diamans, rubis et perles. Les écrins, qui contenaient toutes ces parures, formant un volume considérable, avaient été déposés, dès le 6 octobre 1789, chez le valet de chambre joaillier. Ce serviteur fidèle, s'étant de lui-même expliqué l'emploi que l'on devait avoir fait des pierreries, avait détruit toutes ces boîtes couvertes, selon l'usage, en maroquin rouge, orné du chiffre et des armes de la reine. Aux visites domiciliaires, en janvier 1793, il lui aurait été impossible de les soustraire aux yeux des inquisiteurs populaires, et cette découverte eût pu fournir un motif d'accusation contre la reine.

Je n'avais plus que quelques pièces à placer dans la boîte, lorsque la nécessité de descendre pour le jeu qui avait lieu à sept heures précises, força la reine de suspendre cette occupation. Elle m'ordonna de laisser tous les diamans sur le canapé, persuadée que prenant elle-même la clef de son cabinet, et une sentinelle étant au-dessous de cette fenêtre, il n'y avait rien à craindre pour la nuit, et comptant revenir le lendemain de très-bonne heure terminer cet ouvrage.

La même femme, qui avait dénoncé l'envoi du nécessaire, était chargée par la reine du soin de ses cabinets intérieurs; aucun frotteur n'avait la permission d'y entrer; elle y renouvelait les fleurs, balayait les tapis, etc. La reine reprenait de ses mains la clef de ses cabinets lorsqu'elle avait fini de les ranger; mais cette femme, désirant se bien acquitter de ses fonctions, et n'obtenant quelquefois cette clef que de simples minutes, en avait probablement, pour cette seule raison, commandé une à l'insu de la reine. Il est impossible d'en douter, puisque l'envoi des diamans fut le sujet d'une seconde délation dont, après le retour de Varennes, la reine eut connaissance. Elle avait dit formellement que Sa Majesté, aidée de madame Campan, avait emballé la totalité de ses pierreries quelque temps avant le départ; qu'elle en était sûre, ayant trouvé les diamans et le coton qui servait à les envelopper épars sur le canapé dans le cabinet d'entresol de la reine; et sûrement elle n'avait pu voir ces apprêts que dans l'espace de sept heures du soir à sept heures du matin. La reine, s'étant trouvée le lendemain à l'heure qu'elle m'avait indiquée, la boîte fut remise à Léonard, coiffeur de Sa Majesté;

La boîte qui les renfermait resta long-temps à Bruxelles. Elle est enfin parvenue à madame la duchesse d'Angoulême, et lui fut remise par l'empereur à son arrivée à Vienne. J'ajouterai ici quelques détails qui ne sauraient trouver place ailleurs. Pour ne laisser aucun des diamans de la reine, j'avais fait demander à la première femme des atours de me remettre la pièce de corps du grand habit, et tout l'assortiment qui servait pour le corset du grand habit, aux jours de grande représentation, objets qui restaient habituellement à la garde-robe.

La surintendante et la dame d'honneur étant absentes, cette femme me fit demander de lui signer un reçu dont elle dicta elle-même les termes, et qui la tenait quitte de la responsabilité de ces diamans. Elle eut la prudence de brûler ce titre dans le moment de la crise du 10 août. La reine n'ayant pas voulu faire rentrer ses diamans en France, lors de la funeste arrestation de Varennes, en était souvent occupée dans l'année qui s'écoula entre cette époque et celle du 10 août, et craignait surtout qu'un semblable secret ne fût dévoilé.

Par suite d'un décret de l'Assemblée, qui privait le roi de la garde des diamans de la couronne, la reine avait déjà rendu à cette époque ceux dont elle faisait un usage habituel.

Les douze brillans, nommés *mazarins* du nom du cardinal qui en avait enrichi le Trésor, quelques diamans taillés en rose et le *sanci*, étaient ceux

qu'elle préférait. Elle voulut remettre elle-même la boîte qui les contenait au commissaire nommé par l'Assemblée-nationale, pour les réunir aux diamans de la couronne. Après les lui avoir donnés, elle lui présenta un rang de perles fines d'une grande beauté, en lui disant « que cet objet avait
» été apporté en France par Anne d'Autriche; qu'il
» était au-dessus de toute valeur par sa rareté;
» qu'ayant été substitué par cette princesse aux
» reines et dauphines, Louis XV le lui avait remis
» à son arrivée en France; mais qu'elle le regardait
» comme propriété nationale. — C'est le sujet d'une
» question, Madame, lui répondit le commissaire.
» — Monsieur, reprit la reine, il m'appartient de
» la décider, et elle l'est. »

Mon beau-père, touchant à la fin de ses jours et mourant du chagrin que lui donnaient les malheurs de ses maîtres, intéressait et occupait beaucoup la reine. Il avait été sauvé de la fureur du peuple dans la cour des Tuileries.

Le jour auquel le roi fut forcé par une insurrection de renoncer à un voyage à Saint-Cloud, Sa Majesté regardait sa perte comme inévitable, si, en partant, elle laissait ce serviteur intime dans l'appartement qu'il occupait aux Tuileries. Elle avait, d'après ces craintes, ordonné à M. Vicq-d'Azyr, son médecin, de lui conseiller les eaux du Mont-d'Or en Auvergne, et de le décider à partir à la fin de mai. La reine m'assura, au moment de mon départ, que, du 15 au 20 juin, le grand projet serait exécuté; que n'étant pas de mois de service, madame Thibaut ferait le voyage; mais qu'avant mon départ, elle avait encore plusieurs choses à m'ordonner. Elle me chargea, à ce moment, d'écrire à ma tante, madame Cardon, qui dès-lors était munie des hardes que j'avais commandées; qu'au moment où elle recevrait de M. Auguié une lettre dont la date serait accompagnée d'un *B*, d'une *L* ou d'une *M*, elle se rendrait de suite avec ses effets à Bruxelles, à Luxembourg ou à Montmédy. Elle me recommanda de bien expliquer le sens de ces trois lettres à ma sœur, de les lui laisser par écrit, pour qu'au moment du départ elle pût me remplacer pour écrire à Arras. La reine avait une commission plus délicate à me confier; il s'agissait de choisir, parmi mes connaissances, une personne discrète, d'une classe obscure, mais parfaitement dévouée aux intérêts de la cour, pour lui demander si elle voulait recevoir un porte-feuille qu'elle ne remettrait qu'à moi ou à une personne munie d'un écrit de la reine. Elle ajouta qu'elle ne voulait point voyager avec ce porte-feuille, mais qu'il était de la plus grande importance que mon opinion fût mûrie et bien assurée sur la fidélité des gens auxquels il serait confié. Je lui proposai madame Vallayer Coster, aimable, estimable artiste, que je connaissais dès mon enfance, et dont les sentimens n'étaient point douteux. Elle demeurait dans les galeries du Louvre. Ce choix parut bon. La reine se rappela qu'elle l'avait mariée en lui donnant une place de finances, et ajouta qu'il fallait bien aussi compter quelquefois sur la reconnaissance. Elle m'indiqua alors le garçon de toilette que je devais mener avec moi pour lui faire parfaitement connaître le logement de madame Coster dans les galeries du Louvre, lorsqu'il porterait le porte-feuille. La reine me recommanda essentiellement, la veille de son dé part, de gagner Lyon et les frontières aussitôt qu'elle serait partie. Elle me conseilla de prendre avec moi une personne de confiance qui fût capable de rester auprès de M. Campan, lorsque je le quitterais, et m'assura qu'elle ferait donner l'ordre à M.*** de partir aussitôt qu'on la saurait aux frontières, pour protéger ma sortie. Elle voulut bien ajouter qu'ayant encore une longue course à faire dans les pays étrangers, elle voulait me remettre trois cents louis. Je baignai de larmes les mains de la reine au moment de cette douloureuse séparation ; ayant de l'argent à ma disposition, je refusai son or. Je ne redoutais pas la route pénible que j'avais à faire pour la rejoindre ; j'appréhendais que, par des trahisons ou par de mauvaises combinaisons, un projet, dont la sûreté ne m'était pas assez démontrée, ne vînt à manquer. J'aurais répondu de tout le service intérieur de la reine, et j'avais raison; mais sa femme de garde-robe me causait de justes alarmes. J'osai les communiquer à la reine ; je n'avais jamais profité de la confiance dont elle m'honorait pour desservir personne, et, dans ce moment, il était de mon devoir d'agir en opposition avec mes prin-

cipes. Je communiquai à la reine une foule de propos révolutionnaires qu'elle m'avait tenus il y avait peu de jours. Cette charge était directement sous les ordres de la première femme : elle avait refusé d'obéir à ceux que je lui donnais, me parlant avec insolence de *hiérarchie renversée*, *d'égalité entre les hommes*, à plus forte raison entre les personnes munies de charges à la cour; et ce fatras de mots placés en ce moment dans la bouche de tous les partisans de la révolution, fut terminé par une phrase qui m'avait effrayée. « Vous savez beaucoup
» de secrets importans, Madame, me dit cette
» femme, et moi j'en ai deviné tout autant. Je ne
» suis point une sotte; je vois tout ce qui se passe
» ici par suite des mauvais conseils que l'on donne
» au roi et à la reine : je pourrais les déjouer tous si je
» voulais. » J'étais sortie pâle et tremblante de cette espèce de rixe où j'avais promptement pris l'attitude du silence. Malheureusement, ayant commencé mon récit à la reine par des détails sur le refus que cette femme avait fait de m'obéir, et les souverains étant toute leur vie importunés des réclamations sur les prérogatives des places, elle crut que mon mécontentement avait une grande part dans la démarche que je faisais; et cette femme ne lui inspira pas assez de crainte. Sa charge, quoique très-subalterne, lui rapportait près de 15,000 francs par an. Encore jeune, assez belle, bien logée dans les entresols des Tuileries, elle recevait beaucoup de monde, et avait le soir un cercle composé de

députés du parti de la révolution. M. de Gouvion, major-général de la garde nationale, passait presque toutes les journées près d'elle; et il est à présumer que, depuis long-temps, elle servait le parti opposé à la cour. La reine demanda à cette femme la clef d'une porte qui conduisait sous le grand vestibule des Tuileries, en lui disant qu'elle voulait en avoir une pareille pour éviter de sortir par le pavillon de Flore. MM. de Gouvion et de La Fayette durent être instruits de cette circonstance, et des gens bien informés m'ont assurée que, la nuit même du départ de la reine, cette malheureuse avait chez elle un espion qui vit sortir la famille royale.

Pour moi, après avoir exécuté tous les ordres de la reine, le 30 mai 1791, je partis pour l'Auvergne. J'étais déjà établie dans le triste et étroit vallon du Mont-d'Or, lorsque, vers les quatre heures du soir, le 25 juin, j'entends le bruit d'un tambour qui rassemblait les habitans de ce hameau. Quand il eut cessé, un perruquier, venu de Besse, dit à haute voix en patois auvergnat : « Le roi et la reine s'enfuyaient pour perdre la » France, mais je viens vous apprendre qu'ils » sont arrêtés et bien gardés par cent mille hommes » sous les armes. » J'osais encore espérer qu'il débitait une fausse nouvelle, mais il ajouta : « La reine, » avec sa fierté bien connue, a levé le voile qui » couvrait son visage, et a dit à tous les citoyens » qui faisaient des reproches au roi : *Eh bien! puis-* » *que vous reconnaissez votre souverain, respec-*

» *tez-le.* » A ces expressions qu'il n'appartenait pas à la société des jacobins de Clermont d'avoir inventées, je m'écriai : *La nouvelle est vraie !*

J'exprimerais mal mon désespoir, et il occuperait une place trop secondaire dans le récit d'un événement si important. Je sus à l'instant même qu'un courrier étant venu de Paris à Clermont, le procureur de la commune en avait fait partir pour tous les chefs-lieux de canton, ceux-ci pour les simples districts, et les derniers pour les villages et les hameaux. C'était par cette filière, due à l'établissement des clubs, que la triste nouvelle du malheur de mes maîtres était venue me trouver dans le lieu le plus sauvage de la France, et au milieu des neiges dont nous étions environnés.

Le 28, je reçus un billet que je reconnus être de la main de M. Diet, huissier de la chambre de la reine, mais dicté par Sa Majesté. Il contenait ces mots : « J'arrive à l'instant ; je viens d'entrer dans » mon bain. J'existe, ainsi que ma famille. J'ai » bien souffert. Ne rentrez à Paris que lorsque je » vous ferai mander. Prenez bien soin de mon » pauvre Campan, adoucissez sa douleur. Espérez » des temps plus heureux. »

Ce billet, pour plus de sûreté, était adressé au valet de chambre de mon beau-père. Combien je fus touchée en voyant qu'après la crise la plus cruelle, nous avions été un des premiers objets des bontés de cette infortunée princesse !

M. Campan n'ayant pu faire aucun usage des

eaux du Mont-d'Or, et la première effervescence populaire étant calmée, je crus pouvoir retourner à Clermont. Le comité de surveillance ou de sûreté générale avait voulu m'y faire arrêter ; mais M. l'abbé Louis, ancien conseiller au parlement, alors membre de l'Assemblée constituante, voulut bien affirmer que j'étais en Auvergne uniquement pour rendre des soins à mon beau-père qui était extrêmement malade. On borna les précautions relatives à mon absence de Paris, à nous mettre sous la surveillance du procureur de la commune qui était en même temps président du club des jacobins ; mais il était aussi médecin estimé, et, sans me douter des ordres secrets qu'il avait reçus relativement à moi, j'avais cru favorable à notre tranquillité de le préférer pour soigner mon malade. Je le payai sur le pied des meilleurs médecins de Paris ; et je demandai une visite du matin et du soir. J'avais pris la précaution de ne m'abonner que pour le Moniteur. Souvent le docteur Monestier (c'était le nom de ce médecin) se chargeait de nous en faire la lecture. Lorsqu'il voulait s'exprimer sur le compte du roi et de la reine avec les expressions injurieuses et grossières malheureusement adoptées à cette époque par toute la France, je l'arrêtais et lui disais sans emportement : « Monsieur, vous êtes ici avec les propres serviteurs de Louis XVI et de Marie-Antoinette. Quels que soient les torts que la nation croie avoir à leur reprocher, nos principes nous interdisent de perdre le respect que nous leur devons. » Patriote exaspéré, il n'en sentait pas moins la justesse de cet argument, et fit même révoquer un second ordre de nous arrêter, en répondant de nous au comité de l'Assemblée et à la société des jacobins.

Les deux premières femmes du dauphin, qui avaient accompagné la reine jusqu'à Varennes, Diet, son huissier, et Camot, son garçon de toilette; les premières, à raison du voyage, les seconds, par suite des dénonciations de la femme de garde-robe, furent mis dans les prisons de l'Abbaye. Après mon départ, le garçon de toilette, que j'avais mené chez madame Vallayer-Coster, avait été chargé d'y porter le porte-feuille qu'elle était convenue de recevoir. Cette commission n'avait pu échapper à l'odieux espion de la reine. Elle dénonça la sortie d'un porte-feuille la veille du départ, ajoutant que le roi l'avait placé sur la bergère de la reine; que le garçon de toilette, l'ayant enveloppé d'une serviette, l'avait mis sous son bras; qu'elle ignorait où il avait dû le porter. Cet homme, remarquable par sa fidélité, subit trois interrogatoires sans faire le moindre aveu. M. Diet, homme fort bien né, serviteur sur lequel la reine comptait essentiellement, éprouva aussi les traitemens les plus durs. Enfin, après trois semaines, la reine obtint l'élargissement de ses serviteurs.

La reine me fit écrire, vers le 15 août, que je pouvais revenir à Paris sans craindre d'y être arrêtée, et qu'elle désirait beaucoup mon retour. Je ramenai mon beau-père mourant, et, la veille du jour de l'acceptation de l'acte constitutionnel, j'appris à la reine qu'il n'existait plus. « La perte de » Lassonne et de Campan, dit-elle en essuyant ses » yeux remplis de pleurs, m'a fait connaître à quel » degré de semblables sujets sont précieux à leurs ». maîtres. Je ne les remplacerai jamais. »

J'avais repris mes fonctions près de la reine le 1er septembre 1791. Je fus frappée du changement étonnant que le malheur avait déjà imprimé sur ses traits. La totalité de ses cheveux étaient devenus presque blancs pendant le seul trajet de Varennes à Paris. Elle avait perdu le sommeil. Désirant avoir le plus tôt possible la consolation que le jour venait apporter à ses douleurs, on ne fermait plus les volets. Je trouvai encore existans tous les gardes établis dans les endroits les plus reculés de ses appartemens; un commandant de bataillon passait la nuit, assis dans l'intervalle des deux portes, entre le salon et la chambre à coucher. Les battans étaient ouverts du côté de la reine, et son fauteuil placé de manière à ne la point perdre de vue. On avait fait même des difficultés pour permettre qu'un lit à colonne fût roulé tous les soirs près du lit de la reine pour coucher sa première femme, alléguant que ce lit empêchait le commandant de bataillon d'avoir directement les yeux sur celui de la reine.

Toute la journée, la porte du salon où se tenait la famille restait ouverte de manière à ce que les gardes pussent voir et entendre la famille royale. Le roi l'ayant fermée plusieurs fois, elle fut toujours ouverte à l'instant même par l'officier qui lui disait d'un ton imposant : *Permettez que cette porte ne soit pas fermée ; c'est ma consigne.* Un capitaine de la garde passait vingt-quatre heures de suite au fond du corridor obscur qui règne derrière l'appartement de la reine. Il avait près de lui une table et deux bougies. Ce poste, ressemblant à la plus sévère prison, n'était nullement recherché ; Saint-Prix, acteur de la Comédie française, s'y était presque consacré, et sa conduite envers ses infortunés souverains y fut constamment respectueuse et touchante. Le roi arrivait dans l'appartement de la reine par ce corridor, et, souvent, l'acteur du Théâtre français procura à l'auguste et malheureux couple la consolation de s'entretenir sans témoins. La rigueur avait été portée au point qu'un officier, nommé Collot, fit lever la consigne qui lui enjoignait de suivre la reine jusqu'à sa garde-robe, et de rester en faction à la porte tout le temps qu'elle y demeurerait.

Le jour où je repris mon service auprès de Sa Majesté, elle ne put m'entretenir de tous les tristes événemens qui s'étaient passés depuis l'instant où je l'avais quittée, ayant ce jour-là près d'elle un officier de garde qu'elle redoutait plus que tous les autres. Elle me dit simplement que j'aurais des services secrets à lui rendre, et qu'elle ne voulait pas inquiéter par de longues conversations avec moi au moment de mon arrivée, mon retour ayant été craint. Enfin le lendemain, la reine, connaissant bien la discrétion de l'officier qui devait passer cette nuit, fit placer mon lit très-près du sien, et ayant obtenu que la porte de sa chambre serait fermée, lorsque je fus couchée elle commença le récit du voyage et de la funeste arrestation à Varennes. Je lui demandai la permission de passer une robe, et, m'étant agenouillée près de son lit, je restai jusqu'à trois heures du matin à écouter, avec le plus vif et le plus douloureux intérêt, le récit que je vais rapporter, et dont j'ai vu des détails assez exacts dans plusieurs écrits du temps.

Le roi avait chargé M. le comte de Fersen, soustrait par le titre d'étranger aux inculpations nationales, de tous les apprêts du départ. La voiture avait été commandée par lui; le passe-port, sous le nom de madame de Korf, était dû à ses relations avec cette dame étrangère. Enfin il avait lui-même mené en cocher la famille royale jusqu'à Bondy, où les voyageurs montèrent dans leur berline. Madame Brunier et madame Neuville, les deux premières femmes de Madame et du dauphin, s'y réunirent à la voiture principale. Elles étaient en cabriolet. Monsieur et Madame partirent du Luxembourg en prenant une autre route. Ils furent, ainsi que le roi, reconnus par le maître de la dernière poste avant de quitter la France; mais cet homme, se dévouant à la fortune du prince, sortit lui-même du territoire français, et les conduisit en postillon.

Madame Thibaut, première femme de la reine, gagna Bruxelles sans la moindre difficulté. Madame Cardon, partie d'Arras, n'éprouva aucun empêchement; et Léonard, coiffeur de la reine, traversa Varennes peu d'heures avant la famille royale. Le sort avait réservé tous les obstacles pour l'infortuné monarque.

Le commencement de la route se passa sans événemens; quelques réparations à faire à la voiture arrêtèrent un peu de temps les voyageurs à douze lieues de Paris. Le roi voulut monter une montagne à pied, et ces deux circonstances complétèrent le retard de trois heures pour le moment précis où la berline devait rencontrer, avant Varennes, le détachement commandé par M. Goguelat. Ce détachement s'était bien rendu au poste indiqué, avec l'ordre d'y attendre un trésor pour l'escorter; mais les paysans des lieux environnans, alarmés de voir ce corps de troupes, vinrent armés de bâtons, et firent plusieurs questions qui manifestaient de l'inquiétude. M. Goguelat, craignant d'occasioner un attroupement, et ne voyant pas arriver la voiture attendue, divisa ses gens en deux pelotons, et leur fit malheureusement quitter la grande route pour regagner Varennes par deux chemins de traverse (1). Le roi mit la tête à la por-

---

(1) Madame Campan attribue ici à M. de Goguelat des dispositions prises par M. le duc de Choiseul, et dont il donne les motifs page 84 de ses Mémoires.   (*Note de l'édit.*)

tière à Sainte-Menehould, et fit plusieurs questions sur la route. Drouet, maître de poste, dont le nom funeste sera consigné dans l'histoire, frappé de la ressemblance extrême de Louis XVI avec l'effigie empreinte sur les assignats, s'approcha de la voiture, crut aussi reconnaître la reine, et jugeant que le reste des voyageurs devait faire partie de la famille royale et de sa suite, monte à l'instant à cheval, prend des chemins de traverse, arrive à Varennes avant les augustes fugitifs; il y sème l'alarme.

La reine commençait à éprouver toutes les angoisses de la crainte; elles furent augmentées par la voix d'un homme inconnu qui, passant à toute bride près de la voiture, leur cria, en se baissant jusqu'à leur portière, sans cependant ralentir sa course : *Vous êtes reconnus !......*

Le cœur palpitant de crainte, ils arrivent jusqu'aux portes de Varennes sans rencontrer un seul cavalier, devant être escortés pour entrer dans cette ville. Ils ignoraient où se trouvaient leurs relais; ils s'arrêtent quelques minutes inutilement. Le cabriolet les avait précédés; et les deux femmes trouvent déjà le pont barricadé avec de vieilles charrettes et des meubles. Toute la garde bourgeoise était sous les armes. Le roi entra enfin dans Varennes. M. Goguelat y était arrivé avec son détachement. Il s'approcha du roi, en lui demandant *s'il voulait passer par les moyens de la force!* Question funeste à faire à Louis XVI qui, depuis le commencement de la révolution, avait manifesté, dans toutes les crises, la crainte qu'il avait de donner le moindre ordre qui pût amener l'effusion du sang. « Sera-ce chaud ? dit le roi. — Il » est impossible que ce soit autrement, Sire, » dit l'aide-de-camp. Louis XVI ne voulut point exposer sa famille. Ils descendirent alors chez un épicier, maire de Varennes. Le roi prit la parole, et fit un résumé de son projet de départ, analogue à la déclaration qu'il avait faite à Paris. Il parlait avec chaleur et bonté, cherchait à démontrer aux gens dont il était environné qu'il se mettait seulement, par sa démarche, en position de traiter avec l'Assemblée, de sanctionner avec liberté la constitution qu'il maintiendrait, mais dont plusieurs articles étaient incompatibles avec la grandeur du trône et la force dont il avait besoin d'être environné. Rien n'était plus touchant, ajoutait la reine, que ce moment où le roi communiquait à des sujets de la plus inférieure classe, ses principes, ses vœux pour le bonheur de ses sujets, et les motifs qui avaient déterminé son départ. Pendant que le roi parlait à ce maire, nommé M. Sauce, la reine, assise dans le fond de la boutique parmi des ballots de chandelle et de savon, cherchait à faire entendre à madame Sauce que, si elle pouvait déterminer son mari à faire usage de son pouvoir municipal pour protéger la sortie du roi et de sa famille, elle aurait la gloire d'avoir contribué à ramener la paix en France. Cette femme était attendrie ; se voyant

ainsi sollicitée par sa souveraine, des larmes coulaient de ses yeux; mais elle se concentrait dans ce peu de mots : « Bon Dieu! Madame, ils feraient
» périr M. Sauce : j'aime bien mon roi; mais, dame,
» écoutez, j'aime bien mon mari. Il est respon-
» sable, voyez-vous. » Pendant que cette bizarre et inutile scène se passait dans la boutique, le peuple, à la nouvelle de l'arrestation du roi, arrivait en foule de toutes parts. M. Goguelat, faisant une dernière tentative, demanda aux dragons s'ils voulaient protéger la sortie du roi; ils répondirent par des murmures et en baissant la pointe de leurs sabres. Un individu inconnu tira un coup de pistolet en visant M. Goguelat; il fut légèrement atteint par la balle. M. Romeuf, aide-de-camp de M. de La Fayette, arriva en ce moment. Il avait été choisi, après la journée du 6 octobre 1789, par le commandant de la garde parisienne, pour être habituellement de service auprès de la reine; elle lui adressa des reproches amers sur l'objet de sa mission. « Si vous voulez faire distinguer votre nom,
» Monsieur, lui dit la reine, vous avez choisi un
» étrange et odieux moyen, et qui sera suivi des
» plus funestes conséquences. » Ce militaire voulait hâter le départ. La reine, entretenant encore l'espoir de voir arriver M. de Bouillé avec une force imposante pour dégager le roi de la position critique où il se trouvait, prolongeait, le plus possible, son séjour à Varennes. La première femme du dauphin, feignant de souffrir d'une colique vio-

lente, s'était jetée sur un lit, jugeant qu'elle servait les projets de ses maîtres. Elle pleurait et demandait du secours. Parfaitement entendue par la reine, Sa Majesté refusait d'abandonner, dans l'état de souffrance où elle se trouvait, une femme qui s'était dévouée à les suivre. Ce qui faisait le motif de leurs espérances étant celui de la crainte des gens qui les avaient arrêtés, on n'en précipita pas moins le départ. Les trois gardes-du-corps (Valory, Dumoutier et Malden) furent garottés et attachés sur le siége de la voiture.

Une horde de gardes nationaux animés par la fureur et la joie barbare que leur inspirait leur funeste triomphe, environnait la voiture de la famille royale.

Les trois commissaires envoyés par l'Assemblée à la rencontre du roi, MM. de Latour-Maubourg, Barnave et Pétion, les joignirent aux environs d'Épernay. Les deux derniers montèrent dans la voiture du roi; déjà la bande de furieux, qui environnait les illustres victimes, avait massacré sous leurs yeux M. de Dampierre, chevalier de Saint-Louis, habitant une terre dans les environs de Varennes. Il était accouru pour donner à son souverain une simple preuve de son respect. Une mort cruelle avait été le prix de cet empressement naturel à tous bons Français. A quelque distance d'Épernay, un curé de village ose de même s'approcher du cortége, avec le seul désir d'apercevoir les traits de l'infortuné monarque. Il est à l'instant précipité, et allait périr sous les yeux de la famille royale. Barnave s'élance à la portière, révolté par ces atroces assassinats; il s'écrie : « Sommes-nous environnés de tigres? Laissez en paix ce respectable vieillard. Montrez, dans ce moment imposant, le calme d'une grande nation, digne de conquérir sa liberté. » Le vieux prêtre est sauvé. Madame Élisabeth, surprise et charmée de l'élan généreux de Barnave, le voyant prêt à se précipiter par la portière, saisit la basque de son habit pour le garantir de ce danger. Le courage et l'humanité unissent en ce moment les vœux de la pieuse fille des Bourbons et du plébéien indépendant qui, depuis deux ans, portait atteinte aux antiques droits de la monarchie. Ce nom, que l'on n'avait jamais prononcé qu'avec horreur et dédain, est celui d'un homme sensible; et, de ce moment, Barnave a acquis des droits sur les cœurs des infortunées princesses. On ose même établir une conversation suivie sur la crise dans laquelle se trouvent la France et la famille royale. Le roi, dans le commencement, malgré son extrême timidité, hasarde quelques réflexions; mais ayant demandé où le peuple français en voulait venir, Pétion eut la barbare franchise de lui répondre : *A une république, lorsqu'il aura le bonheur d'être assez mûr pour cela.* De ce moment, le roi s'imposa, jusqu'à son arrivée à Paris, un silence qu'il ne rompit pas une seule fois même par des monosyllabes.

On proposa aux députés de manger d'une cantine de volaille et de pâtisserie qui était dans la voiture du roi. Pétion accepta avec empressement; madame Élisabeth lui versait à boire. Le député Pétion, affectant sans doute les manières les plus faciles, tapait son verre sous le gouleau de la bouteille pour indiquer qu'il avait assez de vin. La dignité de Barnave, révoltée de ces manières grossièrement affectées, refusa de manger. Pressé par la reine de prendre quelque chose: « Madame, ré-
» pondit Barnave, les députés de l'Assemblée na-
» tionale, dans une circonstance aussi solennelle,
» ne doivent occuper Vos Majestés que de leur
» mission, et nullement de leurs besoins. » Cette conduite de Barnave, s'étant soutenue pendant toute la route, a naturellement attiré une favorable impression sur l'esprit de la reine et de madame Élisabeth; et les princesses eurent avec lui, dans les villes où le triste cortége se reposa, plusieurs conversations particulières. Elles le trouvèrent plein d'esprit et de sages intentions, très-attaché au système de monarchie constitutionnelle, mais sentant les dangers incalculables qu'amènerait en France un gouvernement républicain.

[****] *Page* 188.

Sur l'administration de la maison de la reine.

ELLE était subordonnée, pour ses dépenses, au

ministre secrétaire-d'État ayant le département de la maison du roi.

Le premier bureau était celui du secrétariat des commandemens ; là s'expédiaient les brevets ou titres de nomination de tous les officiers et dames du service, et les primitifs états, connus sous le nom de menus, pour la direction des dépenses.

Le menu général avait pour objets les fournitures de pain, vin, viande, bois, cire, etc., et les divers menus, compris à ce menu général, établissaient une dépense fictive. Par exemple, on établissait le pain qui devait se fournir à la table, le vin, les différens mets, et jusqu'au bois, charbon, et généralement toutes les consommations qui se faisaient pour la confection du service.

On pouvait et on variait le service pour la nature des mets, mais sans que cela ne pût rien changer à la dépense, à moins que ce ne fût en revenant-bon.

Par ce moyen, les dépenses étaient connues et fixées avant leur consommation, sans qu'on pût les excéder. Cependant les besoins du service exigeaient quelquefois les fournitures auxquelles les menus n'avaient pas pourvu, comme des objets de nouveautés ou choses rares et chères. Alors il se tenait un compte particulier de la dépense que ceci occasionait, et les revenans-bons en payaient les frais.

Il était pareillement pourvu, par des états fictifs, aux dépenses de la chambre et de l'écurie, soit pour les livrées, les équipages et la nourriture des chevaux.

Pour les dépenses non prévues, il se dressait des états particuliers dont la connaissance était aisée, puisqu'il s'agissait de peu d'articles.

Ces états ou menus fixaient les émolumens de toutes les personnes attachées au service de la maison, et les diverses fournitures.

Le second bureau, le contrôle-général de la maison, mettait à exécution les ordres portés par ces menus, justifiait de l'exécution de l'universalité du service et de l'emploi des fonds portés dans ces menus, ou des revenans-bons lorsque les dépenses n'avaient pas eu lieu.

Ce bureau était le véritable point central où se décidaient et arrêtaient définitivement toutes les dépenses ordinaires et extraordinaires.

Celles de la chambre s'arrêtaient sous le commandement de la surintendante et de la dame d'honneur, et le contrôleur-général de la maison.

Celles de la maison, comprenant les cuisines et offices, s'arrêtaient par le premier maître et les autres maîtres-d'hôtels, et le contrôleur-général.

Celles de l'écurie, sous le commandement du premier écuyer, aussi avec le contrôleur-général.

Il résultait de cet ordre de choses, que le contrôleur-général était particulièrement comptable de toutes les opérations.

On voulut viser à des moyens d'économie, on crut qu'il fallait ôter aux grands officiers la part qu'ils avaient dans l'administration des dépenses; en conséquence, il fut créé un nouveau bureau, sous la dénomination de commissariat-général, présidé par le contrôleur-général, le ministre de la maison du roi et des commissaires des différentes branches du service du roi et de la reine.

Cette nouvelle forme pour la maison de la reine n'eut lieu que deux années, les premiers officiers ayant revendiqué leurs anciens droits.

Il est de fait qu'on peut regarder comme abusif le droit qu'avaient les grands officiers de constater des dépenses qu'ils pouvaient influencer relativement à leur propre intérêt ou à celui de leurs sous-ordres, quelquefois leurs anciens serviteurs, et toujours leurs protégés.

Les grands officiers avaient tous un secrétaire payé par la reine. Ces secrétaires n'avaient d'autres fonctions que de recevoir les sermens qui se prêtaient entre les mains desdits grands officiers. Celui de la dame d'atours avait un service plus étendu, parce que cette dame gérait sa partie dont elle était à peu près la fermière, ayant un prix fixe pour les habillemens de la reine.

Les différens services étaient remplis par des officiers en charge, les uns servant par trimestre, les autres par semestre, et d'autres enfin étaient ordinaires.

La reine avait un conseil; ce conseil était véritablement sans fonctions. Il avait pour chefs la surintendante et un chancelier; il s'assemblait cependant quelquefois pour recevoir les comptes du trésorier, mais ce n'était qu'une opération de forme.

La reine avait une chapelle composée d'un grand, d'un premier et de plusieurs autres aumoniers, chapelains, clercs de chapelle, prédicateurs et sommiers, servant, comme il est dit ci-dessus, les uns par trimestre, et les autres par semestre.

Une faculté composée de plusieurs officiers de santé, tant pour sa personne que pour celles de son service.

Ces différens services étaient payés par les états de la maison.

La chambre était présidée par la surintendante et la dame d'honneur; il y avait d'attaché aux honneurs douze dames du palais, un chevalier d'honneur, des écuyers de main, et un porte-manteaux.

Le service de la chambre se composait de deux premières femmes et de douze autres, d'huissiers de la chambre, du cabinet et de l'antichambre, de valets et garçons de la chambre, et autres gens du service inférieur.

Il est incontestable qu'un si grand nombre de gens, dont la plupart n'étaient pas connus, gênait plutôt le service qu'il ne l'honorait. On pourrait ajouter que le service des officiers par trimestre, laissant à chaque individu, après son quartier, la liberté de se rendre dans son département, l'éloignait trop de la personne à laquelle il était attaché, et lui donnait la facilité, pour se faire valoir, d'inventer, à quelque prix que ce fût, des récits mensongers pour rehausser sa considération.

Des officiers ordinaires, et par conséquent connus, dans un nombre suffisant, auraient rendu le service plus agréable et plus lucratif à ceux qui en auraient été chargés.

On ne croit pas sans inconvénient les places à titre d'office, pour lesquelles les titulaires fournissaient une finance ; il est incontestable que ce moyen mettait souvent dans un poste un homme qu'on n'aurait pas pris s'il n'eût pas fallu fournir une finance.

Quoique servant par commission, il serait convenable que tout ce qui appartiendra au maître fût tenu d'être sermenté, et de ne pas faire de ce serment un vain cérémonial. Les honneurs doivent le prêter entre les mains du maître, et les inférieurs entre celles de leurs chefs respectifs.

L'écurie est un objet de la première importance, tant à cause de la représentation qu'en raison de ses dépenses.

L'écurie, chez la reine, était présidée par le premier écuyer, lequel avait pour second un écuyer cavalcadour. Les pages étaient au nombre de douze et en faisaient partie. Ces douze jeunes gens ne jouissaient d'aucun traitement, mais il était pourvu à leurs nourriture, entretien, et à leur éducation qui était militaire. Sous les ordres du premier écuyer servaient les piqueurs, cochers, etc., habillés à la livrée, et dont la dépense, comme celle de la chambre et des tables, était prévue par des états des commandemens de la reine, ainsi que la remonte et la nourriture des chevaux; ce qui faisait connaître à l'avance la dépense, au moins en grande partie; ce qui mettait à même le contrôle-général de suivre avec facilité toutes les opérations prévues, et lui donnait les moyens d'éclairer plus facilement les dépenses non prévues.

Plusieurs fournitures se faisaient par des marchés au rabais : par exemple, pour le service des tables, le pain, le vin, la viande, le poisson, et généralement tous les objets de pourvoirie.

On pourrait proposer comme moyen d'économie, dans le cas où on établirait plusieurs maisons, d'avoir les mêmes fournisseurs pour toutes; parce que, sans ajouter à leurs frais de régie, on les mettrait à même de fournir à des prix plus modérés.

Pour dernière observation, les registres et papiers du bureau du contrôle-général de la maison de la reine sont déposés aux archives de la préfecture du département à Versailles. Quoiqu'ils doivent être dans un mauvais ordre, on pourrait en tirer quelques renseignemens utiles.

FIN DES ÉCLAIRCISSEMENS RASSEMBLÉS PAR MAD. CAMPAN.

ÉCLAIRCISSEMENS HISTORIQUES

ET PIÈCES OFFICIELLES.

Note (A), *page* 3.

Extrait des Mémoires de l'abbé Georgel.

« La comtesse de Lamotte, qui va jouer un si grand rôle sur ce théâtre, dans le drame dont les lamentables scènes vont se succéder, était née en Champagne, sous le chaume et dans l'indigence. C'était un écart de l'aveugle fortune ou un effet du malheur; car elle a prouvé depuis qu'elle descendait, par la branche des comtes de Saint-Remy, de la maison royale de Valois. Le généalogiste d'Hozier lui en avait donné un certificat. Cette auguste origine n'avait pas beaucoup amélioré sa situation. Elle devint l'épouse de M. de Lamotte, gentilhomme et simple gendarme. Leurs communes ressources étaient très-médiocres : le besoin ne nous avilit pas aux yeux de l'homme bienfaisant; quand il n'est pas le fruit de l'inconduite. C'est sous ce point de vue qu'elle se présenta au grand aumônier pour intéresser sa générosité, et en même temps pour lui demander ses bons offices auprès du roi. La comtesse de Lamotte, sans avoir l'éclat de la beauté, se trouvait parée de toutes les grâces de la jeunesse; sa physionomie était spirituelle et attrayante; elle s'énonçait avec facilité; un air de bonne foi dans ses récits mettait la persuasion sur ses lèvres : nous verrons bientôt que ces dehors séduisans cachaient l'ame et les talens magiques de Circé.

» La naissance et les malheurs d'une descendante des Valois

firent, sur l'ame noble et compatissante du cardinal de Rohan, la plus profonde sensation ; c'eût été pour lui un bonheur de la placer au niveau de ses aïeux ; mais les finances du roi ne permettant pas des largesses proportionnées à un si beau nom, il ne put lui procurer que de légers secours pour l'arracher aux besoins du moment. Cette femme adroite et insinuante jugea bientôt l'ame de son bienfaiteur susceptible de plus fortes impressions qu'elle pouvait y faire naître. La reconnaissance et des besoins renaissans renouvelaient ses visites et ses entretiens. Elle s'aperçut que sa présence inspirait un grand intérêt au cardinal qui suivait l'impulsion de sa sensibilité. Son Éminence lui conseilla de s'adresser directement à la reine, présumant que cette princesse généreuse, frappée du contraste qui existait entre sa fortune actuelle et sa naissance, trouverait sans doute les moyens de l'arracher à sa trop pénible situation. Le cardinal, en lui avouant qu'il ne pouvait lui procurer une entrevue avec la reine, porta dans différens entretiens qui se succédèrent l'excès de la confiance, « jusqu'à lui » peindre le chagrin profond qu'il éprouvait d'avoir encouru la » haine de la souveraine ; c'était, disait-il, pour son cœur une » amertume habituelle qui empoisonnait ses plus beaux jours. » Une pareille confidence devint l'infernale étincelle qui causa le plus désastreux incendie. Cette confidence fit éclore un plan de séduction dont les annales des sottises humaines offrent bien peu d'exemples. Voici l'esquisse de ce plan : madame de Lamotte entreprit de persuader au cardinal qu'elle était parvenue à s'immiscer dans l'intime familiarité de la reine ; que, pénétrée des rares qualités qu'elle avait découvertes dans l'ame du grand-aumônier, elle en avait parlé à cette princesse si souvent et avec tant d'effusion, qu'elle avait dissipé successivement ses préventions, et fait renaître en elle le désir de rendre ses bonnes grâces au cardinal ; que ses insinuations avaient tant de succès, que Marie-Antoinette permettait au cardinal de lui adresser sa justification, et ensuite qu'elle désirait avoir avec lui une correspondance par écrit, qui serait secrète jusqu'au moment favorable pour manifester hautement son retour et sa bienveillance; que la comtesse de Lamotte serait l'intermédiaire de cette correspondance, dont les suites et les effets devaient nécessairement placer le cardinal au sommet de la faveur et du crédit.....

» Madame de Lamotte, après avoir augmenté la confiance du cardinal avec tout l'art de la séduction et par tous les moyens de l'intrigue, lui dit un jour : « Je suis autorisée par » la reine à vous demander par écrit la justification des torts » qu'on vous impute. » Cette autorisation, imaginée par la comtesse de Lamotte et crue par le cardinal, fut pour ce prince l'aurore d'un beau jour; bientôt son apologie, écrite par lui-même et revêtue de tous les caractères propres à détruire les fâcheuses impressions qui le tourmentaient, fut confiée à madame de Lamotte. Elle rapporta, quelques jours après, une réponse sur petit format de papier doré sur tranche, où Marie-Antoinette, dont un habile faussaire avait tâché d'imiter l'écriture, disait : « J'ai lu votre lettre ; je suis charmée » de ne plus vous trouver coupable : je ne puis encore vous » accorder l'audience que vous désirez. Quand les circonstances » le permettront, je vous en ferai prévenir. Soyez discret. » Ce peu de mots causa au cardinal un ravissement de satisfaction qu'il serait difficile d'exprimer. Madame de Lamotte fut dès-lors pour lui un ange tutélaire qui aplanissait les routes du bonheur. Elle eût pu, dès ce moment, obtenir de lui tout ce qu'elle aurait désiré. »

Bientôt aussi, encouragée par ce succès, supposa-t-elle une correspondance que la reine était censée entretenir avec le cardinal. Les demandes d'argent que, sous différens prétextes, la reine, dans ces fausses lettres, adressait au grand-aumônier, procurèrent successivement à madame de Lamotte jusqu'à 120,000 livres ; et rien ne put encore dessiller les yeux de l'homme immoral et crédule qu'on trompait à l'aide de semblables moyens....

» Un fâcheux hasard contribua dans le même temps à porter

encore avec moins de retenue l'esprit du cardinal vers les choses extraordinaires. Je ne sais quel monstre, ennemi du bonheur des ames honnêtes, avait vomi sur nos contrées un empirique enthousiaste, nouvel apôtre de la religion naturelle, qui s'emparait despotiquement de ses prosélytes et les asservissait...

» Des guérisons subites de maladies jugées mortelles et incurables, opérées en Suisse et à Strasbourg, portaient le nom de Cagliostro de bouche en bouche, et le faisaient passer pour un médecin véritablement miraculeux. Ses attentions pour les pauvres, ses dédains pour les grands, donnaient à son caractère une teinte de supériorité et d'intérêt qui excitait l'enthousiasme. Ceux qu'il voulait bien honorer de sa familiarité ne sortaient d'auprès de lui qu'en publiant avec délire ses éminentes qualités. Le cardinal de Rohan se trouvait dans la résidence de Saverne, quand le comte de Cagliostro étonnait ainsi Strasbourg et la Suisse par sa conduite et les guérisons qu'il opérait. Curieux de connaître un homme aussi extraordinaire, ce prince vint à Strasbourg : il fallut négocier pour être admis auprès du comte. « Si M. le cardinal est malade, di-
» sait-il, qu'il vienne, et je le guérirai; s'il se porte bien, il
» n'a pas besoin de moi, ni moi de lui. » Une pareille réponse, bien loin d'offenser l'amour-propre du prince, ne fit au contraire qu'exciter l'envie qu'il avait de le connaître. Admis enfin dans le sanctuaire de ce nouvel Esculape, il vit, comme il l'a raconté depuis, sur la physionomie de cet homme si peu communicatif une dignité si imposante, qu'il se sentit pénétré d'un religieux saisissement, et que le respect commanda ses premières paroles. Cet entretien, qui fut assez court, excita plus vivement que jamais le désir d'une connaissance plus particulière. Il y parvint enfin, et le rusé empirique gradua si bien sa conduite et ses propos, qu'il parvint lui-même, sans avoir l'air de le chercher, à la confiance la plus intime du cardinal, et au plus grand ascendant sur sa volonté. « Votre ame, dit-il un
» jour à ce prince, est digne de la mienne, et vous méritez
« d'être le confident de tous mes secrets. » Cet aveu captiva

toutes les facultés intellectuelles et morales d'un homme qui, de tout temps, avait couru après les secrets de la chimie et de la botanique.....

» Le baron de Planta, que le cardinal avait employé lors de son ambassade à Vienne, devint aussi, à l'époque de l'histoire du collier, le plus intime confident de ses pensées et de ses affections, et fut l'un de ses agens le plus accrédités près de Cagliostro et de madame de Lamotte. Je me rappelle qu'ayant appris par une voie certaine que ce baron de Planta avait de fréquentes orgies très-dispendieuses au palais de Strasbourg, où l'on faisait, pour ainsi dire, litière de vin de Tockay, afin de fêter à son gré Cagliostro et sa prétendue femme, je crus devoir en prévenir M. le cardinal. Sa réponse fut : « Je le sais, et je « lui ai même donné le droit d'abuser, s'il le juge à propos. » Cette façon de penser ne me laissa aucun doute sur l'enthousiasme du prince pour cet empirique; mais j'étais loin de croire qu'il était devenu son oracle, son guide et sa boussole. Ce fut à lui et au baron de Planta que le cardinal révéla tout ce qu'il présageait d'heureux de ses liaisons avec madame de Lamotte, et de la correspondance dont elle était l'intermédiaire...

» Si la comtesse de Lamotte avait su se borner à ses premiers vols, ses stratagèmes eussent ensuite été découverts : elle aurait passé pour une héroïne habile en filouterie; on aurait ri de la crédulité du cardinal; mais ce n'eût été qu'une plaie d'argent que le prince, qui en avait été la dupe, était intéressé à ne pas révéler. Mais quand l'oubli des principes est parvenu à s'établir au milieu d'un cœur gâté et corrompu, tous les crimes, quelles qu'en soient la noirceur et la scélératesse, ne sont plus que des moyens ordinaires que la cupidité emploie pour se satisfaire. Cette ame profondément scélérate, attachée par cent vingt mille livres qui ne lui avaient coûté qu'un tissu de mensonges et du papier à lettre à tranche dorée, conçut une manœuvre dont la hardiesse et les dangers auraient arrêté le brigand le plus déterminé.

» Il existait entre les mains d'un bijoutier de la reine un superbe collier de diamans du prix de dix-huit cent mille livres. Madame de Lamotte savait que la reine, à qui il avait beaucoup plu, n'avait pas voulu, dans les circonstances où la plus stricte économie devenait un devoir, proposer au roi de le lui acheter. Madame de Lamotte avait eu occasion de voir ce fameux collier; et le joaillier Bœhmer, qui en était propriétaire, ne lui avait pas dissimulé qu'un pareil bijou, devenant un effet mort pour le commerce, il en était fort embarrassé; qu'il avait espéré, en faisant cette acquisition, le faire acheter par la reine; mais que Sa Majesté s'y était refusée; il ajouta qu'il ferait un riche cadeau à la personne qui lui en procurerait le placement.

» Madame de Lamotte avait déjà essayé ses talens sur la crédulité de Son Éminence; elle entreprit, en continuant de le tromper, de s'approprier le collier et le cadeau promis. Voici ce qu'elle parvint à persuader à M. le cardinal: que la reine désirait ardemment ce collier; que voulant l'acheter à l'insu du roi, et le payer successivement avec ses économies, elle désirait donner au grand-aumônier une marque particulière de sa bienveillance, en le chargeant de faire cette emplette en son nom; qu'à cet effet, il recevrait pour cette acquisition une autorisation écrite et signée de sa main, dont il ne se dessaisirait qu'après avoir payé; qu'il s'arrangerait avec le joaillier pour en acquitter le montant en plusieurs termes de trois en trois mois, à dater du premier paiement, qui ne devait avoir lieu que le 30 juillet 1785; que dans la transaction, il était essentiel de ne pas faire mention du nom de la reine; que ce traité devait être au nom seul du cardinal; que la secrète autorisation, signée *Marie-Antoinette de France*, était une caution suffisante, et qu'en cela la reine donnait à Son Éminence une preuve signalée de sa confiance.

» Tel fut le roman que composa cette femme perverse; c'était le breuvage de Circé qu'elle offrait au trop crédule cardinal : elle trouva le moyen de le lui faire boire. Ses succès pour la séduction ayant écarté jusqu'aux plus légers soupçons de la défiance, elle s'élança avec intrépidité dans cette périlleuse car-

rière. Le cardinal était en Alsace. Madame de Lamotte fit dépêcher un courrier par le baron de Planta, avec une petite lettre à tranche dorée, où la reine était censée dire au cardinal : « Le
» moment que je désire n'est pas encore venu; mais je hâte
» votre retour pour une négociation secrète qui m'intéresse
» personnellement, et que je ne veux confier qu'à vous; la
» comtesse de Lamotte vous dira de ma part le mot de l'é-
» nigme. » D'après cette lettre, le cardinal aurait voulu avoir des ailes. Il arriva très-inopinément par un beau froid de janvier. Ce retour nous parut aussi extraordinaire que le départ avait semblé précipité. Ses parens et ses amis étaient bien loin de porter leurs pensées sur les pernicieux détours du dédale où une femme à peine connue faisait circuler ainsi l'homme dont elle avait fasciné les yeux.

» M. le cardinal n'eut pas plus tôt appris le prétendu mot de l'énigme, que, charmé de la mission dont la souveraine voulait bien l'honorer, il demanda avec instance l'autorisation nécessaire pour consommer le plus tôt possible l'acquisition du collier. Cet écrit ne se fit pas attendre ; il était daté de Trianon, et signé *Marie-Antoinette de France.* Si le plus épais bandeau de la séduction n'eût pas couvert les yeux du prince Louis, cette signature seule, si maladroitement libellée, aurait dû lui faire apercevoir le piège. La reine ne signait jamais que *Marie-Antoinette.* Le mot *de France* ajouté était le fruit de l'ignorance la plus grossière. Rien ne fut aperçu.

» Cagliostro, nouvellement arrivé à Paris, fut consulté. Ce Python monta sur son trépied ; les invocations égyptiennes furent faites pendant une nuit éclairée par une très-grande quantité de bougies, dans le salon même du cardinal. L'oracle, inspiré par son démon familier, prononça : « Que la né-
» gociation était digne du prince; qu'elle aurait un plein suc-
» cès; qu'elle mettrait le sceau aux bontés de la reine, et fe-
» rait découvrir le jour heureux qui découvrirait, pour le
» bonheur de la France et de l'humanité, les rares talens de
» M. le cardinal. » J'écris des vérités, et l'on croira que je ra-

conte des fables; je le croirais moi-même, si je n'avais la certitude des faits que j'avance. Quoi qu'il en soit, les conseils de Cagliostro dissipèrent tous les doutes qui auraient pu s'élever. Il fut décidé que le cardinal s'acquitterait le plus promptement possible d'une commission regardée comme très-flatteuse et très-honorable.

» Tout étant ainsi disposé, M. le cardinal traita du collier avec Bœhmer et Bassange, d'après les conditions proposées : il ne leur dissimula plus que c'était pour le compte de la reine; il leur en fit voir l'autorisation, exigeant le secret pour tout autre que pour la reine. Les joailliers crurent tout ce que leur dit et montra le grand-aumônier, puisqu'ils acceptèrent le billet de ce prince, et qu'ils s'engagèrent, le 30 janvier, à lui livrer le collier le 1er février, veille de la Purification. La comtesse avait désigné ce jour d'une grande fête à Versailles pour l'époque où la reine désirait avoir ce superbe ornement. La cassette, qui renfermait ce trésor devait être portée à Versailles ce jour-là, remise le soir au domicile de madame de Lamotte, chez qui la reine était supposée devoir l'envoyer chercher. Cette femme, ivre de joie en voyant les prodigieux succès de son inconcevable intrigue, avait préparé chez elle, à Versailles, le théâtre où devait se jouer la remise du collier à l'homme qui arriverait, se disant chargé, de la part de la reine, pour en être le porteur. Ce furent véritablement une scène et une représentation : le cardinal, à qui l'on avait désigné l'heure, se rendit chez la dame de Lamotte, le 1er février sur la brune, suivi d'un valet de chambre qui portait la cassette. Il le renvoya à la porte, et entra seul dans le lieu où on allait immoler sa bonne foi : c'était une chambre à alcove avec cabinet à porte vitrée. L'habile comédienne fit placer son spectateur dans ce cabinet, une lumière sombre éclairait l'appartement. Une porte s'ouvre; une voix s'écrie : « De la part de la reine! » Madame de Lamotte s'avance avec respect, prend la cassette, et la remet au prétendu envoyé. Ainsi se fit la remise du collier. Le prince, témoin caché et muet, crut reconnaître l'envoyé. Madame de

Lamotte lui dit que c'était le valet de chambre de confiance de la reine à Trianon. Il en portait le costume et en avait la tournure. Parmi ses différens moyens de séduction, madame de Lamotte sut trouver celui de faire croire qu'on lui donnait à Trianon des rendez-vous secrets où la reine lui prodiguait les marques de la plus intime familiarité : plusieurs fois elle prévint le cardinal du jour où elle s'y rendrait, et de l'heure où elle en sortirait. Ce prince, qui aimait à repaître ses pensées de tout ce qui pouvait alimenter sa persuasion, s'était mis plusieurs fois à portée d'observer ces entrées et ces sorties. Une nuit qu'elle savait que le grand-aumonier attendait le moment où elle se retirait, elle se fit reconduire jusqu'à quelque distance par Villette, principal agent de ses complots, qui eut ensuite l'air de rentrer; il faisait clair de lune. Le prince, sous un déguisement, rejoignit madame de Lamotte comme il avait été convenu, demanda le nom de ce personnage ; elle lui dit que c'était le valet de chambre de confiance de la reine à Trianon. A cette époque, le collier qu'on avait convoité n'était encore ni acheté ni livré ; mais cette prévoyante magicienne plaçait ainsi, de distance en distance, des pierres d'attente pour élever et consolider l'édifice de sa magie. Ce prétendu valet de chambre était un nommé Villette, de Bar-sur-Aube, l'ami de madame de Lamotte, le camarade de son mari. Cette femme l'avait initié dans ses projets d'iniquités; il y concourait et devait avoir part aux fruits qui en devaient résulter. C'était lui qui avait le pernicieux talent de contrefaire l'écriture de l'auguste princesse ; il était l'écrivain des lettres que madame de Lamotte fabriquait sous le nom de la reine ; c'était lui qui avait écrit l'autorisation signée *Marie-Antoinette de France*, pour l'acquisition du collier.

» Le cardinal ayant bien examiné les traits de l'homme à qui on avait remis la cassette du collier, et ayant cru reconnaître ceux du prétendu valet de chambre de Trianon, qui avait une nuit reconduit madame de Lamotte, ne douta plus que ce collier ne fût parvenu à sa destination.

» C'est ainsi que l'esprit de séduction arrivait à ses fins ; cet esprit avait tellement fait de progrès sur celui du cardinal, que, depuis la remise du collier, Son Éminence pressait sans cesse les joailliers de la reine d'aller la trouver pour qu'ils pussent se tranquilliser sur l'acquisition qu'il avait faite pour elle. Cette particularité, dont la vérité a été prouvée au procès par l'aveu des sieurs Bœhmer et Bassange, lors de la confrontation, ne doit laisser aucun doute sur la bonne foi du cardinal, et sur l'intime persuasion où il était qu'il n'avait agi que par les ordres de la reine. Comment taire ici un fait que j'aurais voulu pouvoir omettre ? Mais sa vérité est trop essentiellement liée avec les suites de cette malheureuse affaire, pour pouvoir le passer sous silence. Les joailliers, qui avaient souvent occasion de voir la reine, pressés d'ailleurs par le cardinal, ne lui laissèrent point ignorer la négociation et l'acquisition du collier. Malgré l'écrit signé *Marie-Antoinette de France*, qu'on leur leur avait montré, malgré la solvabilité de l'acquéreur qui avait donné son billet, il était de leur grand intérêt de s'assurer si ce collier était pour Sa Majesté, et de ne pas hasarder, sans cette certitude, un gage d'une valeur si considérable (1). Les sieurs Bœhmer et Bassange ne sont pas convenus de cette particularité du procès ; mais ils en ont fait l'aveu secret à une personne qui ne l'a révélée qu'avec l'assurance de n'être ni citée ni compromise. Le cardinal, dans ses défenses, paraît n'en avoir jamais douté (2). Bassange se trouvant à Bâle en 1797, et

---

(1) Rapprochez ce passage des détails que contient le chapitre XII des Mémoires de madame Campan.

(*Note de l'édit.*)

(2) On voit, par les Mémoires de madame Campan, de quelle manière obscure, énigmatique, inintelligible le joaillier Bœhmer s'expliqua la première fois sur l'acquisition de ce collier, et quels furent la surprise, l'indignation et le courroux de la reine, lorsqu'elle put comprendre enfin dans quelle odieuse intrigue son nom se trouvait compromis. *L'aveu secret fait*, dit-on, *à une personne qui ne l'a révélé qu'avec l'assu-*

interrogé par moi sur ce fait, ne l'a pas nié, et il m'a formellement avoué que ses dépositions et celles de son associé dans ces procès avaient été subordonnées à la direction du baron de Breteuil; qu'ils n'avaient pas suivi aveuglément tout ce qu'il aurait désiré, mais qu'ils furent obligés de taire ce qu'il ne voulait pas qu'ils déclarassent. D'après une telle révélation, comment justifier Sa Majesté d'une connivence qui ne peut s'allier ni avec ses principes ni avec son rang? Une manœuvre aussi indécente que celle de la dame de Lamotte, par laquelle on abusait du nom de la reine pour compromettre plus impunément et plus audacieusement un vol de cette importance, devait révolter la délicatesse et la probité de cette princesse. Comment, dès ce moment, son indignation n'a-t-elle pas éclaté? Si la reine n'avait suivi que les premiers mouvemens de son honnêteté blessée, elle aurait sûrement averti les joailliers qu'on les avait trompés, et qu'ils eussent à prendre leurs précautions. En supposant même que la reine voulût se venger du cardinal et le perdre, ce qui s'était passé et ce qu'elle venait d'apprendre était plus que suffisant pour l'obliger à quitter sa place et la cour, et à se retirer dans son diocèse. La reine aurait fait un acte de justice dont personne n'aurait pu se plaindre; le grand-aumonier eût été justement blâmé de sa crédulité; la maison de Rohan eût été peinée de cette disgrâce, mais sans pouvoir la désapprouver; il n'y aurait eu ni éclat scandaleux, ni Bastille, ni procès criminel. Marie-An-

---

rance *de n'être ni citée ni compromise;* cet aveu, que reçoit un anonyme, peut-il balancer la déclaration formelle et circonstanciée de madame Campan? Si la reine n'apprend que sur une communication tardive, imprévue, le sens des premières déclarations de Bœhmer; si son ressentiment éclate aussitôt qu'elle est instruite, que devient la supposition faite plus bas par l'abbé Georgel d'un plan suivi avec calme, avec réflexion, et pendant long-temps, pour engager de plus en plus le cardinal dans le piége, l'y surprendre et le perdre?

(*Note de l'édit.*)

toinette, abandonnée à ses propres pensées, aurait sûrement agi avec cette loyauté; mais elle prit conseil de deux hommes qui l'égarèrent l'un et l'autre par des motis différens. »

Ici l'abbé Georgel se flatte de prouver que la reine ayant consulté l'abbé de Vermond et le baron de Breteuil, ce qui est vrai, ceux-ci laissèrent le cardinal s'engager de plus en plus dans le piége et prolongèrent son erreur pour le perdre plus sûrement, assertion dont la fausseté est prouvée par les Mémoires de madame Campan. Elle quitta Versailles le 1er août. Le 3, Bœhmer vint la voir à sa campagne. Le 6 ou le 7 seulement, la reine est instruite avec certitude; et le 15, le cardinal est arrêté. Où trouver dans cette marche rapide rien des perfides délais que suppose l'abbé Georgel? Cette réflexion de notre part n'est dictée que par le désir de trouver la vérité, et non par celui d'épargner à la reine des reproches de dissimulation qui ne pourraient l'atteindre, puisque Georgel n'accuse que l'abbé de Vermond et le baron de Breteuil de ces lenteurs concertées. Une autre circonstance allait précipiter le dénoûment de cet *imbroglio* scandaleux.

» Le 30 juillet, jour fixé pour le premier paiement de cent mille écus, n'étant plus éloigné que de six à sept semaines, le cardinal, dont la présence était nécessaire pour ce paiement, fut rappelé dans le courant du mois de juin. Il arriva avec l'empressement d'un homme qui croit toucher à son but. Une petite lettre l'assura que tout était disposé pour l'accomplissement de ses désirs; que dans peu il verrait l'effet des promesses de la souveraine : on ajoutait adroitement qu'on s'occupait à rassembler les fonds pour le premier paiement; que des événemens imprévus mettaient de la gêne dans ce rassemblement; qu'on espérait néanmoins qu'il n'y aurait aucun retard.

» En attendant, les assemblées du soir chez Cagliostro étaient charmantes; on était dans la joie de la prochaine attente de l'heureux jour où la reine devait combler les vœux du grand-aumonier. La dame de Lamotte était seule dans le secret du contraire. Sainte-James, prosélyte de Cagliostro, fut admis dans ces

soirées par les conseils de cette femme : elle avait ses vues. Elle dit un jour à M. le cardinal : « Je vois la reine dans l'embarras
» pour les cent mille écus du 30 juillet ; elle ne vous l'écrit pas
» pour ne pas vous inquiéter ; mais j'ai imaginé un moyen de
» lui faire votre cour en la tranquillisant; adressez-vous à
» Sainte-James; pour lui cent mille écus ne sont rien, quand
» il saura que c'est pour rendre service à la reine. Profitez de
» l'ivresse où le plongent les attentions que vous lui prodiguez,
» ainsi que le comte de Cagliostro. La reine ne vous désavouera
» pas; parlez en son nom. Le succès de cette nouvelle négociation
» ne pourra qu'augmenter les sentimens que vous avez inspirés. »
Le cardinal remercia madame de Lamotte de son bon conseil. Alors ce prince crut pouvoir entraîner la volonté de Sainte-James, en lui révélant, avec le ton de la confiance, tout ce qui s'était passé pour l'acquisition du collier. Il lui montra l'autorisation signée *Marie-Antoinette de France;* il lui confia l'embarras de la reine, l'assurant qu'un moyen infaillible de mériter sa protection serait de se charger du premier paiement à faire aux joailliers. Sainte-James était, comme tous les parvenus, plus avide de considération que d'argent : il désirait obtenir, par une charge, le cordon rouge ; il n'avait pu encore y parvenir. Le prince cardinal le lui promit, au nom de la reine, comme récompense du service qu'on lui demandait. Ce financier répondit qu'il se regardait comme très-heureux de pouvoir donner à Sa Majesté des preuves de son dévouement sans bornes ; que dès qu'il serait honoré de ses ordres, il la tranquilliserait sur les cent mille écus du premier paiement. Le grand-aumônier instruisit madame de Lamotte de la favorable réponse de Sainte-James; et il en rendit compte dans la première lettre qu'il remit pour la reine à la messagère de Lamotte. Le faussaire, faiseur de réponses, était absent. M. de Lamotte, arrivé de Londres, l'avait attiré à Bar-sur-Aube où ces adroits fripons prenaient de concert des précautions pour consolider leur fortune sur les débris du collier. Le retard de la réponse tant attendue de la reine, tourmentait le cardinal: il communiqua ses in-

quiétudes à madame de Lamotte; il ne pouvait concevoir le motif de ce silence dans le moment où le paiement approchait. D'ailleurs il craignait que Sainte-James pût croire qu'on avait voulu lui en imposer. Il ajouta avec chagrin que ce qu'il concevait encore moins, était la persévérante rigueur de la reine vis-à-vis de lui à l'extérieur, malgré toute la chaleur du plus vif intérêt qui régnait dans ses lettres. Cette dernière observation était le refrain journalier du cardinal depuis son retour d'Alsace. Madame de Lamotte jusque-là avait su calmer ses inquiétudes par différens stratagèmes : le génie diabolique de cette femme féconde en expédiens entreprit de le guérir radicalement de ce doute sans cesse renaissant. Madame de Lamotte imagina un nouveau moyen d'abuser encore davantage de la crédulité du cardinal. Alors il espérait qu'il mettrait tout en œuvre pour satisfaire, par lui-même ou par M. de Sainte-James, au premier paiement du collier.

» Cette nouvelle scélératesse exigeait des préliminaires et des préparatifs. Dans ces entrefaites, le faussaire Villette revint de Bar-sur-Aube : la réponse tant attendue de Marie-Antoinette fut incontinent remise au cardinal. « La reine, disait la lettre, » n'avait tant tardé à répondre, que parce qu'elle espérait n'être » pas dans le cas de profiter des offres de M. de Sainte-James; » qu'elle les acceptait pour le premier paiement seulement, » avec promesse d'un prompt remboursement, ajoutant qu'elle » désirait que M. de Sainte-James lui fournît bientôt l'occasion » de reconnaître ce service. » Le cardinal ne put communiquer de quelques jours cette réponse au trésorier Sainte-James. Dans l'intervalle, madame de Lamotte, de concert avec son mari et Villette, avait tout disposé pour jouer la farce étrange dont l'invention et le jeu décelaient une imagination diabolique. Elle entreprit de faire croire au cardinal que la reine ne pouvant encore lui donner, comme elle le désirait, des marques publiques de son estime, elle aurait avec lui, dans les bosquets de Versailles, entre onze heures et minuit, un entretien où elle lui dirait ce qu'elle ne pouvait lui écrire sur le retour de ses bonnes grâces. La petite lettre, à tranche dorée, annonça effectivement cette heureuse nouvelle; elle indiqua la nuit et l'heure du rendez-vous : jamais entrevue ne fut attendue avec autant d'impatience.

» La comtesse de Lamotte avait remarqué dans les promenades du Palais-Royal, à Paris, une fille d'une belle taille, dont le profil ressemblait à celui de la reine ; elle jeta les yeux sur cette fille pour être la principale actrice du bosquet. Elle se nommait d'Oliva : on lui persuada que le petit spectacle où elle allait être employée était désiré par la reine, qui voulait s'en amuser. La récompense offerte fit bientôt accepter ce rôle par une créature qui faisait trafic de ses charmes.

» Mademoiselle d'Oliva arriva donc à Versailles, conduite par M. de Lamotte dans un carrosse de remise dont le cocher a été entendu au procès. On la mena d'abord reconnaître le lieu de la scène où elle devait être secrètement conduite par M. de Lamotte : là on lui fit faire une répétition du rôle qu'elle devait jouer et des paroles qu'elle devait prononcer. Elle était prévenue qu'il se présenterait à elle un grand homme à redingote bleue, avec un grand chapeau rabattu, qui s'approcherait d'elle, lui baiserait la main avec respect; qu'elle lui dirait à voix basse : « Je n'ai qu'un moment à vous donner; je suis contente de vous; » je vais bientôt vous élever à la plus haute faveur; » qu'ensuite elle lui remettrait une boîte et une rose; qu'alors, au bruit des personnes qui s'approcheraient, elle dirait toujours à voix basse : « Voilà Madame et madame d'Artois, il faut s'éloigner. » On avait aussi montré au cardinal le bosquet convenu et l'endroit par où il devait entrer, en lui disant que là il pourrait épancher sans contrainte ses sentimens de dévouement, s'expliquer sur ce qui l'intéressait ; et que, pour témoignage de ses bontés, la reine devait lui remettre une boîte où serait son portrait, et une rose. Il était connu à Versailles que la reine se promenait quelquefois les soirs dans les bosquets avec Madame et madame la comtesse d'Artois. La nuit du rendez-vous arrivée, le cardinal, habillé comme il avait été convenu, se rendit sur la terrasse du château avec le baron de Planta; la comtesse de Lamotte devait y venir, en domino noir, l'avertir du moment où la soi-disant reine se rendrait au bosquet. La nuit était assez obscure; l'heure indiquée s'écoulait; madame de Lamotte ne paraissait pas; l'inquiétude gagnait le cardinal, lorsque le domino noir vint à sa rencontre et lui dit : « Je sors de chez la » reine; elle est très-contrariée; elle ne pourra point prolonger » l'entretien comme elle l'avait désiré : Madame et madame » la comtesse d'Artois lui ont proposé de se promener avec » elle ; rendez-vous vite au bosquet, elle s'échappera, et, mal- » gré le court intervalle, elle vous donnera des preuves non équi- » voques de sa protection et de sa bienveillance. » Le cardinal se porta au lieu de la scène. Madame de Lamotte et le baron de Planta s'écartèrent pour attendre le retour du prince. La scène fut jouée comme l'avait composée madame de Lamotte : la prétendue reine, en déshabillé du soir, avait le costume et l'attitude de la personne qu'elle représentait. Le cardinal, en s'approchant, marqua sensibilité et respect; la fausse reine prononça à voix basse les paroles qu'on lui avait dictées, et remit la boîte convenue : le bruit qu'on avait concerté s'étant fait entendre, il fallut se séparer avec un peu de précipitation. M. le cardinal vint rejoindre madame de Lamotte et le baron de Planta : il se plaignit avec amertume du fâcheux contre-temps qui l'avait privé du bonheur de prolonger un entretien si intéressant pour lui. Chacun se retira. Le cardinal paraissait très-persuadé qu'il avait parlé à la reine et en avait reçu une boîte. La dame de Lamotte s'applaudit du succès de sa ruse. La d'Oliva, intéressée au secret du rôle qu'elle venait de jouer, fut ramenée à Paris et bien payée de sa complaisance. MM. de Lamotte et Villette, qui avaient simulé les pas et les voix convenus pour abréger l'entretien, se réunirent à madame de Lamotte, et tous se félicitèrent de cet heureux résultat.

» Le lendemain, une petite lettre à tranche dorée, apportée

par la messagère ordinaire, exprimait les regrets sur les obstacles qui n'avaient pas permis un plus long entretien.

» Quel que soit le prestige qui ait constamment aveuglé le cardinal, le lecteur de sang-froid ne concevra jamais comment un prince, doué de beaucoup d'esprit et d'intelligence, n'ait pas eu, pendant plus d'une année qu'a duré ce système de séduction, le moindre soupçon sur les piéges qu'on lui tendait; et, s'il lui en est survenu, comment n'a-t-il pas mis tout en œuvre pour éclairer les pas et la conduite de sa conductrice? La reine, continuant à montrer au cardinal le plus grand éloignement, comment le prince pouvait-il allier cette manière d'être avec les sentimens qui se trouvaient renfermés dans les petites lettres qu'il recevait, où la protection la moins équivoque et l'intérêt de la plus grande bonté étaient exprimés? Ce contraste inconcevable devait au moins être pour lui le crépuscule du jour qui pouvait éclairer la ruse infernale dont il était la victime. Le cardinal est convenu qu'entraîné par le désir sans frein de rentrer dans les bonnes grâces de la reine, il s'était toujours porté avec impétuosité vers le but qui pouvait l'y conduire, sans considérer ni mesurer l'espace qu'on lui faisait parcourir pour y arriver. Quoi qu'il en soit, le rendez-vous du bosquet et la petite lettre du lendemain avaient donné une nouvelle activité au zèle qui le dévorait pour les intérêts et la tranquillité de la reine, qu'il croyait embarrassée au sujet du premier paiement du collier. Le retour du trésorier de Sainte-James hâta, sans que ce prince s'en doutât, le dénoûment de l'intrigue qui allait le précipiter dans un abîme de désagrémens et d'humiliations. Le cardinal, ayant rencontré ce financier chez Cagliostro, s'empressa de lui donner communication des nouveaux ordres qu'il croyait avoir reçus. »

Il serait inutile de prolonger cet extrait déjà fort étendu. Les dernières scènes et le dénoûment du drame sont connus; mais j'avais à remplir l'engagement pris, page 2, de faire connaître les principaux acteurs dont madame Campan ne parle pas. Je dois pourtant, avant de terminer, en indiquer un auquel le cardinal, toujours dupe de son erreur, dut enfin la révélation, des moyens qu'on avait mis en usage pour fasciner ses yeux comme on avait trompé son esprit.

» Un abbé de Juncker, homme d'esprit et assez répandu, était venu, dit l'abbé Georgel, m'offrir ses bons offices; il m'inspira de la confiance, parce qu'il se montrait passionné pour les intérêts et la gloire de M. le cardinal. Ce fut lui qui vint me donner les premières notions à l'aide desquelles l'infernale intrigue de madame de Lamotte pouvait être démasquée. Un religieux minime, nommé le P. Loth, était venu lui dire que, pressé par sa conscience et par la reconnaissance qu'il devait aux bontés de M. le grand-aumônier, il voulait me faire les révélations les plus importantes; qu'ayant vécu dans la société intime de madame de Lamotte, il ne pouvait taire plus long-temps ce qu'il y avait découvert. Ce religieux était procureur des minimes de la Place-Royale; la maison de madame de Lamotte en était voisine. Cette femme sut lui inspirer de la commisération dans ses momens de besoin et de détresse. Il lui donna souvent des secours : les bontés de ce religieux l'avaient engagée par suite à l'initier dans les secrets de sa fortune qu'elle attribuait à la reine et à M. le cardinal. Admis bientôt dans la plus intime familiarité, le P. Loth vit chez madame de Lamotte des choses qui éveillèrent ses soupçons. Des démi-mots échappés à la vanité et à l'indiscrétion; l'assurance d'un cadeau considérable de la part des joailliers de la cour, parce qu'elle espérait faire acheter leur riche collier; la montre de superbes diamans qu'elle disait tenir de Marie-Antoinette; la communication de petites lettres qu'elle assurait être de la reine au cardinal, et du cardinal à la reine; les comparaisons que le P. Loth avait été à portée de faire de l'écriture de ces petites lettres avec d'autres écrits d'un M. de Villette, ami de madame de Lamotte, qui s'enfermait souvent avec elle et son mari pour écrire; les complimens qu'il avait entendu faire par la dame de Lamotte à une demoiselle d'Oliva, grande et belle personne, sur le succès d'un rôle qu'elle avait joué dans les jardins de

Versailles; les perplexités qui depuis avaient répandu la confusion et l'alarme dans la maison de l'intrigante, les premiers jours du mois d'août; l'aveu fait devant lui que Bœhmer et Bassange allaient perdre le cardinal; la fuite précipitée de Villette, de M. et de madame de Lamotte à cette époque : voilà ce que le P. Loth vint me confier un soir entre onze heures et minuit, après s'être déguisé chez l'abbé de Juncker, pour qu'on ne pût le suspecter, en cas que sa déposition en justice fût nécessaire. Ce religieux, voulant avoir dans son ordre le titre de prédicateur du roi, avait désiré prêcher le sermon de la Pentecôte devant Sa Majesté. M. le grand-aumônier me l'avait adressé pour examiner son discours et son débit. J'en avais été mécontent, et j'opinai pour qu'il ne prêchât pas; mais ce que j'ignorais, c'est que madame de Lamotte, qui le protégeait, désirait qu'on lui accordât cette grâce, et que le cardinal, cédant aux instances de cette protectrice, avait procuré au P. Loth un sermon bien écrit, qu'il débita passablement.

» Entre les particularités dont je viens de donner les détails, le P. Loth, dans les trois heures d'entretien que j'eus avec lui, me donna des renseignemens bien essentiels sur la personne du sieur de Villette. Il me remit des fragmens de l'écriture de ce confident de madame de Lamotte, qu'il m'assura ressembler beaucoup à celle des petites lettres qu'on lui avait dit être de la reine; il m'assura qu'il avait surpris madame de Lamotte, la veille de son évasion, brûlant celles qu'elle lui a dit être de M. le cardinal. Le minime, en me parlant de la demoiselle d'Oliva, se rappela l'époque où elle fut conduite à Versailles par M. de Lamotte dans un carrosse de remise; enfin il ajouta, de manière à me faire soupçonner qu'il ne disait pas encore tout ce qu'il savait, qu'il pouvait avoir de fortes raisons de croire que la comtesse de Lamotte avait abusé de la bonne foi de M. le cardinal pour en obtenir des sommes considérables, et même pour s'approprier le collier. Cette importante révélation n'était pas encore une certitude; mais c'était comme les premiers feux de l'aurore, qui, dissipant les nuages épais de la nuit, annoncent la sérénité d'un beau jour. » (*Mémoires de l'abbé Georgel*, tome II.)

Je vais maintenant emprunter à un autre ouvrage les détails relatifs au procès.

« Le cardinal fut soigneusement gardé dans son appartement de Versailles. Dans l'après-midi, il fut amené à Paris dans son hôtel où il resta jusqu'au lendemain; des gardes-du-corps escortèrent la voiture; et M. d'Agoult, aide-major-général, avait ordre de ne pas le perdre de vue et de coucher dans la chambre du prisonnier.

» Le soir de cette translation, le marquis de Launay, gouverneur de la Bastille, vint prendre cette Éminence pour la constituer prisonnière dans un lieu où gémissaient quelques-unes des victimes du despotisme ministériel. Le cardinal voulut s'y rendre à pied à la faveur de la nuit : on voulut bien avoir pour lui cette condescendance.

» Dès le jour suivant, 17 août, il fut transféré en voiture à son palais cardinal pour assister à la levée des scellés où se trouvèrent tous les ministres, excepté le maréchal de Ségur. M. de Rohan, regardant M. de Breteuil comme son ennemi personnel, avait requis cette formalité, et le baron de Breteuil s'y était prêté d'autant plus volontiers, qu'il avait déclaré que sa propre délicatesse ne lui aurait permis de remplir son ministère, que publiquement et en présence de témoins respectables. Sans doute qu'on ne trouva aucune preuve des délits secrets attribués au cardinal, puisqu'il n'en transpira rien dans le public, et qu'on n'en voit aucun indice au procès.

» Le prince Louis eut permission de voir ses parens dans l'antre de la Bastille. De tout son nombreux domestique, on lui permit d'avoir deux valets de chambre et un secrétaire : cette dernière faveur annonce qu'on lui accorda celle d'écrire, du moins pour se défendre. Il fut traité d'ailleurs avec beaucoup d'égards, et sa situation était aussi douce qu'il était possible de la rendre dans une pareille forteresse.

» Ces bons traitemens ne contribuèrent pas peu à maintenir le courage et la résignation que montra presque toujours le prince Louis de Rohan. »

» L'abbé Georgel, grand-vicaire de la grande-aumônerie, chez lequel on mit aussi les scellés, témoigna tout aussi peu d'inquiétude que le cardinal. « Il faut respecter l'autorité, s'écria-t-il, » mais il faut l'éclairer. »

» Madame de Lamotte, voulant tout à la fois servir sa haine et sa vengeance, déclara à son premier interrogatoire que le comte de Cagliostro était l'auteur de l'escroquerie du collier; qu'il avait engagé M. le cardinal à en faire l'acquisition; elle insinua que les diamans en furent dépecés par ce comte italien ou de Sicile, et par son épouse, et qu'eux seuls en avaient tiré tout le profit. Cette déclaration, appuyée de mille faussetés malheureusement trop vraisemblables, quoique très-absurdes, fut cause qu'on renferma à la Bastille cet étrange personnage ainsi que la femme qui l'accompagnait. Celle-ci y resta pendant près de huit mois, et le prétendu comte n'en sortit qu'après la décision du procès.

» Il est certain que le cardinal de Rohan était assez crédule pour avoir la plus grande confiance dans cet empirique alchimiste qui lui avait assuré la possibilité de faire de l'or et de transmuter de petits diamans en grosses pierres précieuses. Mais il n'attrapa au cardinal que de grosses sommes, sous prétexte de lui dévoiler les plus rares secrets des *rose-croix* et autres fous qui ont cru fermement ou fait semblant de croire la fable absurde de la pierre philosophale ou de la médecine universelle, etc. Aussi le cardinal vit-il une partie de son or s'évaporer en fumée dans des creusets, tandis que l'autre entrait dans la poche du fourbe qui se donnait pour un grand alchimiste.

» Quand ce personnage fut interrogé par le parlement, au sujet de l'affaire du collier, il parut devant les magistrats, vêtu d'un habit vert, brodé en or; tous ses cheveux, tressés depuis le haut de la tête, tombaient en petites queues sur ses épaules, ce qui lui donnait un air singulier et le faisait ressembler tout-à-fait à un charlatan. « Qui êtes-vous ? d'où venez-vous ? lui » demanda-t-on. — Noble voyageur, répondit-il. » — A ces mots, les visages se déridèrent, et voyant cette bonne disposition, l'accusé entama hardiment sa défense : il entremêla son jargon de grec, d'arabe, de latin, d'italien : son air, ses gestes, sa vivacité amusèrent autant que ses discours. Il se retira fort content d'avoir fait sourire ses juges.

» Le prince Louis de Rohan eut quelquefois la permission de se promener les après-dînées sur la plate-forme des tours de la Bastille, accompagné d'un officier. Il était en redingote brune, en chapeau rond et rabattu.

» Le parlement lança un décret de prise de corps contre le cardinal et les autres accusés. L'escroquerie du collier ne fut pas le motif qui détermina à rendre ce décret contre M. de Rohan; mais la supposition de la signature de la reine. Les personnes au fait en conclurent que, dès qu'une fois le véritable auteur de cette supposition serait reconnu, toute la rigueur du jugement retomberait sur lui. Le 21 décembre, on signifia au cardinal dans la Bastille ce décret plus effrayant pour lui que réellement redoutable. Il en fut tellement affecté, qu'il eut un redoublement de colique néphrétique à laquelle il était sujet.

» Les interrogatoires et confrontations furent poussés avec chaleur. Le rapporteur, conseiller au parlement (1), se rendit à cet effet au château de la Bastille. Il tint un jour M. le cardinal depuis neuf heures du matin jusqu'à une heure, et depuis quatre heures du soir jusqu'à minuit. Il faut rendre compte de l'étiquette observée par le prince Louis de Rohan, et de celle qui avait lieu vis-à-vis de lui dans ces jours de séances. Au jour indiqué, il s'habillait en cérémonie, mettait sa calotte rouge, ses bas rouges, tous les attributs de ses dignités. Le gouverneur de la Bastille venait le prendre dans son appartement, le con-

---

(1) M. Dupuis de Marcé.

duisait à la porte du conseil, le laissait avec le magistrat et autres personnes nécessaires, et restait dans la [pièce qui précédait. Quand le juge avait besoin de quelque chose, il sonnait; le marquis de Launay se présentait aussitôt, et, si on lui demandait un verre d'eau ou quelque autre chose, il l'apportait lui-même à la porte où le magistrat venait le chercher. Après la séance, le gouverneur reprenait son prisonnier sur le seuil de la porte de cette même chambre du conseil, et le reconduisait dans son appartement.

» On a prétendu que la famille toute-puissante du cardinal avait tellement mis le rapporteur et le greffier dans ses intérêts, qu'ils altéraient le sens des dépositions et confrontations; ou, lorsqu'ils craignaient que le cardinal s'embrouillât dans ses réponses, et ne dît quelque chose qui lui fût contraire, ils levaient subitement la séance, sans donner le temps de finir la phrase commencée.

» Le trait suivant, extrait du gros mémoire de madame de Lamotte, vient à l'appui de cette assertion. Ce sont ses propres expressions que l'on va citer. « Un jour que le cardinal et moi
» étions confrontés sur un point délicat que ni lui ni moi n'a-
» vions intention d'éclaircir, je dis quelque chose qui n'était
» pas conforme à la vérité. — Ah! Madame la comtesse, s'écria
» le prince, comment pouvez-vous avancer ce que vous savez
» être faux? — Comme tout le reste, Monsieur, répondis-je.
» Depuis que ces messieurs nous interrogent, vous savez que ni
» vous ni moi ne leur avons dit un seul mot de vérité. En effet,
» cela n'était pas possible, continue cette femme dont le témoi-
» gnage doit être apprécié à sa juste valeur : on nous préparait
» nos réponses, souvent même nos questions, et il fallait dire
» de telle manière, répondre de telle autre, ou s'attendre à être
» égorgé dans la Bastille. »

» La déposition de la comtesse Du Barry est une anecdote intéressante dans cette bizarre affaire. Elle vint au parlement le 7 décembre au soir; elle y fut reçue avec tous les honneurs réservés aux personnes de la première qualité. Le greffier vint la prendre et lui donna la main; un des huissiers portait le flambeau : elle fut reconduite avec les mêmes formalités respectueuses. Voici sur quoi roula cette déposition. Madame de Lamotte se présenta un jour chez madame la comtesse Du Barry, depuis la mort de Louis XV; elle venait s'offrir pour être sa dame de compagnie.

» A l'étalage qu'elle fit de son nom et de sa naissance, madame Du Barry la regarda comme peu propre à la place qu'elle venait solliciter, et la remercia en l'assurant qu'elle ne cherchait point de compagnie, et que, d'ailleurs, elle n'était pas assez grande dame pour en prendre une d'une aussi haute qualité que madame de Valois. Celle-ci ne fut pas absolument déconcertée par cette défaite polie. Elle revint quelques jours après; elle se borna à prier madame Du Barry de la recommander à des personnes qui pourraient mettre un de ses placets sous les yeux du roi. Dans ce placet, elle demandait une augmentation de pension; elle avait signé après son nom ces mots : *de France*. La comtesse Du Barry ne put s'empêcher de témoigner sa surprise à la vue de cette signature. Madame de Lamotte lui répondit qu'étant reconnue pour être de la maison de Valois, elle signait toujours *de France*. Madame Du Barry sourit à cette prétention et promit de recommander le placet.

» Tant que la comtesse de Lamotte ne vit aucun de ses complices arrêté, elle se flatta qu'elle rendrait le cardinal et Cagliostro victimes du vol qu'elle seule avait commis. Mais la demoiselle d'Oliva, principale actrice du parc, fut enlevée à Bruxelles où elle s'était réfugiée, et commença à soulever le voile dont la comtesse couvrait toutes ses intrigues.

» Pour combler son malheur et assurer la juste punition qu'elle méritait, Rétaux de Villette se laissa prendre à Genève : il fut conduit à la Bastille et confronté à la perfide de Lamotte, qui fut frappée, comme d'un coup de foudre, à cet aspect imprévu. Elle ne douta pas qu'elle était perdue, malgré son effronterie naturelle.

» Dans la nuit du 29 au 30 août 1786, les prisonniers de

la Bastille, détenus relativement à l'affaire du collier, furent transférés à la Conciergerie par un huissier du parlement. Le cardinal fut mis en dépôt dans le cabinet du greffier en chef, sous la garde du lieutenant de roi de la Bastille : tant il est vrai que la justice d'alors avait les plus grands égards pour la naissance et les titres.

» Les interrogatoires durèrent depuis six heures du matin jusqu'à quatre heures et demie du soir.

» Quand madame de Lamotte parut devant la grand'chambre assemblée, elle était parée avec soin, ainsi qu'elle l'avait toujours été dans sa prison. Cette femme audacieuse, mandée par ses juges, répéta plusieurs fois *qu'elle allait confondre un grand fripon*. Cependant, à la vue de l'auguste assemblée, sa fierté l'abandonna un peu, surtout lorsque l'huissier lui dit d'un ton sec, en lui montrant la sellette : *Madame, mettez-vous là*. Elle recula d'effroi; mais, au second ordre, elle se plaça sur le siége fatal de mauvais augure, et, en moins de deux minutes, elle s'arrangea si bien, sa contenance fut si assurée, qu'elle semblait être dans son appartement et couchée sur la meilleure bergère.

» Elle répondit avec fermeté à toutes les questions du premier président. Interrogée ensuite par un conseiller-clerc, l'abbé Sabathier, qu'elle savait ne lui être pas favorable : « Voilà, dit-» elle, une question bien insidieuse, je m'attendais que vous » me la feriez, et je vais y répondre. » Après s'être assez bien tirée de plusieurs autres questions, elle pérora long-temps avec beaucoup de présence d'esprit et d'énergie, au point qu'elle étonna ses juges, si elle ne put parvenir à les intéresser et à les convaincre. Dès qu'elle fut sortie, le premier président ordonna d'ôter la sellette, et envoya avertir le cardinal *que, la sellette ayant été enlevée de la Chambre, il pouvait se présenter devant la Cour.*

» Le cardinal était revêtu d'une robe longue, de couleur violette (qui est la couleur de deuil des cardinaux); il avait sa calotte rouge, des bas rouges, et il était décoré de ses ordres. Il paraît que son courage l'avait abandonné dans ce moment redoutable à tout accusé, innocent ou non ; son émotion était visible ; il était extrêmement pâle, et ses genoux faiblissaient sous lui. Cinq ou six voix s'élevèrent (provenant peut-être de membres gagnés), et observèrent que M. le cardinal paraissait se trouver mal, qu'il faudrait le faire asseoir ; à quoi le premier président d'Aligre répondit : « M. le cardinal est le maître, s'il » veut, de s'asseoir. » L'illustre accusé profita de la permission, et s'assit à l'extrémité du banc où se plaçaient MM. des enquêtes, lorsqu'ils venaient à la grand'chambre. S'étant bientôt rassuré, il répondit très-bien aux questions du premier président ; ensuite, restant toujours assis, il parla d'abondance de cœur, durant environ une demi-heure, avec force et noblesse, et renouvela ses protestations sur toute la procédure instruite contre lui. Son discours fini, il salua le grand ban et les autres magistrats : tous lui rendirent le salut ; le grand banc même se leva, ce qui est une distinction marquée.

» La demoiselle d'Oliva fut ensuite appelée. L'huissier vint dire que, prévoyant d'être obligée de se séparer de son enfant pendant quelques heures, elle était occupée à l'allaiter, et qu'elle suppliait la Cour de lui accorder un moment de répit. La loi se tut devant la nature, et l'on convint d'attendre..

» Le cardinal et Cagliostro furent les seuls qui retournèrent à la Bastille. M de Rohan avait dans son carrosse le gouverneur et un officier de la prison ministérielle. Le marquis de Launay donna l'ordre du départ et dit : à l'*hôtel*, au lieu du mot *Bastille*.

» Le 31, jour marqué pour la décision définitive de cet étrange et fameux procès, après plus d'un an d'instruction et de longueurs, les juges s'assemblèrent à cinq heures trois quarts du matin. Ils étaient au nombre de soixante-deux, qui se trouva réduit à quarante-neuf, lorsque les conseillers-clercs se furent retirés, à cause qu'il était question de peines afflictives.

» A deux heures, les magistrats votans interrompirent le travail pour dîner à une table de quarante couverts que le premier président avait fait dresser dans la salle Saint-Louis ; mais la plupart mangèrent debout; et à trois heures et demie ils s'étaient remis en séance.

Enfin, à plus de neuf heures du soir, intervint le dispositif de l'arrêt tel qu'il suit :

» 1°. La pièce, base du procès, les approuvés et signatures en marge, déclarés frauduleusement apposés et faussement attribués à la reine.

» 2°. Lamotte, contumace, condamné aux galères à perpétuité.

» 3°. La dame Lamottte fouettée, marquée sur les deux épaules de la lettre V, et enfermée à l'Hôpital à perpétuité.

» 4°. Rétaux de Villette banni pour toujours hors du royaume.

» 5°. La demoiselle d'Oliva hors de Cour.

» 6°. Le sieur Cagliostro déchargé de l'accusation.

» 7°. Le cardinal déchargé de toute espèce d'accusation. Les termes injurieux contre lui, répandus dans les mémoires de la dame de Lamotte, supprimés.

» 8°. Permis au cardinal de faire imprimer l'arrêt.

» Le lendemain qu'il eut été rendu, survint au greffe un sursis d'exécution. La cour de Versailles en était très-mécontente; elle avait espéré que le cardinal serait déclaré coupable, et la punition infamante infligée à la comtesse de Lamotte lui semblait trop violente. Un écrivain s'est permis de dire que le parlement avait sévi avec tant de rigueur contre cette femme, descendante des Valois, afin de mortifier cruellement la branche régnante des Bourbons. Le roi voulut revoir toutes les pièces du procès, mais on ne lui présenta que des copies.

» Le parlement, au bout de quelques jours de délai, eut la permission de faire exécuter son arrêt à l'égard de la comtesse de Lamotte, restée à la Conciergerie. On annonce un matin à cette condamnée qu'on demande à lui parler au Palais. Surprise de cette nouvelle (car, depuis quelque temps, on lui avait refusé la permission de parler à qui que ce fût), elle répond qu'elle n'a pas reposé la nuit et qu'on la laisse tranquille. Le geôlier lui répond que c'est son conseil qui l'attend.

« Je puis donc le voir aujourd'hui? » dit-elle. A l'instant elle se lève, passe un déshabillé et le suit. Conduite devant ses juges, le greffier lui prononce son arrêt. L'étonnement, la frayeur, la rage, le désespoir, s'emparent tout-à-coup de son ame, et la mettent dans un état de convulsions difficile à peindre. Elle n'a pas la force d'entendre d'un bout à l'autre la lecture qu'on lui fait : elle se roule à terre, pousse des hurlemens affreux ; on a toutes les peines du monde à la transporter dans la cour du Palais, pour lui faire subir sa condamnation. Il n'était que six heures du matin ; peu de personnes furent témoins de ce châtiment.

» Aussitôt que la comtesse aperçut les instrumens de son supplice, elle saisit un des exécuteurs au collet, lui mordit les mains de manière à emporter la pièce, tomba à terre, agitée de convulsions plus violentes que celles qu'elle venait d'avoir. Il fallut déchirer ses habits pour lui imprimer, tant bien que mal, le fer chaud sur les épaules. Ses cris et ses imprécations redoublèrent : on la porta dans un fiacre, et on la conduisit à l'Hôpital.

» Madame de Lamotte trouva le moyen de ne rester que dix mois à l'Hôpital. Elle parvint à s'en évader, soit qu'elle eût gagné quelque sœur de la maison, ou que le gouvernement facilitât sa fuite. Cette dernière assertion pourrait être fondée, s'il était vrai que l'on consentît à son évasion afin d'empêcher M. de Lamotte d'imprimer à Londres des Pièces dont on craignait la publicité, et qu'il menaçait, dit-on, de mettre au jour, si on ne lui rendait son épouse.

» Quoi qu'il en soit, on fit un calembourg lors de la subite disparition de madame de Lamotte, qui montre qu'on ne pensait guère mieux de la conduite à venir de la comtesse de Lamotte, que de celle qu'elle avait précédemment tenue. On prétend que la sœur, qui lui ménagea sa sortie, lui dit en la quittant : « *Adieu, Madame, prenez-garde de vous faire re-*
» *marquer.* » (*Anecdotes du règne de Louis XVI*, tome Ier.)

Nous ajouterons qu'il faut bien avoir la fureur de dire de tristes bons mots pour en faire sur un pareil sujet.

Note (B), page 22.

« Le clergé, assemblé alors, saisit cette occasion pour faire valoir ses droits.

» L'archevêque de Narbonne prononça dans l'assemblée un discours dont voici quelques fragmens :

« Messeigneurs et Messieurs, il n'y a personne parmi nous
» qui ignore le malheur qu'a eu M. le cardinal de Rohan d'en-
» courir la disgrâce du roi. Nous devons sans doute craindre
» qu'il ne soit bien coupable, puisque Sa Majesté a cru devoir le
» faire arrêter avec éclat, s'assurer de sa personne et de ses pa-
» piers... De quelque genre que soit le délit, nous ne craignons
» pas de dire d'avance que nous le détestons. Mais M. le cardinal
» de Rohan réunit à la qualité de cardinal celle de grand-aumô-
» nier, celle d'évêque du royaume. Ce titre, qui nous est com-
» mun avec lui, nous impose le devoir de réclamer les maximes
» et les lois qui ont prescrit qu'un évêque doit être jugé par
» des évêques. A Dieu ne plaise que nous prétendions par-là
» vouer notre ordre à l'impunité, et le soustraire à l'obéissance
» due au roi!... Nous professons et nous enseignons que la puis-
» sance de nos rois est indépendante... Nous tenons fermement
» que notre consécration au service des autels ne transporte à
» aucune puissance sur la terre les droits auxquels nous a soumis
» notre naissance. Nous n'avons point à réclamer des priviléges
» qui soient incompatibles avec ces vérités fondamentales; nous
» réclamons avec confiance ceux que les lois, les rois et la na-
» tion nous ont transmis. Nous les trouverons dans les mêmes
» sources d'où dérivent ceux des pairs, des gentilshommes, et
» des officiers des Cours. »

» D'après les considérations réunies dans cette harangue, le clergé composa un mémoire, et écrivit au roi une lettre éloquente dans laquelle on lit les passages suivans :

« C'est le respect pour la religion qui a donné naissance aux
» priviléges accordés à ses ministres; celui de l'immunité per-
» sonnelle dans les jugemens, accordé aux évêques, s'est trouvé
» conforme aux mœurs des Français; ils voulaient que tout ac-
» cusé fût jugé par ses pairs..... L'usage que nous devons en
» faire présenterait-il des inconvéniens alarmans pour la société?
» Nous sommes aussi éloignés de favoriser dans aucun membre
» de notre ordre l'impunité que l'indépendance..... »

Note (C), *page* 3o.

« M. DE VERGENNES se voyait environné et observé des deux
partis opposés à ses principes et à ses opérations, qui l'empê-
chèrent continuellement de développer le ton qui devait naturellement dominer dans le département des affaires étrangères.
Le parti des Richelieu et d'Aiguillon, quoique humilié par la
chute de ce dernier et par le retour du parlement, était encore
puissant à la cour; et ce parti désapprouvait le quiétisme de
M. de Vergennes, poursuivait ce ministre par les ridicules, les
sarcasmes et les plus atroces accusations. Quelle que fût la conduite du ministre, il voyait devant lui toujours un et souvent
deux partis qui désapprouvaient ses œuvres; quelquefois il était
poursuivi dans tous les sens, tandis qu'en Europe il n'y avait
pas un de ses traités, pas une de ses négociations, une de ses
entreprises, qui ne fussent contrariés par des intérêts puissans,
comme il arrive dans chacune des opérations politiques d'un
grand État tel que la France.

» Dans cette situation, M. de Vergennes se vit forcé de traiter avec tous les systèmes, et de louvoyer avec tous les partis
pour éviter une guerre continentale, et surtout le précipice
vers lequel sont entraînés presque tous les ministres qui la
déclarent ou la laissent déclarer. M. de Vergennes tenait beaucoup à sa place : *Il a fait vœu,* disait-on, *de mourir ministre.* C'était la faute principale de son ministère. Avec un

caractère plus décidé, M. de Vergennes eût imité la politique de Richelieu, en déclarant la guerre à l'Autriche, à la première incartade que cette puissance se fût permise, comme elle l'osa dans les affaires de Cologne, de Bavière et de l'Escaut. C'était dans le cœur du roi qu'il fallait attaquer la reine, et le prendre par son faible, par l'attachement filial qu'il portait à ses ancêtres et à son nom. Mais M. de Vergennes n'était pas capable de s'embarquer sur une mer aussi orageuse, et quoique ce plan, qui était du duc d'Aiguillon, fût connu, et qu'il m'ait été développé dans le temps par un homme très-adroit, très-politique, attaché à l'une des ambassades du duc de La Vauguyon; ce projet, auquel le duc d'Aiguillon eût peut-être conduit la cour, s'il fût resté dans le ministère, était connu du parti opposé, des Choiseul qui, dès 1774, travaillèrent à le prévenir et à en donner sans cesse des avis à la reine. La nature des choses fit depuis ce que les intrigues ne purent accélérer. »

» *C'est à l'âge de quarante ans*, disait le parti d'Aiguillon, *que nous attendons la reine, lorsque le roi sera épris d'une jeune beauté. Qui soutiendra cette favorite, ennemie naturelle de la reine, sinon le parti d'Aiguillon ?* La reine n'arriva point à cette époque : les plaintes des Français, quelques succès de son frère en Europe et des voyages mystérieux en France, l'influence de sa sœur et son ambition, accélérèrent le moment fatal qui réunit contre elle le ressentiment, la haine, la vengeance et les plus atroces accusations.

Dans cette situation qui devenait chaque jour plus critique, la reine obligea les Français, par toutes les ressources de son caractère, de son influence, à respecter la nouvelle diplomatie, au point que les anciens systèmes de notre cabinet ne furent plus connus que d'un petit nombre de maisons principales, telles que les Richelieu, les d'Aiguillon, les Broglie, les La Vauguyon, et de quelques diplomates habiles, tels que Favier, Peyssonel, obligés, sous peine de toutes sortes de disgrâces, de cacher leurs principes; tandis que le système autrichien continuait de dominer en France, soutenu par les familles en crédit, excepté par le comte de Vergennes qui s'étudiait tous les jours à réprimer ses empiétemens. On a vu comment Joseph II, dans ces circonstances, ne rougit pas d'exiger de la France, ou de l'argent, ou l'ouverture de l'Escaut, ou de s'emparer de la Bavière qu'il eût peut-être conservée sans la déclaration définitive de Frédéric II qui avait plus d'énergie dans sa décrépitude, que M. de Vergennes dans la force de l'âge des diplomates. Fort du caractère opiniâtre de la reine et de la faiblesse de M. de Vergennes, Joseph II établit à Cologne, dans un poste important, l'archiduc Maximilien, et voulut bien devenir l'instrument de l'Angleterre pour dissoudre la coalition naturelle de la France et de l'Espagne pendant la guerre des colonies. Dans la même circonstance, il osa concevoir avec la Russie un plan de démembrement de notre éternelle amie, la Porte Ottomane, et, par ses négociations, ses ruses et ses intrigues, il parvint à si bien profiter de la crainte de M. de Vergennes d'avoir la guerre avec l'empereur, qu'il retira plus d'avantage de cette terreur où il nous retint, que des plus grandes victoires remportées contre nous. » (*Mémoires historiques du règne de Louis XVI*, tome V.) (1).

Note (D), *page* 33.

« Dès 1752, M. de Loménie avait résolu de se distinguer, non par la science, la piété et la modestie de son état, mais par l'audace et la nouveauté de ses opinions. La philosophie était encore à son aurore, qu'il se rendit célèbre par la fameuse thèse

---

(1) Il est aisé de reconnaître dans ces lignes un partisan outré du système anti-autrichien : sa sotte admiration pour le duc d'Aiguillon, ses préventions et sa haine aveugle contre Marie-Antoinette trahissent l'abbé Soulavie mieux encore que son style.

(*Note de l'édit.*)

qu'il soutint en Sorbonne, moins en théologien qu'en matérialiste. Il rejetait toute idée, toute connaissance innée de la divinité dans les hommes; il insultait au système de la Providence; il avançait des maximes favorables aux jésuites, à la bulle *unigenitus*, et disait que M. de Fénélon avait réfuté victorieusement la doctrine de Port-Royal. Ainsi M. de Loménie avait imaginé, dès son jeune âge, un amalgame de matérialisme et de jésuitisme qui lui procurait à la fois la protection de deux partis puissans et opposés : en sorte que son ambition pouvait un jour se satisfaire, quel que fût le succès des combats alors engagés en France entre les philosophes et les jésuites, également ennemis du jansénisme. Si les jésuites étaient vaincus et sacrifiés par les philosophes, l'abbé de Loménie se trouvait dans le parti de la philosophie. Si celle-ci succombait sous les coups que les jésuites lui portaient, déjà l'abbé de Loménie avait combattu contre les jansénistes et mérité l'attention du parti opposé : il ne manquait ni d'adresse ni de prévoyance.

» Cette conduite équivoque souleva contre lui les zélés de tous les partis, qui ne toléraient ni cette versatilité, ni cette nouvelle doctrine. La Sorbonne s'assembla. On dit que le jeune abbé conjura l'orage et sauva son matérialisme en s'humiliant au point de demander pardon, à deux genoux, à un docteur de Sorbonne, à qui la décision du cas était confiée. L'abbé de Loménie fut donc fait prêtre et grand-vicaire de Rouen. Tout dévoué à M. de Choiseul, et se prononçant contre les jésuites quand ce ministre les anéantit, le duc le fit nommer, par M. de Jarente, en 1761, à l'évêché de Condom, et trois ans après à l'archevêché de Toulouse. Devenu anti-jésuite et philosophe, il passa pour avoir introduit le premier l'incrédulité dans le clergé de France (1), et il l'afficha à l'époque où M. de

---

(1) Voilà encore une des assertions de Soulavie, et celle-là n'est pas sans doute la moins hasardée.

(*Note de l'édit.*)

Choiseul crut du bon ton et utile de la favoriser. Bientôt il mérita d'être noté comme un incrédule et un libertin, dans les Mémoires du dauphin, père de Louis XVI. Membre distingué par son siége, des états de Languedoc, il acquit bientôt la réputation d'un excellent administrateur. On n'a jamais su qu'il la devait en partie aux officiers de ma province, qui avaient la rare modestie de mettre sous ses yeux leurs propres rapports qui passaient pour être son ouvrage. L'histoire doit rendre à MM. de La Faye et de Montferrier, syndics de ma province, l'honneur qui leur est dû. *L'archevêque de Toulouse,* disait quelquefois le premier, *passe pour un prélat ami de la liberté; on ajoute qu'il veut être ministre : si jamais ses vœux sont satisfaits, j'avance qu'il ne sera qu'un tyran.*

» M. l'archevêque de Toulouse n'est pas suffisamment connu dans cet ouvrage.... Je dois le montrer tel qu'il fut dans ses propres écrits que j'ai eu en mon pouvoir. Je lui dois, je me dois à moi-même de publier tout ce qu'il dit, dans ses Mémoires secrets, sur sa retraite du ministère et sur l'origine de sa nomination au cardinalat. Voici comme s'exprime le prélat :

« Je me servis alors de M. de Mercy pour parler à M. Necker.
» Je me servis d'autant plus volontiers de cet intermédiaire,
» que je savais qu'il serait agréable à la reine, et *qu'il s'en char-*
» *gerait volontiers de son côté*; et, tels étaient la faiblesse et le
» caractère du roi, qu'il voulut que M. Necker crût qu'il dé-
» sirait son retour.

» Celui-ci, charmé d'être rappelé, ne voulut pas d'abord ac-
» cepter. Il dit à M. de Mercy que, sous un ministre qui, comme
» moi, avait perdu la faveur publique, il ne pouvait faire aucun
» bien. Je ne voulus pas que M. Necker, dont je connaissais
» l'ambition et l'amour-propre, fît des conditions avec le roi;
» et je priai M. de Mercy d'insister pour qu'il acceptât sans en
» faire aucune : je voulais bien me retirer ; mais je ne voulais
» pas que M. Necker me renvoyât.

» Le désir de rappeler M. Necker venait à la reine, non-
» seulement des suggestions de M. de Mercy et du désir qu'elle

» avait d'avoir elle-même provoqué ce rappel, croyant que
» la faveur publique le rendait nécessaire; mais aussi de l'envie
» d'empêcher le pouvoir et l'influence de M. le comte d'Ar-
» tois, qui ne voulait pas M. Necker qu'il craignait presque
» autant qu'il me craignait. »

» M. l'archevêque de Sens ajoute :

» Le lundi, cette réponse arriva. M. de Mercy vint à neuf
» heures et demie chez moi me dire que M. Necker consentait
» à accepter *sans condition*, et demandait à voir le lendemain
» *la reine* à qui il s'en rapporterait entièrement..... C'est tout
» ce qu'il me fallait pour la gloire du roi, avec lequel je ne
» voulais pas que M. Necker fît des conditions, et je dis à
» M. de Mercy : *Voilà qui est à merveille*, et dès ce pas je vais
» l'annoncer au roi, et lui demander la permission de me re-
» tirer. M. de Mercy m'approuva et me confirma d'autant plus
» dans ma résolution, croyant, d'après ce qu'il me disait, que
» c'était le vœu de la reine ; car il ajouta, ce qui me fut offert
» bientôt après, qu'il fallait qu'on me fît cardinal, et qu'on me
» rappelât dans des temps plus heureux.

» Je montai donc chez le roi, et je lui dis que M. Necker
» acceptait, et qu'ainsi je pouvais ne lui être pas utile ; que
» peut-être ma présence contrarierait son nouveau ministre,
» et je lui demandai la permission de me retirer. Le roi me ré-
» pondit avec un peu d'embarras : *Voyez la reine, elle vous dira
» tout cela*..... Je passai donc chez la reine ; elle était à sa toi-
» lette ; je lui rappelai la même chose, et par ce qu'elle me dit,
» je compris, sans le savoir, qu'il y avait quelque autre chose
» que j'ignorais. Enfin, comme nous allions au même but, ce-
» lui de ma retraite, nous nous entendions sans nous le dé-
» clarer. Elle m'offrit le chapeau et tout ce que je pouvais dé-
» sirer, en disant qu'elle se séparait de moi avec regret, pleurant
» d'y être obligée, et me permettant de l'embrasser pour me té-
» moigner sa douleur et son intérêt. J'acceptai donc le chapeau ;
» je demandai que l'abbé de Loménie fût mon coadjuteur, et
» la promesse de la première place d'une dame chez la reine

» pour ma nièce. Il fut convenu que le soir j'apporterais ma
» démission, et que le soir même M. de Montmorin écrirait à
» Rome pour le chapeau ; que M. l'archevêque de Lyon travail-
» lerait pour la coadjutorerie, et que je recevrais ce même soir
» la promesse d'une place de dame. Je me retirai chez moi, con-
» tent, plus heureux d'être retiré, que des grâces qui accom-
» pagnèrent ma retraite, et qui m'étaient personnelles : car
» j'avoue que les autres me touchaient infiniment, et faisaient
» beaucoup pour mon bonheur.

» Quand je fus rentré, j'appris que la reine avait écrit à l'abbé
» de Vermond pour me dire de demander ma retraite, et alors
» je compris ce que je n'avais pas deviné. Elle crut que je ve-
» nais d'après sa lettre, tandis que je ne me présentais que de
» mon propre mouvement ; de sorte qu'on peut dire avec vé-
» rité *que je me suis retiré..... et que j'ai été éloigné*. L'un ne
» serait pas plus faux que l'autre ; mais toujours est-il vrai que
» j'étais loin de demander de rester et d'en chercher les moyens.

» Le soir, tout s'accomplit comme il avait été convenu. Je
» reçus du roi et de la reine des marques de bonté et d'intérêt
» que n'éprouvait pas ordinairement un ministre disgracié. Il
» y a plus : le lendemain ils m'envoyèrent M. Necker. Deux
» jours après, je le vis encore. Ils me demandèrent le choix
» d'un ministre. Je leur en conseillai un (M. du Châtelet) qui
» le refusa, et je ne pus m'empêcher de leur dire : *Il n'est pas
» commun de voir un ancien ministre être ainsi consulté*. Ils me
» répondirent : *C'est qu'il n'est pas commun d'en rencontrer un
» aussi digne de confiance*. Je rappelle tout cela dans la plus
» grande exactitude, pour faire voir combien j'étais éloigné
» de vouloir rester au ministère, et combien, peut-être, il
» m'eût été possible de ne pas quitter si j'avais voulu. Mais, dès
» que le roi ne me désapprouvait pas, mes vœux étaient rem-
» plis ; le ministère était un moment de peine et non de satis-
» faction pour moi. Heureux toute ma vie, j'avais cessé de
» l'être depuis que j'étais à Versailles ! Depuis trois semaines le
» sommeil avait fui loin de moi. Je voulais le bien, je le vou-

» lais avec franchise, mais mon caractère n'était pas fait pour
» les temps d'orage et de trouble; il m'était doux de m'en reti-
» rer, et je n'avais de regret que d'y avoir été mêlé. » (*Mém.
du règne de Louis XVI*, tome VI.)

Note (E), page 80.

« On envoya en Angleterre un extrait de l'étrange procédure
du Châtelet, croyant faire craindre (au duc d'Orléans) des per-
sécutions pareilles à celles qu'on redoutait autrefois ; mais, rassuré par son innocence, ce fut précisément ce qui l'engagea à
revenir. Afin de l'effrayer, on aposta à Dieppe un noble du
parti royaliste ou parti ministériel, qui eut l'audace de crier
qu'il fallait pendre le duc d'Orléans.

» Le prince l'entendit, et ne retourna pas sur ses pas, ainsi
qu'on s'en était flatté.

» Le lendemain de son arrivée à Paris, il se présenta dans
l'Assemblée nationale où il fut accueilli avec les plus vifs applaudissemens; il y prononça un discours apologétique de sa
conduite, écouté avec intérêt. Non content de ces démarches
franches, loyales, il publia un écrit intitulé : *Exposé de la conduite de M. le duc d'Orléans dans la révolution de France, rédigé par lui-même à Londres*. Ce mémoire, rempli de raison
et de faits justificatifs, acheva de convaincre les plus incrédules.

« Afin de faire connaître au lecteur ce qu'il contient de plus
intéressant, je vais en tracer une analyse rapide. « On a ré-
» pandu, dit M. d'Orléans, que j'avais été le moteur du mou-
» vement de Paris sur Versailles, le 5 octobre, et l'on a supposé
» que mon motif était l'espoir que la terreur déciderait le roi
» à fuir de Versailles ; qu'il amènerait avec lui M. le dauphin;
» que Monsieur l'accompagnerait, et que je parviendrais à me
» faire nommer régent ou lieutenant du royaume..... D'autres
» libelles n'ont pas craint de me prodiguer les assassinats, et
» de me supposer l'ambition du trône..... D'abord, pour que
» le roi eût pu s'enfuir avec sa famille, il faudrait supposer

» que les barrières de Versailles fussent les limites de la
» France ; ou que le roi aurait pu se dérober à tous les yeux
» dans toute la traversée du royaume ; ou que nulle part il
» n'eût trouvé les Français empressés à le retenir, à le ras-
» surer, à le ramener..... Pour quelle raison Monsieur se se-
» rait-il enfui avec le roi, lui qui ne s'était montré, dans la
» révolution, que pour donner sa voix à la double représen-
» tation du tiers? Et pourtant si le roi ne fuit point, si Monsieur
» ne le suit point, si tous deux ne parviennent pas à se rendre
» invisibles à toute la France, le crime qu'on me suppose est
» totalement sans objet ; ce serait le délire de l'atrocité.

» Des libellistes voyant que l'impossibilité si évidente du roi,
» du dauphin, de Monsieur, traversant le royaume sans être
» aperçus, ôtait toute base à leur calomnie, ils m'ont alors frayé
» la route du trône à travers une foule d'assassinats. Mais,
» comme ils n'ont pu y comprendre M. le comte d'Artois, ils
» n'ont pas hésité à supposer que la France le déclarerait, ainsi
» que ses enfans, inhabiles à succéder au trône. Ainsi, calom-
» niant une seconde fois la nation, ils ont pensé que les Fran-
» çais dépouilleraient de ses droits un prince devenu leur roi
» légitime. J'aime à croire que ce prince, se rapprochant d'un roi
» qu'il chérit et dont il est si tendrement aimé, se rapprochant
» d'un peuple à l'affection duquel tant de qualités aimables lui
» donnent de si justes droits, reviendra jouir de la partie la
» plus précieuse de son héritage, de l'amour que la nation la
» plus sensible, la plus aimante a voué aux descendans de
» Henri IV. »

» Dans ce même exposé, M. d'Orléans raconte qu'il partit
de Paris le 6 octobre, pour se rendre à l'Assemblée nationale,
vers les huit heures du matin ; par conséquent il n'était point
à Versailles dès six heures, ainsi qu'ont osé l'avancer des témoins de mauvaise foi. Le récit du prince et les preuves qu'il
administre renversent, d'une manière victorieuse, les assertions de ses ennemis.

« En me rendant à Versailles, dit-il, vers les huit heures du

» matin, tout me parut tranquille jusqu'à l'entrée du pont de
» Sèvres. Là je rencontrai les têtes de ces malheureuses victimes
» de la fureur du peuple : entre Sèvres et Versailles, je rencon-
» trai quelques charrettes chargées de vivres, escortées par un
» détachement de la garde nationale : quelques-uns des fusiliers
» pensèrent que ma voiture ne devait pas passer le convoi. Mon
» postillon anglais écoutant sans comprendre et continuant son
» chemin, un des fusiliers le mit en joue à bout portant, et
» tira son coup de fusil, qui, par bonheur, ne partit point :
» l'officier réprimanda le soldat et me donna deux hommes pour
» escorte. » (*Anecdotes du règne de Louis XVI.*)

Note (F), page 98.

« La fin de cette année de malheurs et de crimes (1790) n'offre plus qu'un événement remarquable ; celui de l'arrestation et du commencement du procès de l'infortuné marquis de Favras. Ce gentilhomme, dont la jeunesse avait été très-orageuse, conservait encore dans l'âge mûr cette imagination ardente, cette présomption, cette imprudence qui l'avaient si souvent égaré ; et le royalisme, en prenant la place de ses autres passions, en avait pris aussi tous les caractères. Les attentats des 5 et 6 octobre lui inspirèrent le désir le plus violent de tout tenter pour soustraire la famille royale aux dangers dont elle était menacée. Il s'occupa, en conséquence, avec plus de zèle que de sagesse et de circonspection, d'un plan d'enlèvement du roi. Son moyen d'exécution était une armée d'environ trente mille royalistes, dont l'enrôlement et l'armement devaient s'opérer assez secrètement pour qu'il n'en transpirât rien jusqu'au moment de l'action. Comme une entreprise de cette nature exigeait des fonds considérables, et que c'était ce dont le marquis de Favras était le moins pourvu, il se donnait tous les mouvemens possibles pour s'en procurer ; il vit plusieurs banquiers ; il communiqua son plan à plusieurs royalistes de sa connaissance, qu'il jugea les plus disposés à l'aider de leur bourse; mais il en obtint beaucoup plus d'éloges que de confiance.

» Le hasard fit, qu'à cette même époque, Monsieur, frère du roi, privé depuis plusieurs mois de la jouissance de ses revenus, par une suite des différentes opérations de l'Assemblée, et ayant des paiemens considérables à faire dans le mois de janvier, s'occupait des moyens de satisfaire à ses engagemens, sans être à charge au Trésor public. Pour y parvenir par une voie moins onéreuse que celle de toute espèce d'emprunt, dans un moment aussi critique, ce prince avait formé le projet d'aliéner des contrats à la concurrence de la somme qui lui était nécessaire. M. de Favras qui, quelques années auparavant, avait servi dans les gardes-suisses de Monsieur, lui fut indiqué, par le marquis de La Châtre, comme très-propre à faire réussir cette négociation auprès des banquiers Schaumel et Sartorius; S. A. R. souscrivit en conséquence une obligation de deux millions, et chargea son trésorier de suivre cette affaire.

» Les propos indiscrets de quelques-uns des nombreux confidens du plan de M. de Favras, et l'imprudence qu'il eut lui-même de mêler et de suivre à la fois des démarches qui y étaient relatives, et celles qui concernaient la négociation des deux millions souscrits par Monsieur, excitèrent l'attention et les inquiétudes du comité des recherches. Il fit arrêter M. et madame de Favras, dans la nuit du 24 au 25 décembre, et les accusa « de
» conspiration contre l'ordre de choses établi par le vœu de la
» nation et du roi; d'avoir formé à cet effet le complot d'in-
» troduire, pendant la nuit, des gens armés dans la capitale,
» pour se défaire des trois principaux chefs de l'administration,
» attaquer la garde du roi, enlever le sceau de l'État, et en-
» traîner Leurs Majestés vers Péronne; d'avoir tenté de cor-
» rompre quelques personnes de la garde nationale, en cherchant
» à les égarer par des promesses et des confidences trompeuses;
» d'avoir eu des conférences avec des banquiers pour se ména-
» ger des sommes très-considérables, et avec d'autres personnes,

» pour étendre, s'il était possible, ce complot dans différentes
» provinces. »

» Le lendemain de l'arrestation de M. et de madame de Favras, on répandit avec la plus grande profusion, dans la capitale, un bulletin conçu en ces termes :

« Le marquis de Favras, place Royale, a été arrêté avec ma-
» dame son épouse, la nuit du 24 au 25, pour un plan qu'il
» avait fait de soulever trente mille hommes, pour faire assas-
» siner M. de La Fayette et le maire de la ville, et ensuite de
» nous couper les vivres. Monsieur, frère du roi, était à la tête.

» *Signé* BARRAUZ. »

» Cette dénonciation publique du frère du roi, rapidement aggravée par les commentaires des factieux et par les exagérations de la calomnie, excita la plus grande fermentation dans la capitale, non-seulement contre ce prince, mais contre le roi lui-même qu'on supposait être d'intelligence avec son frère. Une explosion violente et prochaine semblait inévitable ; et certainement elle aurait eu lieu, si Monsieur, à qui il n'était pas permis de mépriser les dangers dont le roi et la famille royale n'étaient pas moins menacés que lui, n'avait pas pris le seul parti qui pût dissiper cet orage. Ce prince se rendit à l'assemblée des représentans de la commune, le 26 décembre, et y fut reçu avec tous les égards qui lui étaient dûs. « Messieurs,
» leur dit-il, le désir de repousser une calomnie atroce m'amène
» au milieu de vous. M. de Favras a été arrêté hier par ordre de
» votre comité des recherches, et l'on répand aujourd'hui avec
» affectation que j'ai de grandes liaisons avec lui. J'ai cru devoir
» au roi, à vous et à moi-même, de venir vous instruire des
» seuls rapports sous lesquels je connais M. de Favras. »

» Après avoir exposé, avec autant d'exactitude que de simplicité, les faits relatifs à l'obligation de deux millions, tels que je les ai rapportés, Monsieur ajouta : « Je n'ai point vu M. de
» Favras, je ne lui ai point écrit, je n'ai eu aucune com-
» munication quelconque avec lui ; ce qu'il a fait d'ailleurs m'est
» parfaitement inconnu. Cependant j'ai appris qu'on distribuait

» avec profusion dans la capitale un billet signé *Barrauz*, conçu
» en ces termes. (Voir ci-dessus.) Vous n'attendez pas de moi,
» sans doute, que je m'abaisse jusqu'à me justifier d'un crime
» aussi bas, etc., etc. »

» Ce discours fut vivement et unanimement applaudi par l'assemblée et par les tribunes. Le maire exprima, dans sa réponse, les sentimens de respect et de dévouement dont l'assemblée était pénétrée pour Monsieur, et la confiance sans bornes que lui inspiraient ses vertus. M. de La Fayette prit la parole après M. Bailly, et annonça qu'il s'était occupé à faire arrêter les auteurs du billet, et qu'ils étaient en prison. Monsieur demanda leur grâce, mais l'assemblée décida qu'il fallait qu'ils fussent jugés et punis. Ce prince crut devoir aussi instruire l'Assemblée nationale du motif qui l'avait déterminé à faire cette démarche; il lui adressa en conséquence une copie du discours qu'il avait prononcé à l'Hôtel-de-Ville, et y joignit une note par laquelle il annonçait qu'il ferait remettre à l'Assemblée l'état des dettes qu'il se proposait de payer avec les deux millions dont il avait souscrit l'obligation. » (*Histoire de la révolution de France*, par Bertrand de Molleville, tome II.)

Note (G), *page* 112.

Au duc DE CHOISEUL, *pair de France et secrétaire d'État.*

Monsieur,

JE vous remercie de la confiance que vous m'accordez : si j'étais souverain, vous pourriez compter sur ma coopération. Quant aux jésuites et au plan d'abolir leur congrégation, je suis entièrement de votre avis.

Ne comptez pas trop sur ma mère, car l'attachement à cet ordre est devenu héréditaire dans la maison de Habsbourg. Clément XIV lui-même en a des preuves.

Cependant Kaunitz est votre ami; il peut tout auprès de l'impératrice, et, dans tout ce qui a rapport à l'extinction de l'ordre, il sera parfaitement d'accord avec vous : j'en dis autant du marquis de Pombal ; d'ailleurs c'est un homme qui ne fait rien à demi.

Choiseul, je connais ces gens aussi bien que personne ; je sais tous leurs projets, tous leurs efforts pour répandre les ténèbres sur la terre, et pour troubler, pour régenter l'Europe depuis le cap Finistère jusqu'à la mer Glaciale.

Ils étaient mandarins à la Chine, académiciens, courtisans et confesseurs en France, grands de la nation en Portugal et en Espagne, et rois au Paraguay.

Si mon grand oncle, Joseph I, n'eût pas monté sur le trône, peut-être aurions-nous vu en Allemagne des Malagrida, des Aveiro, et une tentative de régicide. Mais il les connut à fonds. Lorsqu'un jour le sanhédrin de l'ordre soupçonna son confesseur de probité, et que celui-ci manifesta plus d'attachement pour l'empereur que pour le Vatican, il fut cité à Rome. Prévoyant le sort cruel qui l'y attendait, il pria l'empereur de s'opposer à son voyage ; mais tous les efforts du monarque furent vains : le nonce lui-même exigea le départ du confesseur. Irrité de ce despotisme, l'empereur déclara que « s'il fallait absolument
» que ce prêtre allât à Rome, il n'irait pas seul, et que tous les
» jésuites des États autrichiens l'y accompagneraient pour ne
» plus jamais reparaître dans aucun lieu de la monarchie. »

Cette réponse inattendue, et presque téméraire pour l'époque, fit lâcher prise aux jésuites.

Tel fut l'esprit d'autrefois, Choiseul ; je le vois bien, il faut qu'il change.

Adieu, que le ciel vous conserve encore long-temps à la France, à moi et à vos nombreux amis !

JOSEPH.

Janvier 1770.

Au comte D'ARANDA, *chevalier de la Toison-d'Or, grand d'Espagne, conseiller intime, ministre-président des Deux-Castilles et ambassadeur près la cour de France.*

Monsieur,

Clément XIV s'est acquis une gloire immortelle en bannissant de la terre les jésuites, ces Séïdes de l'apostolat, dont le nom ne sera plus cité que dans l'histoire des controverses et du jansénisme.

Avant qu'on les connût en Allemagne, la religion était pour les peuples une source de félicité; mais ils l'ont travestie en un simulacre révoltant, et en ont fait l'instrument de leur ambition et le manteau de leurs honteux projets.

Une institution, enfantée dans le Midi par l'imagination fanatique d'un moine espagnol, une institution qui tend au monopole universel de l'esprit humain, et qui, pour y parvenir, cherche à tout soumettre au sénat infaillible de Latran, a été un bien funeste présent pour les neveux de *Tuiskon* (Teuton).

Le principal, l'unique but du sanhédrin de ces loyolistes, a été sa gloire, l'extension de son pouvoir et l'épaississement des ténèbres sur le reste de l'univers.

L'intolérance des jésuites a attiré sur l'Allemagne les calamités d'une guerre de trente ans; leurs principes ont arraché aux Henri de France le trône et la vie, et ils furent les auteurs de l'atroce révocation de l'édit de Nantes.

Leur influence sur la maison de Habsbourg n'est que trop connue. Ferdinand II et Léopold Ier les protégèrent jusqu'à leur dernier soupir. L'éducation de la jeunesse, les lettres, les récompenses, les nominations aux plus hautes dignités de l'État, l'oreille des rois, comme le cœur des reines, tout enfin fut confié à leur direction artificieuse.

On sait trop quel usage ils en firent, quels plans ils exécutèrent, et quelles chaînes ils forgèrent pour les nations.

Je n'ignore pas qu'outre Clément-le-Grand, les ministres des maisons de Bourbon et le marquis de Pombal ont eu part à la destruction de leur ordre. Leurs efforts seront appréciés par la postérité qui leur élèvera des autels au temple de mémoire.

Si je pouvais haïr, j'exécrerais cette race d'hommes qui persécuta Fénélon, enfanta la bulle *In cœnâ Domini*, et rendit Rome si méprisable. Adieu.

JOSEPH.

Vienne, juillet 1773.

Note (H), page 133.

« La rumeur fut grande à Paris lorsque l'on eut la certitude du départ de Mesdames; le roi ne put se dispenser d'en instruire l'Assemblée par une lettre dont voici le contenu :

« Messieurs, ayant appris que l'Assemblée nationale avait
» donné à examiner au comité de constitution une question
» qui s'est élevée à l'occasion d'un voyage projeté par mes tan-
» tes, je crois à propos d'informer l'Assemblée que j'ai appris
» ce matin qu'elles étaient parties hier soir à dix heures. Comme
» je suis persuadé qu'elles ne pouvaient être privées de la liberté
» qui appartient à chacun d'aller où il veut, j'ai cru ne devoir
» ni pouvoir mettre aucun obstacle à leur départ, quoique je
» ne voie qu'avec beaucoup de répugnance leur séparation
» d'avec moi.

» *Signé* Louis. »

» Malgré cette lettre, les deux partis qui divisaient l'Assemblée étaient dans la plus grande fermentation, lorsqu'on reçut la nouvelle de l'arrestation de Mesdames par la municipalité de Moret. On apprit en même temps que les chasseurs de Lorraine les avaient délivrées. Cet incident augmenta la chaleur des débats; on sut que des particuliers avaient devancé Mesdames, semant dans le peuple tous les bruits dont les conspirateurs remplissaient les journaux. Ils prodiguaient l'argent et le répandaient à pleines mains parmi les hommes les plus abrutis, comme les plus capables de se livrer aux plus grands excès. Aussi les jours de Mesdames furent-ils menacés et dans le plus grand danger. Un scélérat, qui vomissait contre ces princesses les plus grossières injures, parla de faire descendre le fatal réverbère pour les y attacher.

» Cet argent, que répandirent ces agens cachés, n'était pas celui du duc d'Orléans : ses finances étaient épuisées alors; c'était celui de l'Angleterre. Le parlement accordait au ministre tous les subsides qu'il demandait, et le dispensait de rendre compte. La destination et l'emploi de ces fonds ne peuvent être mis en problème aujourd'hui. »

Bientôt l'Assemblée reçut de la municipalité de Moret le procès-verbal suivant :

« Le 20 février 1791, des voitures, d'un train et d'une es-
» corte qui annonçaient la magnificence, se présentent à Moret.
» Les officiers municipaux, qui avaient entendu parler du dé-
» part de Mesdames et des inquiétudes qu'il avait répandues
» dans Paris, arrêtent ces voitures et ne veulent les laisser
» passer que quand elles auront exhibé leurs passe-ports. Elles
» en montrent deux : l'un pour aller à Rome, du roi, et contre-
» signé *Montmorin;* l'autre n'était précisément pas un passe-
» port, mais une déclaration de la municipalité de Paris, qui
» reconnaît n'avoir pas le droit de s'opposer à ce que *ces ci-*
» *toyennes* se promènent dans les parties du royaume qui leur
» paraissent le plus agréables.

» Les officiers municipaux de Moret, à la vue de ces deux
» passe-ports, entre lesquels ils croient apercevoir quelque con-
» tradiction, sont disposés à croire qu'avant d'y avoir aucun
» égard, il est de leur devoir de consulter l'Assemblée natio-
» nale et d'en attendre la réponse avec Mesdames ; mais tandis
» qu'ils balancent sur le parti qu'ils ont à prendre, des chas-
» seurs du régiment de Lorraine accourent les armes à la main,
» et, par la violence, ils font ouvrir les portes à Mesdames qui
» continuent leur route. »

» La lecture de ce procès-verbal est à peine achevée, que l'ex-directeur Rewbell manifeste une surprise extraordinaire. Comment concevoir que le ministre des affaires étrangères eût pu contre-signer un passe-port, lorsqu'il était bien instruit que leur départ avait été l'occasion de la demande d'un nouveau décret dont le comité de constitution s'occupait de rédiger le projet? Comme tout était *scandale* dans ce siècle d'impiété, l'opinant dit qu'il était *scandaleux* que les chasseurs de Lorraine se fussent ainsi conduits. *Si de telles violences*, dit-il en terminant, *sont permises ou restent impunies, c'est une illusion étrange de croire que nous avons une constitution : non, il n'y a pas de lois, et nous vivons sous l'empire du glaive.*

» Il conclut au renvoi du procès-verbal de la municipalité de Moret aux comités de constitution et des recherches.

» La motion de Rewbell fut décrétée.

» Réduit à s'excuser, le ministre de la guerre déclara qu'il n'avait point donné d'ordre aux chasseurs de Lorraine, qui, au fond, n'étaient pour rien dans cette affaire. Le décret rendu sur la motion de Rewbell fut appuyé par le duc d'Aiguillon, et l'on apprit, par la lettre de M. de Ségur, que *c'étaient les chasseurs de Hagueneau, et non ceux de Lorraine, qui avaient eu l'honneur d'escorter Mesdames à Fontainebleau et à Moret.* Cette lettre, signée de M. de Ségur, fut insérée dans les journaux sur son invitation : ce militaire s'honorait d'avoir donné l'ordre et d'avoir été obéi. Dans sa lettre qui ne fut lue que dans la séance du 2 mars, M. de Ségur sut convaincre l'Assemblée de l'ignorance affectée des militaires qu'elle avait dans son sein. *Les anciennes ordonnances ne sont point abrogées*, disait le colonel des chasseurs de Hagueneau, et non pas celui de Lorraine; *l'officier qui commandait n'a fait que s'y conformer, et s'il y est entré en armes, c'est pour suivre l'usage où sont les troupes de rendre cet honneur aux villes.*

» Cependant M. de Montmorin ne pouvait se dispenser de se justifier : il le fit avec une grande supériorité par cette lettre :

« M. le président, je viens d'apprendre que, sur la lecture

» du procès-verbal envoyé par la municipalité de Moret, quel-
» ques membres de l'Assemblée ont paru étonnés que j'eusse
» contre-signé le passe-port donné à Mesdames par le roi.

» Si ce fait a besoin d'être expliqué, je prie l'Assemblée de
» considérer que l'opinion du roi et de ses ministres est assez
» connue sur cela. Ce passe-port sera une permission de sortir
» du royaume quand une loi aura défendu d'en passer les li-
» mites; mais cette loi n'a jamais existé. Jusqu'à ce moment,
» un passe-port ne pourra être regardé que comme une attes-
» tation de la qualité des personnes.

» Dans ce sens, il était impossible d'en refuser un à Mes-
» dames; il fallait, ou s'opposer à ce voyage, ou en prévenir
» les inconvéniens, au nombre desquels il était impossible de ne
» pas compter leur arrestation par une municipalité qui ne les
» aurait pas connues.

» Il existe d'anciennes lois contre les émigrations; elles étaient
» tombées en désuétude, et les principes de la liberté, décrétés
» par l'Assemblée, les avaient entièrement abrogées. Refuser
» un passe-port à Mesdames, si cette pièce eût été regardée
» comme une véritable permission, aurait été non-seulement
» devancer, mais faire la loi. Accorder ce passe-port lorsque,
» sans donner aucun droit de plus, il pouvait prévenir des
» troubles, ne pouvait être regardé que comme un acte de
» prudence.

» Voilà, Monsieur, les motifs qui m'ont déterminé à contre-
» signer le passe-port de Mesdames : je vous prie de vouloir
» bien les communiquer à l'Assemblée. Je saisirai avec empres-
» sement toutes les occasions d'expliquer ma conduite, et je
» compterai toujours, avec la plus grande confiance, sur la jus-
» tice de l'Assemblée. »

» Le sort de Mesdames dépendait du décret qu'allait rendre
l'Assemblée nationale; les deux partis étaient en mesure et bien
préparés. L'abbé Maury, qui doit à un mérite réel la gloire de
figurer à la tête de la catholicité, ambitionna l'honneur de
porter le premier la parole. Il fit valoir les principes d'ordre

sans lesquels il n'est point de gouvernement, et par conséquent de paix ni de prospérité pour un peuple.

» Plusieurs orateurs avaient parlé, et tous reconnaissaient qu'il n'y avait pas de loi qui s'opposât au départ de Mesdames. La discussion était dirigée de manière que le parti de la faction regardât comme un triomphe l'ordre du jour sur l'improbation que méritait la commune d'Arnay-le-Duc ; mais un membre ignoré, et seulement remarquable par une taille gigantesque et le volume de sa voix, prend la parole, et s'écrie : « Vous » prétendez qu'il n'existe pas de loi, et moi je soutiens qu'il en » existe une..... C'est le salut du peuple. »

» Le général Menou termina les débats par une de ces phrases caustiques qui manquent rarement leur effet quand elles sont placées à propos, c'est-à-dire lorsque la discussion commence à lasser la multitude. « L'Europe, dit-il, sera bien étonnée sans » doute, lorsqu'elle apprendra que l'Assemblée nationale a » passé quatre heures entières à délibérer sur le départ de » deux dames qui aiment mieux entendre la messe à Rome » qu'à Paris. »

« Les débats furent ainsi terminés, et le décret fut conforme à l'opinion de Mirabeau qui eut encore l'honneur de faire adopter sa rédaction ainsi conçue :

» L'Assemblée nationale, attendu qu'il n'existe aucune loi » du royaume qui s'oppose au libre voyage de Mesdames tantes » du roi, déclare qu'il n'y a pas lieu à délibérer, et renvoie l'af-» faire au pouvoir exécutif. » (*Mémoires de Mesdames ;* par Montigny, tome I.)

On trouvera, dans ces Mémoires, tous les détails relatifs au séjour de Mesdames à Rome, à Naples et en dernier lieu en Pologne.

Note (I), page 180.

« M. DE LAPORTE, à qui j'avais fait part, quelque temps auparavant, de mon idée relativement aux tribunes, m'avait dit en effet que, dans l'espace de huit ou neuf mois tout au plus, on avait fait dépenser au roi plus de deux millions cinq cent mille livres pour le seul article des tribunes, et qu'elles avaient toujours été pour les jacobins; qu'à la vérité, les personnes qui avaient été chargées de cette opération, et auxquelles ces fonds avaient été remis, étaient violemment suspectées d'en avoir détourné une grande partie, et peut-être la totalité à leur profit; mais que cet inconvénient était inséparable de ce genre de dépense, qui, par sa nature, n'était susceptible ni de contrôle ni de vérification quelconque, et que cette considération avait déterminé le roi à y renoncer.

» Je n'affirmerai pas comme un fait constant, que les deux entrepreneurs en chef de cette opération (MM. T..... et S.....) aient réellement détourné à leur profit les fonds qui leur ont été confiés, quoiqu'il ait été de notoriété publique que, depuis qu'ils en ont été chargés, l'un d'eux a fait pour douze à quinze cent mille livres d'acquisitions, et l'autre pour sept à huit cent mille livres; mais je n'hésite pas à croire et à assurer qu'ils ne peuvent se justifier du reproche d'insigne friponnerie, qu'en prouvant qu'ils ont conduit cette opération avec une maladresse et une négligence presque aussi coupables; car rien n'était plus aisé que de s'assurer des tribunes en les payant. J'en avais fait l'épreuve une seule fois pendant mon ministère, mais avec un succès complet; c'était le jour où je devais prononcer à l'Assemblée ma réponse définitive aux dénonciations qui avaient été faites contre moi. Je fus instruit, deux jours auparavant par mes espions, que le comité secret des jacobins avait arrêté de renforcer ce jour-là le nombre de ses affidés dans les tribunes pour s'assurer de me faire huer; je fis appeler sur-le-champ un des vainqueurs de la Bastille, à qui j'avais rendu de grands services avant la révolution, qui m'était entièrement dévoué, et qui avait une grande influence dans le faubourg Saint-Antoine. Je le chargeai de choisir parmi les ouvriers de ce faubourg deux cents hommes sûrs et vigoureux, de les conduire, le surlendemain à six heures du matin, à l'Assemblée, afin qu'ils y fussent les premiers avant l'ouverture de la salle; et qu'ils pussent s'emparer des premières places dans les tribunes des deux bouts de la salle, et de ne leur donner d'autre consigne que celle d'applaudir ou de huer, suivant le signal dont il conviendrait avec eux.

» Cette manœuvre eut tout le succès que je pouvais désirer; le discours que je prononçai fut souvent interrompu par des applaudissemens, et ils redoublèrent quand j'eus cessé de parler; les jacobins en furent confondus, et ils n'y comprirent rien. J'étais encore dans l'Assemblée un quart-d'heure après, ainsi que tous les ministres qui avaient cru devoir m'accompagner dans cette circonstance, lorsque l'abbé Fauchet obtint la parole pour rendre compte d'un fait qu'il annonçait être très-important : « On me remet dans ce moment, dit-il, une lettre par laquelle » on me marque qu'une grande partie des citoyens qui sont dans » les tribunes, ont été payés pour applaudir le ministre de la » marine. »

» Quoique ce fait fût très-vrai, ma bonne contenance et la réputation de l'abbé Fauchet qu'on savait être un menteur effronté, couvrirent de ridicule sa dénonciation qu'on regarda comme une calomnie d'autant plus maladroite, qu'on était accoutumé à voir applaudir par les tribunes les discours que je prononçais. Il est vrai que j'avais l'attention d'y insérer toujours quelques-unes de ces phrases, ou plutôt de ces mots que le peuple ne manquait jamais d'applaudir machinalement quand ils étaient prononcés avec une certaine emphase, et sans s'embarrasser du sens dans lequel on les employait.

» A peine l'abbé Fauchet avait-il terminé sa dénonciation, qu'elle fut étouffée par le murmure presque général qui s'éleva des deux côtés de la salle, et par les huées des tribunes qui en reçurent le signal. Cette victoire, remportée dans les tribunes sur les jacobins, ne me coûta que deux cent soixante-dix livres en assignats, parce qu'un grand nombre de mes champions, par dévouement pour leur chef, ne voulurent recevoir de lui qu'un verre d'eau-de-vie.

» Je rendis compte de tous ces détails au roi dans ma réponse aux dernières notes de Sa Majesté, et je la suppliai de nouveau de permettre que je fisse une seconde expérience sur les tribunes pendant une semaine seulement, d'après un plan que je joignis à ma lettre, et dont la dépense ne montait pas à plus de huit cents livres par jour.

» Ce plan consistait à faire occuper tous les jours les premiers rangs des deux tribunes par 262 personnes affidées, dont la solde était fixée, savoir :

» 1°. Pour un chef qui était seul dans le secret.................................... 50 liv. par jour.

» 2°. Pour un sous-chef choisi par le premier.................................... 25

» 3°. Pour dix adjudans choisis par les chefs et sous-chefs, ne se connaissant pas entre eux, chargés de recruter chacun 25 hommes, et de les conduire tous les jours à l'Assemblée, dix livres chacun; total...... 100

» 4°. Pour 250 hommes payés chacun à cinquante sous par jour; total.......... 625

TOTAL........................... 800 livres.

» Le chef et le sous-chef devaient être placés ; l'un au milieu d'une tribune sur le devant, et l'autre à la même place dans la seconde tribune ; chacun d'eux n'était connu que des cinq adjudans qu'il avait sous ses ordres dans la tribune où il se plaçait ; le sous-chef recevait l'ordre par un signal convenu entre eux seulement : ils en avaient un second pour donner l'ordre aux adjudans qui le transmettaient chacun à leurs 25 hommes par un troisième signal. Tous, excepté le chef et le sous-chef devaient être engagés au nom de Pétion, pour soutenir la constitution contre les aristocrates et les républicains. Chaque adjudant devait payer ses recrues, et recevoir les fonds du chef ou du sous-chef, au prorata du nombre d'hommes qu'il amènerait.

» Le chef principal devait seul correspondre avec un ami d'un capitaine de la garde constitutionnelle du roi, nommé Piquet, homme plein de courage et de dévouement pour le service de Sa Majesté. Ce capitaine devait recevoir de moi, chaque jour, les fonds nécessaires pour la dépense du lendemain, et l'ordre sur le sens dans lequel les tribunes devaient être dirigées d'après ce qui se serait passé dans la séance précédente; il devait confier le tout à son ami qui, de son côté, devait le transmettre au chef de l'entreprise. Au moyen de tous ces échelons, cette manœuvre pouvait être éventée par trahison ou autrement, sans qu'il en résultât aucun inconvénient grave, parce qu'il suffisait de faire disparaître un seul des employés intermédiaires, pour couper court à toute découverte ultérieure, et empêcher qu'on ne parvînt jusqu'à moi. D'ailleurs, pour surveiller autant qu'il était possible la fidélité des agens de cette entreprise, et assurer en quelque façon un contrôle à cette dépense, j'étais convenu avec le juge de paix Buob qu'il enverrait tous les jours cinq de ses observateurs dont je lui payerais le salaire, dans chacune des tribunes, pour examiner ce qui s'y passait surtout dans les premiers rangs, calculer aussi exactement qu'ils le pourraient le nombre des individus huans ou applaudissans, et lui en rendre compte. On n'avait pas manqué de prévenir les adjudans que cette vérification était faite très-régulièrement par des agens de Pétion.

» Le roi me renvoya ce plan après y avoir réfléchi pendant vingt-quatre heures, et m'autorisa à en faire l'épreuve dans la semaine suivante; voici quel en fut le résultat:

» Le premier et le deuxième jours, on se contenta de silencer les tribunes, c'est-à-dire d'empêcher toute espèce de huées et d'applaudissemens sous prétexte de mieux entendre, et c'était déjà une grande avance.

» Le troisième jour on commença à applaudir avec modération les motions et opinions constitutionnelles, et on continua d'empêcher que les motions et opinions contraires ne fussent applaudies.

» Le quatrième jour, on suivit le même plan, mais les applaudissemens furent plus vifs et plus prolongés. L'Assemblée n'y comprenait rien : plusieurs de ses membres regardaient souvent et avec attention les tribunes, et se rassuraient en les voyant remplies d'individus dont l'apparence et le costume étaient les mêmes qu'auparavant.

» Le cinquième jour, les mêmes applaudissemens furent encore renforcés, et on commença à huer faiblement les motions et opinions anti-constitutionnelles. L'Assemblée en parut un peu déconcertée; mais un des adjudans, interrogé par un député, lui ayant répondu qu'il était pour la constitution et pour Pétion, on imagina que les huées qu'on avait entendues étaient l'effet de quelque méprise.

» Le sixième jour, les applaudissemens et les huées furent dirigés dans le même sens, mais à un degré de force assez considérable pour que l'Assemblée s'en offensât; il fut fait une motion contre les tribunes qui la repoussèrent par les clameurs, les insultes et les menaces les plus violentes. Quelques-uns des employés poussèrent l'audace jusqu'à lever le bâton, comme pour frapper les députés qui étaient le plus près d'eux, et répétèrent à plusieurs reprises que cette Assemblée était un tas de gueux qu'il fallait assommer. Le président, jugeant sans doute qu'il n'était pas prudent d'attendre que la majorité se déclarât pour cet avis, leva la séance.

» A la sortie de l'Assemblée, plusieurs députés accostèrent un grand nombre d'individus qui descendaient des tribunes; et, à force de les questionner et de les amadouer, ils apprirent qu'ils étaient employés par Pétion. Ils allèrent sur-le-champ lui en porter leurs plaintes, convaincus qu'il avait été trompé dans le choix de ses employés, qu'il n'approuverait pas leur conduite, et qu'il les congédierait.

» Pétion, qui ne savait encore rien de ce qui s'était passé à l'Assemblée, jura, avec grande raison sans doute, qu'il n'y avait aucune part, et que, depuis long-temps, il n'avait envoyé personne dans les tribunes. Il prétendit que c'était une manœuvre de ses ennemis, et promit de ne rien négliger pour en découvrir les auteurs. Il me fut rendu compte en effet que, dans la soirée, plusieurs de ses émissaires avaient parcouru les faubourgs, et avaient questionné un grand nombre d'ouvriers, mais heureusement toutes ces perquisitions n'aboutirent à rien.

» La lettre que le roi recevait de moi tous les matins l'instruisait des ordres que j'avais donnés pour le lendemain, relativement à la direction des tribunes, et comme il avait toujours quelque personne de confiance à l'Assemblée, pour être exactement informé de ce qui s'y passait, il avait été à portée de juger avec quelle fidélité et quel succès les ordres que je donnais étaient exécutés; aussi Sa Majesté me marquait-elle, dan presque toutes les réponses aux lettres de cette semaine : « Les » tribunes vont bien...., toujours bien...., de mieux en mieux...., » à merveille.... » Mais la scène violente du samedi lui donna de l'inquiétude.

» Le lendemain, lorsque je parus au lever, Leurs Majestés et madame Élisabeth m'adressèrent le regard le plus gracieux et le plus satisfait. Au retour de la messe, le roi, rentrant dans sa chambre et passant auprès de moi, me dit, sans se retourner et assez bas pour n'être entendu que de moi : « Fort bien, mais » trop vite, je vous écrirai. » En effet, dans la lettre que le roi me renvoya le même jour avec sa réponse, il me marqua : « Que l'épreuve avait réussi au-delà de ses espérances, mais qu'il » y aurait du danger, surtout pour moi, à la prolonger ; qu'il » fallait réserver ce moyen pour le besoin, et qu'il m'avertirait » quand il en serait temps. » (*Mémoires particuliers pour servir à l'histoire, etc.*, par Bertrand de Molleville, tome II.)

Note (J), page 246.

Récit historique des faits qui se sont passés au château des Tuileries, dans la nuit du 9 au 10 août 1792, et dans la matinée du 10.

« AVANT de rentrer au château, j'étais passé au département. J'avais vu M. le procureur-général ; le département devait rester assemblé toute la nuit ; le procureur-général avait offert de la venir passer lui-même au château si le roi le croyait nécessaire. Le roi en témoigna le désir ; j'en instruisis à l'instant M. Rœderer, et ce magistrat se rendit auprès du roi : il était alors près de minuit.

» Vers une heure du matin, le tocsin n'ayant commencé à sonner que depuis le moment où M. le maire avait quitté le roi, Sa Majesté me chargea d'en informer M. Pétion et de lui témoigner le désir qu'elle aurait de voir fermer les portes de la terrasse dite des Feuillans. La terrasse avait été déclarée faire partie de l'enceinte de l'Assemblée nationale. Elle seule pouvait en disposer. Aussi, en exprimant le désir du roi, je pressai M. Pétion d'en faire la demande à l'Assemblée nationale. M. le maire le pouvait avec d'autant plus de facilité, que, d'une part, le tocsin avait sonné, la générale battu ; qu'on avait la certitude que le rassemblement se formait, et que, depuis près de trois quarts-d'heure, l'Assemblée nationale avait fait rappeler M. le maire à sa barre.

» M. Pétion reçut les observations du roi. Il en sentit la justesse. Avant même d'aller à l'Assemblée nationale, il fit fermer la porte qui donne sur la cour du manége ; le suisse en reçut l'ordre verbal en présence de tous les officiers municipaux et de divers grenadiers qui avaient accompagné M. le maire. Je dois cet hommage à la vérité. Un grenadier se laissa dans ce moment emporter au-delà des bornes. Sa sensibilité prévalut sur son obéissance.

« M. le maire, dit-il, nous voyons avec la plus vive satisfac-
» tion, avec une reconnaissance respectueuse, que votre zèle
» l'emporte toujours sur la malveillance de vos ennemis ; que
» vous êtes partout où vous pouvez servir utilement la patrie :
» mais cela ne suffit pas. Pourquoi souffrez-vous dans Paris ces
» rassemblemens partiels qui en amèneront successivement de
» généraux ? Pourquoi vous laissez-vous dominer par des fac-
» tieux qui nous perdront ? Pourquoi, par exemple, le sieur
» Santerre est-il toujours avec vous ; toujours hors d'atteinte

» de la loi? Pourquoi, dans ce moment, est-il à l'Hôtel-de-
» Ville? M. le maire, vous répondez de la tranquillité publique,
» de la conservation de nos propriétés.... vous.... ».

» A ces mots prononcés avec une grande volubilité, que M. le maire entendit, il répondit vaguement.... « Monsieur, qu'est-ce » que cela veut dire? Vous oubliez le respect, vous manquez. » Ah! çà, voyons, entendons-nous.... » A ces mots, dis-je, la presque totalité des gardes nationales se portèrent autour du maire, imposèrent silence au grenadier, le forcèrent à se retirer, et le maire alla à l'Assemblée nationale. Il y donna les éclaircissemens qu'on lui demandait, mais ne parla pas de la terrasse des Feuillans.

» L'instant d'après, M. Pétion rentra dans le jardin et retourna sur la terrasse. Je l'y vis se promener au milieu du même groupe, accompagné des mêmes officiers municipaux et d'un plus grand nombre de gardes nationales.

» Je fus témoin que le commandant de bataillon qui, je crois, dit être des prémontrés, accosta M. le maire en face de la porte principale du château; qu'il lui dit : « Que tout était calme, qu'il » n'y avait rien à craindre; que les commissaires des sections, qui » s'étaient réunis au faubourg Saint-Antoine, s'étaient séparés » en s'ajournant pour le vendredi matin de bonne heure à » l'Hôtel-de-Ville, à l'effet de prendre un parti définitif; mais » que jusque-là il n'y avait rien à craindre. »

» Cette nouvelle était trop heureuse pour n'être pas saisie avec empressement. M. le maire y applaudit et annonça que bientôt il se retirerait.

» Cependant plusieurs personnes lui firent observer que le récit du commandant de bataillon pouvait être vrai, et le danger être encore très-pressant.

» On a remarqué que le commandant venait de la section de la Croix-Rouge; que les commissaires dont on parlait s'étaient séparés à onze heures; que depuis et malgré leur prétendu résultat, le tocsin avait été sonné, le canon d'alarme avait été tiré, que le rassemblement s'était formé, et qu'on paraissait annoncer qu'il se mettrait en marche vers cinq heures du matin.

» La reine renouvelait ses observations; le roi restait muet. Personne n'éleva la voix. Il m'était réservé de donner encore le dernier conseil. J'eus la fermeté de dire : « Marchons et ne » délibérons pas; c'est l'honneur qui commande; c'est le bien » de l'État qui l'exige. Allons à l'Assemblée nationale; il y a » long-temps que cette démarche devrait être faite. »

« Allons, dit le roi, levant sa main droite, marchons, don- » nons, puisqu'il le faut encore, cette dernière marque de dé- » vouement. »

» La reine fut entraînée; son premier mouvement fut pour le roi, le second pour son fils. Le roi n'en eut aucun.

» M. Rœderer, Messieurs, dit la reine, vous répondez de la » personne du roi, vous répondez de celle de mon fils. »

« Madame, répondit M. Rœderer, nous répondons de mourir » à vos côtés; voilà tout ce que nous pouvons garantir. »
(*Histoire de Marie-Antoinette*, par Montjoie.)

FIN DES ÉCLAIRCISSEMENS HISTORIQUES ET DES PIÈCES OFFICIELLES.

www.ingramcontent.com/pod-product-compliance
Lightning Source LLC
Chambersburg PA
CBHW052039230426
43671CB00011B/1715